ハロルド・ラスキの政治学

公共的知識人の政治参加とリベラリズムの再定義

大井赤亥

東京大学出版会

The Political Thought of Harold J. Laski:
A Public Intellectual and the Redefining of Liberalism in the 20th Century
Akai　OHI
University of Tokyo Press, 2019
ISBN978-4-13-036273-3

目次

序章　ラスキとは誰か

はじめに

本書は、二〇世紀イギリスの政治学者、ハロルド・J・ラスキ（一八九三―一九五〇）を対象とし、その思想内容の変遷を考察するものである。「二〇世紀の前半に英語で書いた、最も影響力があり最も広く読まれた政治学者」[1]と呼ばれるように、ラスキは学問と同時代評論の双方にわたり多産な著作を残した。ラスキが論じたテーマの多様さは、その著作を書誌的に概観するだけで十分に窺えるであろう。

ハーバード大学での講師時代、一九一七年に初めての著作『主権問題に関する研究（*Studies in the Problems of Sovereignty*）』でデビューしたラスキは、立て続けに『近代国家における権威（*Authority in the Modern State*）』（一九一九年）、『主権の基礎（*The Foundations of Sovereignty*）』（一九二一年）を発表し、政治学に鮮烈なデビューを果たした。近代国家の主権概念を歴史的に相対化したこれらの著作は初期三部作と呼ばれ、ラスキの名前は現在にいたるまで多元的国家論の最有力な理論家として記憶されることになる。

一九二〇年にイギリスに帰国後は、フェビアン協会と労働党に加盟して社会主義に接近していくとともに、それまでの研究を一九二五年の大著『政治学大綱（*Grammar of Politics*）』に結実させ、政治学の体系化を試みた同書はラスキの代表作となっている。

また、ラスキはマルクス主義にも一貫して強い関心を持っており、一九二二年には『カール・マルクス（*Karl Marx*）』、一九二七年には『共産主義（*Communism*）』といった一連の著作を上梓する。マルクス主義をイギリスに紹介する際のラスキの態度は、常に一定の批判的指摘を伴いつつ、その社会認識方法論への最大限の評価を示すものであった。

他方、個人の自由や権利を熱烈に希求するラスキのリベラリズムも一貫して存続していた。一九三〇年の『近代国家における自由（*Liberty in the Modern State*）』は巨大化した政府機構に対して個人の良心や個性を熱烈な筆致で擁護したものであり、同書はラスキの著作のなかで最も持続的に読まれているといってよい。

加えて、ラスキは終世にわたりアメリカの知識人や政治家とのかかわりを持ち、とりわけ一九三〇年代のニューディール政策には強い関心を寄せ続けた。アメリカを主題としたラスキの著作としては、F・D・ルーズヴェルトとの知己を活かしてアメリカの政治制度を分析した『アメリカの大統領制（*The American Presidency*）』（一九四〇年）、アメリカの歴史、文化、宗教、政治、経済を包括的に論じた大著『アメリカのデモクラシー（*The American Democracy*）』（一九四八年）などが挙げられる。

一九三〇年代後半のラスキの著作は、ファシズムの興隆を背景に、マルクス主義的国家認識の影響を色濃く反映させるものとなっている。一九三五年の『国家——理論と現実（*The State in Theory and Practice*）』においては資本家の権力機関としての現代国家が強調され、一九三六年の『ヨーロッパ・リベラリズムの発達（*The Rise of European Liberalism*）』では唯物史観の立場から一七世紀以降のヨーロッパにおけるリベラリズム思想の歴史的役割が描出されている。一九三八年の『イギリスの議会政治（*Parliamentary Government in England*）』は、長期の安定を示してきたイギリス議会の成功の秘訣を探究しながらも、議会制デモクラシーの根本的改革が行われなければ革命は不可避であると論じるものであった。

このような認識を受け、一九四〇年代以降の著作は、第二次世界大戦をヨーロッパ文明にとっての人類史的試練と捉え、その趨勢を危惧する悲観的基調に彩られることになる。『現代革命の考察（*Reflections on the Revolution of Our Times*）』（一九四三年）は西欧デモクラシーの自己変革を強く訴え、『信仰・理性・文明（*Faith, Reason and Civilization*）』（一九四四年）ではソ連の共産主義原理への共感が示されるとともに、超然主義的態度によって現実から逃避する知識人への批判が投げかけられている。一九五二年の『現代のジレンマ（*The Dilemma of Our Time*）』は、原子爆弾の出現と冷戦構造を前に進歩や理性の衰退を悲嘆するものとなっており、これがラスキの遺作となった。

これらラスキの多産な著述に対しては、これまで、「政治学者」としてのラスキ評価は一九三〇年頃までの著作に限られ、それ以降の同時代評論は繰り返しや矛盾が多く、後期ラスキは政治実践によって学問的才能を浪費した「失敗した学者」、現実政治にも影響力を残せなかった「失敗した政治家」にすぎないという評価が一般的となってきた。しかしながら、本書が何より強調したいのは、これら「学者／政治家」の二分法ではラスキの実践が持つ現代的意義を掬いとることはできず、それはラスキを「公共的知識人（public intellectual）」という次元で捉え直すことによってこそ抽出しうるという視点である。本書ではさしあたり、公共的知識人を、特定の専門領域において獲得した知性や権威を利用して、「公的（public）」な事柄、とりわけ同時代の政治的課題に参与し、決定を方向づけようとした人々と定義しておきたい。その上で本書は、公共的知識人という位相をいわば定点観測の地点として、一九一〇年代最後半から一九五〇年にいたるラスキの思想形成を通時的に考察していきたい。

公共的知識人という視点からラスキを捉え返すことは、次の二つの主張を導くことになるだろう。第一に、ラスキ理解の包括性である。公共的知識人という分析枠組は、ラスキにおける初期の学術的著作と後期の同時代評論との、そして学者としての達成と政治家としての社会参画との連続的解釈を可能にし、ラスキの包括的な全体像を提示するだろう。第二に、ラスキ政治学における自由と平等との再帰的循環である。自由の熱烈な擁護に貫かれた初期作品と、平等へ軸足を移した後期著作とを連続的に解釈することは、ラスキ政治学における自由と平等との関係を、立場の「矛盾」や「転向」としてではなく、相互循環的なものとして浮かびあがらせるであろう。

自由と平等との再帰的循環に基づいたこのようなラスキの政治構想は、体制としては一九三〇年代以降に形成された英米の福祉国家体制とそれを支えた「リベラル・コンセンサス」を象徴するものであり、思想としては一九七〇年代以降の「ロールズ革命」に見られるリベラリズムの「左展開」を準備するものであった。そしてそれはまた、二一世紀に向けて、リベラリズムが担いうる「社会的性格」を再定義する上で重要な遺産となっている。

序章では、冷戦期におけるラスキの先行研究、および一九九三年以降のラスキ再評価の特徴を概観した後、教師、政治家、学者、公共的知識人という四つの次元でのラスキ評価について触れたい。

第一節　先行研究

1　一九五〇年代の英米圏およびソ連

ラスキに対する批判的研究は、ラスキの死の直後、アメリカから生じる。その端緒となったのは、一九五〇年のC・ホーキンスによる論文「ハロルド・J・ラスキ——予備的考察（"Harold J. Laski: A Preliminary Analysis"）」である。ホーキンスのラスキ研究は、ラスキの思想変遷を多元論、リベラルな社会主義、マルクス主義の順番で分類し、マルクス主義者と定義された一九三一年以降のラスキを「失敗したリベラリスト」、ソ連体制の「弁護人」としてその容共的バイアスを告発するものであった。

しかし、このような批判をより徹底させたのが、H・ディーンの労作『ハロルド・ラスキの政治思想（*The Political Ideas of Harold Laski*）』（一九五五年）であり、同書はその後のラスキ研究に決定的影響を与えてきた。ディーンもまたラスキの立場を多元主義、フェビアン主義、マルクス主義へと変容したものとし、その振幅に示された「非一貫性」を暴いている。たとえばディーンはラスキの初期国家論について、個人の良心の基底性を主張するその理論は無政府状態を呼びおこし、その反動としてさらに巨大な政治権力の登場を不可避化するという。そのような批判にもかかわらず、ラスキがフェビアン主義の受容によって国家に一定の肯定的意義を認めると、それは理論上の「後退」とされる。そして、「マルクス主義信仰への帰依」を示した一九三〇年代以降は、もはやラスキにおいて現実の正確な認識は不可能になり、その単純な経済決定論の主張によって「政治は独立変数として実質的には消滅してしまった」[2]とされる。

初期の学問的達成についてはその理論的矛盾を列挙し、後期のマルクス主義への接近についてはそれを「知的退歩」とするディーンのラスキ研究は、その後長く流通してきた、「プロパガンダと効果の不毛な政治活動で能力を浪費した思想家」[3]（P・ハースト）というラスキ像を生みだしたといえる。

ディーンの研究と前後して、いずれも一九五三年に『ホームズ－ラスキ書簡集（*Holmes-Laski Letters*）』が、また雑誌『ニューステイツマン』の編集長であったK・マーティンによる評伝『ハロルド・ラスキ――伝記的回想（*Harold Laski: A Biographical Memoir*）』が出版される。マーティンによる評伝は、長年にわたるラスキの友人の視点からその生涯をまとめたもので、ディーンの研究とは異なるラスキ像を提供し続けた[4]。

しかしながら、英米圏においては一九五五年を境に、現実政治と学問の双方でラスキは急速に忘却される。A・クロスランドなど一九六〇年代の労働党の中心人物にとってラスキはすでに「別世界からのこだま」[5]であり、ラスキの後継としてM・オークショットが就任したLSE（London School of Economics and Political Science）では、B・クリックがその学内の雰囲気をラスキへの陶酔から覚めた後の「二日酔い」と回顧するにいたった[6]。一九六〇年前後に出現したイギリスのニューレフトの思想潮流は、体制化した福祉国家とスターリン主義との双方を否定するラディカルな問題提起を含んでいたが、伝統的政治学の枠内にいたラスキとは趣向を異にしており、J・P・サルトルやH・マルクーゼが必読とされてもラスキは復権しなかった。

他方、一九五〇年代におけるラスキ批判はアメリカのみならずソ連からも生じていた。ラスキはその最晩年、マッカーシズムの趨勢のなかでアメリカでは「共産主義者」として迫害されたにもかかわらず、ソ連の教条的理論家たちからも激しい攻撃を受けることになった。たとえばソ連共産党の理論家としてJ・スターリンに重宝されたO・W・クーシネンは、ラスキを「右翼社会民主主義者」と規定し、労働運動の内側にいながら「ブルジョア的政治制度」との融和を説くという点で「旧来のブルジョア社会主義者」よりも「はるかに危険かつ有害」な存在であると批判している。(7)

総じて、一九五〇年代のラスキ研究には三つの問題点を指摘することができよう。第一に、この時期のラスキ研究がいずれもスターリン主義やマッカーシズムなど冷戦構造の磁場に色濃く規定されていた事実である。たとえばディーンのラスキ研究では、ラスキに関する学問的研究を通じて、実質的な批判の眼目はソ連の政治体制一般に向けられている。他方、ソ連の社会科学者によるラスキ批判は、ラスキと第二次大戦後の労働党の「修正資本主義」とを同一視し、後者に対する政治的批判を前者に対する学問的批判に重ねあわせるものであった。一九五〇年代のラスキ研究は、東西いずれの側においても冷戦磁場に決定的に制約されたものであったといえる。

第二の問題点は、一九五〇年代当時のアメリカ政治学の主流であった論理実証主義の影響である。一九五〇年代の英米の社会科学を席巻した論理実証主義は、数学や自然科学の正確な言語で述べられる命題のみが有意味であると主張し、伝統的な倫理学や政治哲学における概念の曖昧さに対して鋭い攻撃を加えてきた。このような論理実証主義からの攻撃は、ラスキに代表される伝統的政治学のあり方を徹底的に解体させ、その後の行動論政治学の席巻をもたらすものであった。「政治哲学の死」を宣告したP・ラズレットは、ラスキを政治学が規範性を持った時代の最後の見本として捉えている[8]。

ディーンのラスキ研究は、このような論理実証主義の趨勢を背景に、ラスキの使う用語の概念的曖昧さやマルクス主義的言辞の不明瞭さを徹底的に暴きだした点に大きな意義があった。しかしその作業は同時に、政治的文脈との即応関係においてラスキの著作を位置づける視点を希薄化させ、言葉の真意とレトリックとを峻別する視座、すなわち複雑な政治磁場のなかで言葉を選択した「ラスキのポリティーク」を摑みだす視点を犠牲にした。それゆえ、ディーンのラスキ批判には、論理的には妥当であるが実質的な説得力を持たない遡及的批判という印象もつきまとう。政治的迫害のなかでの思想家の意図は常に行間に示されるとすれば、共産主義や暴力革命といった極度に論争的なテーマを論じ続けたラスキを対象とする際に、言葉の額面的定義にのみ着目するディーンの方法はいささかナイーヴといわざるをえないだろう。

第三に、とりわけディーンのラスキ研究に見られる問題として、時代区分の恣意性と固定化が挙げられる。ディーンはラスキの思想的立場を多元主義（一九一四―二四）、フェビアン主義（一九二五―三一）、マルクス主義（一九三一―三九）、第二次大戦期（一九四〇―四五）、戦後期（一九四五―五〇）という五つの時期に区分しており、同様の時代区分は後続のラスキ研究にも多く踏襲された[9]。

このような時代区分に対しては、たとえばP・ラムによって、「明確に定義されたイデオロギー的段階を通過していったという前提」がラスキの思索の断片化につながり、相互の架橋性や思想形成の継続性を捨象してしまうという批判がなされている[10]。しかし、このような時代区分が孕む最大の問題は、対象を認識するために解釈者の便宜でつけられたにすぎない指標が、むしろ解釈者のなかで固定化され、いつしかその指標に照らして実在の対象であるラスキの「偏差」を批判するという結果に帰着しやすいという点である。実際のラスキにおいて、政治権力の経済権力への従属という指摘は「多元主義」時代にも見られ、また後期の「マルクス主義」段階においても個人権の基底性への信念は変化していない。解釈者の側が設定した時代区分に照らしてこれらをラスキの「矛盾」と批判するのは、認識のための道具が対象よりも絶対化されたことによって生じる倒錯の一つといえよう。

2 一九五〇年代の日本

日本におけるラスキ受容は一九二〇年代に遡ることができ、イギリス多元的国家論が日本に紹介される過程で、その主要な理論家の一人としてラスキが注目されている。この際に中心となった学者は、長谷川如是閑、大山郁夫、高田保馬、蠟山政道などである。しかし戦前日本におけるラスキ研究はラスキの多元的国家論者としての側面に限定され、その受容の仕方も著しく観念的、形式論理的であった。それゆえ、日本における本格的なラスキ研究は、第二次大戦後から一九五〇年代初頭にかけてのラスキへの急激な関心の高まり、すなわち「ラスキ・ブーム」を待たなければならなかった。

一九五〇年代初頭の「ラスキ・ブーム」はいわば日本におけるラスキ受容の二度目の契機であり、それは多元的国家論に終始しえないラスキの多様な側面へと関心を向けたものであった。一九五〇年三月にラスキが急逝した際、『朝日新聞』は「天声人語」で「俊敏明哲をもって鳴るこの巨星を失って、学界、政界の損失は大きい」[11]と伝え、雑誌『思想』の九月号は「特集 ラスキ研究」を組んでいる。戦後約一〇年間にラスキ研究や著作の翻訳にかかわった学者としては、丸山眞男、辻清明、吉野源三郎、鵜飼信成、中野好夫、堀豊彦、中村哲、尾形典男、久野収、蠟山政道、関嘉彦、石上良平、隅谷三喜男、大内兵衛、飯坂良明、鈴木安蔵、横越英一などの名前が挙げられる。

戦後初期のラスキ研究としては、まず丸山眞男による二論文、「西欧文化と共産主義の対決」(一九四六年)と「ラスキのロシア革命観とその推移」(一九四七年)があり、事実上これが「ラスキ・ブーム」の端緒となった。丸山の「ラスキ熱」の特徴は、第一に、そのラスキ評価がもっぱら後期ラスキによる知識人批判、アカデミズム批判に向けられていた点であり、これは戦時期の日本のアカデミズムに対する丸山の批判を背景にしていた。第二に、マルクス主義への接近においてラスキが見せる苦悶や逡巡への共感であり、丸山はラスキに「西欧の最も良心的な知識人のコミュニズムに対する接近の仕方に一つの定型といつたものを感ぜずにはいられない[12]」としている。第三に、それまで動揺や転向と捉えられてきたこのようなラスキの思想変遷に「思想の主導動機の徹底さ」を見いだし、一貫した視座から思考した「一個の思想家」としてラスキを救出する試みである。

丸山と対照的なラスキ理解を示したのは、蠟山政道と関嘉彦である。蠟山は一九五〇年の論文「政治学体系の総合的批判」において、ラスキの国家論がマルクス主義によっていかに歪められたかを指摘している。蠟山のラスキ解釈を発展させたものとして、関嘉彦による『現代国家における自由と革命——ラスキ研究入門』（一九五二年）がある。同書は日本で初めての本格的ラスキ研究であり、この点で関の果たした意義は大きい。関は初期ラスキを「英国近代精神の嫡出子」として評価する反面、後期のラスキについては、ソ連への「媚態」や自由観の混迷が「階級国家観への屈服」をもたらしたとして批判している。後期ラスキに対する関の低い評価の背景には、本来、イギリス労働党に非マルクス主義的な社会主義理論のモデルを探ろうとしていた関自身の問題関心があったといえるだろう。

マルクス主義の立場からのラスキ研究としては、鈴木安蔵編著の論文集『ハロルド・ラスキ研究』（一九五四年）があり、同書は関に続く本格的なラスキ研究といってよい。鈴木は同書所収の論文「ラスキ『近代国家における自由』の諸問題」において、ラスキの個人主義的な権利論に着目し、その「ブルジョア性」にもかかわらず高い評価を与えている。鈴木は、ラスキの政治理論が「個我の自由」といったリベラルな前提を脱却しえていないと指摘しつつも、そのような前提を把持しながらマルクス主義へ限りなく接近してくるラスキの思想的苦悶に関心を向け、そこから逆に、ラスキの「限界」であるはずの個人主義や「ブルジョア性」に強く惹きつけられているのである。

丸山、関、鈴木らのラスキ研究は第二次大戦直後の日本政治学における「ラスキ・ブーム」を形成するものであり、それはラスキの先行研究の一環であると同時に、「それ自体が日本の知的風土を知るための素材[13]」（辻清明）でもある。しかしながら、英米での政治学のその後の展開と同様、一九五五年以降、日本政治学における「ラスキ熱」も急速に冷却していく。

3　一九九三年以降の「ラスキ・リバイバル」

一九六〇年代から一九九〇年前後にかけて、ラスキは基本的に忘れられた思想家であった[14]。一九九三年、アメリカの歴史学者A・シュレジンジャーは、英米圏からアジアやアフリカにまでおよんだ生前のラスキの名声に触れながら、「未だにラスキを記憶している人がいるだろうか……。これほど活発鮮明な人物がこれほど急速に忘却されたのは、実に稀有なことである[15]」と回顧している。

しかし、ラスキを忘却の底から引きあげ、英米圏での本格的なラスキ研究の再興、いわば「ラスキ・リバイバル」をもたらした契機は、一九九三年のラスキ生誕百周年であった。その象徴的端緒はいずれも一九九三年に出版されたM・ニューマンによる『ハロルド・ラスキ――政治的伝記（*Harold Laski: A Political Biography*）』と、I・クラミック&B・シェーマンの共著『ハロルド・ラスキ――左翼人の生涯（*Harold Laski: A Life on the Left*）』という二つの評伝である。

ニューマンによる評伝の新しさは、何よりディーンのラスキ解釈に対する批判的立場を明確にし、それとは異なるラスキ像の提示を試みた点にある。ニューマンによれば、マッカーシズムを背景にしたディーンのラスキ研究は、学問研究とは別種の「反ラスキ・キャンペーン」の一環であり、「同書は、その明らかに冷静なスタンスにもかかわらず、政治的破壊を試みる党派的仕事であった[16]」。その上でニューマンは、ラスキの思想の表面的な齟齬や矛盾に捉われることなく、それらをもたらした「内在的な活力」を描出しようとする。しかしながら、ディーンによるラスキへの「不当な攻撃」の暴露という意義に比べ、ニューマン自身のラスキ解釈は、西欧リベラリズムと共産主義との間のラスキの変遷を「建設的矛盾」として好意的に捉えるにとどまるものであった。

他方、クラミック&シェーマンによる大著『ハロルド・ラスキ――左翼人の生涯』は、ラスキの妻フリーダ・ケリーや元教え子など多数のインタヴューと資料渉猟に基づき、ラスキの内面と幅広い交友関係を描きだす労作であり、「ラスキに関する最も包括的で、またおそらく権威的な評伝[17]」（R・ダーレンドルフ）、「公平な観点、誠実かつ緻密な叙述で、ラスキに対して共感的ながら決して過大評価的でもない著作[18]」（シュレジンジャー）と評され、ラスキに関する決定的評伝といってよい。

同書の主旋律は「イギリス左翼の持続的良心」としてのラスキ像であり、自らの政治的影響力を誇張しようとするラスキの「虚言症」を認めつつも、学生を刺激し鼓舞する能力、人を惹きつける誠実さと社交性、社会的弱者や被抑圧民族への鋭敏な共感をあわせ持ったラスキ像が描きだされている。また、自身の「ユダヤ性（Jewishness）」の意識や非ユダヤ教徒フリーダとの結婚をめぐる家族との確執、後年のシオニズムに対するラスキの微妙な距離感などへの丹念な叙述も同書の特徴といえる。

E・ホブズボームが指摘するように、ラスキの同時代的影響力は、ラスキのパーソナリティそれ自体、および同時代におけるラスキの「公的な場での表象のスタイル[19]」と密接不可分であり、同書はそれらの歴史内在的描写に成功している。しかしその反面、同書自体、「この本は、もっぱら彼の思想と洞察との時系列的な分析を目指した知的評伝ではない[20]」と認めているように、伝記という性格上、ラスキ政治学の理論的内容への考察は省かれており、同書は政治思想史とは別領域の著作といえよう。

一九九七年にはハースト編『ハロルド・ラスキ選集（*Collected Works of Harold Laski*）』全一〇巻が出版される。ハーストは、時代変化に応じて振幅を伴ったラスキの「政治的移動性（political mobility）」を認めながらも、そこには三つの一貫性があったという。第一に政治形態やイデオロギーにかかわらず労働者の利益を最優先する「左翼」の理念、第二に政治的義務の正当性を個人の良心の同意に求める立場、そして第三に国家をあくまで道具として捉える実用的国家観である。[21]

しかしながら、ハーストも最終的にはラスキの独創性を初期の国家論に見いだしており、ラスキの後期の著作に対する不当な攻撃からは距離をとりつつ、「しかしながら、一九三〇年代から四〇年代のラスキは時代の『典型的な』思想家であり、彼が多元主義者であった時期よりも独創性と鋭敏さに欠ける」[22]とする。ハーストによれば、「もしラスキが依然として重要であれば、それは彼の多元主義的見解のためにより一層そう」[23]なのである。

二〇〇四年に刊行されたG・D・ベスト『ハロルド・ラスキとアメリカのリベラリズム（*Harold Laski and American Liberalism*）』は、ラスキとアメリカとの関係に焦点をあてた点で出色である。同書は、ラスキのアメリカ認識とその限界を叙述するものであり、具体的には、ラスキが一九二〇年代アメリカの反共的な「赤恐怖症（red scare）」に直面してその偏見を終生引きずったという時代的制約、東海岸に集中した行動範囲の制約、ユダヤ系リベラル知識人に限定されたアメリカでの交友関係の制約などを指摘するものである。

同じく二〇〇四年にはラムの『ハロルド・ラスキ――デモクラシー・主権国家・国際社会（*Harold Laski: Problems of Democracy, the Sovereign State, and International Society*）』も出版されており、同書はラスキの国際秩序構想に焦点をあて、「民主的社会主義の伝統における重要な国際関係論の思想家」としてラスキの再評価を図るものである。元来、ラスキの国際政治論は「ラスキ政治思想研究において相対的に手薄な分野」[24]（田口富久治）であった。ここにおいてラムは、A・ジマーン、E・H・カー、L・ウルフ、P・ダットといった同時代の理論家との比較を通して、国家主権解体の条件を政治家の理性に求めていたラスキが、国家主権と資本主義との結びつきを重視するにつれ、資本主義の克服と国家主権の放棄とを表裏一体の課題として捉えていく過程を考察している。

「ラスキ・ブーム」の終焉後、日本でもラスキ研究の数は限られるものの、一九八七年、第二次大戦中のラスキの試みである同意革命論に焦点をあてた小笠原欣幸『ハロルド・ラスキ――政治に挑んだ政治学者』が刊行される。ラスキの同意革命論とは、第二次大戦下の総力戦体制を利用して、ファシズムへの軍事的勝利をイギリスにおける社会主義実現へとつなげようとした試みであり、そこに示された議会主義と暴力革命との二項対立克服の模索は、丸山眞男以来、ラスキ研究で繰り返し論じられてきたテーマともいえる。小笠原のラスキ研究は、ラスキの雑誌論文、パンフレット、講演記録、書簡、メモランダムなどの緻密な渉猟と読解を通じ、同意革命論をラスキのオルタナティヴ構想と捉え、その主張を丹念に再現する労作といえるが、その叙述方法からしてどちらかといえば伝記的作品とされるべきものであろう。

一九九〇年代以降では、水谷三公『ラスキとその仲間――「赤い三〇年代」の知識人』（一九九四年）、大塚桂『ラスキとホッブハウス――イギリス自由主義の一断面』（一九九七年）、小松敏弘『現代世界と民主的変革の政治学』（二〇〇五年）などが出るものの、いずれもラスキをめぐる体系的な思想史研究とは位置づけ難い[25]。

以上、一九九〇年以後の英米圏および日本における「ラスキ・リバイバル」の成果を概観してきた。これらの先行研究は評伝と政治学研究とに二分されるが、いずれにおいてもそこに二つの特徴を指摘できる。第一に、冷戦崩壊を受けて、これらの研究がおしなべてディーンによる「ラスキ攻撃」から距離をとり、ラスキ政治学の現代的意義の析出を試みている点である。

第二に、グローバル化の進展によって主権国家の自明性が揺らぐなかで、とりわけ初期ラスキの国家主権批判や多元的国家論に再び関心が向けられている点である。たとえばラスキの主権三部作とポスト主権国家体制との関連については、ラムの研究に、中間団体の勃興や冷戦崩壊後の市民社会論との関連におけるラスキ再評価はハーストの一連の著作に窺うことができる。

しかしながら、ラスキの再評価を試みるこれらの研究の多くにも、依然として、初期ラスキの学問的著作の理論的達成を救いだし、後期の政治的著作の意義や独創性を軽視する傾向がある。一九九三年以降の「ラスキ・リバイバル」により、ディーンによる神話解体と冷戦磁場の呪縛からラスキの実像が解放された後も、「一九三一年以後、ラスキは実際は学者というよりも十字軍的なパンフレット執筆者であった(26)」（ホーキンス）というラスキ研究のパラダイムは依然として残っているのである。

先行研究を規定しているこのようなラスキ解釈のパラダイムは、「学者／政治家」という二者択一でラスキを捉え、そのいずれかの基準からのみラスキの著作を定点観測する方法論的限界に起因している。しかし、ラスキは多様な次元で思索と活動を展開した人物であり、「学者／政治家」という二分法では、学問と実践とを架橋したラスキの統一的全体像を提示することは不可能である。したがって次節では、本研究の方法論の提示をかねて、「教師」、「学者」、「政治家」、「公共的知識人」という四つの対象化次元からラスキを捉え直し、本書がいかなる次元でラスキを位置づけるかを明確にしておきたい。

第二節　対象としてのラスキ

1　教師としてのラスキ

ラスキの生涯を顧みた時、その思想的立場をめぐる多様さのみならず、活動した領域の多様さにも驚かされる。「教師」、「学者」、「政治理論家」、「政治家」、「政治扇動者」、「イデオローグ」、「知識人」――、これらはいずれも同時代人によるラスキの形容である。通常、これら様々な活動領域においては各々の評価基準が存在し、したがってラスキを評価する際は、どの次元においてラスキを対象化するのかを明確に自覚する必要があるだろう。ラスキをいかに捉えるかは、ラスキを定置するその次元によって規定されるからである。

学者や政治家としては著しい毀誉褒貶がありながら、偉大な教師という評価はラスキに関する「唯一の一致した見解」であった[27]。ラスキは一九二〇年から三〇年間にわたりＬＳＥで教鞭をとり、その間、アジアやアフリカからの留学生を含む多くの学生に接してきた。ラスキが教師を自らの天職と認め、そのエネルギーを献身的に教育に費やしたこと、また多くの学生たちから魅力的な教師として敬愛されたという事実には多くの証言が残っている。ＬＳＥの学長を務めたダーレンドルフは、「ラスキの研究室には、彼がいつも気前よく与える助言を求めて、映画館のごとき長い列ができるのが常であった[28]」と回顧している。また、ラスキの弟子であったＲ・ミリバンドも次のように証言している。「ラスキは学生をただ若いというだけで愛した。……若者を支援することで、自分自身もまた未来に連なり、自身が情熱的に信じていた新しい世界を引きよせることができると信じていた[29]」。

該博な知識と稀有な記憶力を駆使したラスキの授業には、知的刺激を求めて多くの学生が集まった。一九二〇年代初頭、ロンドン駐在時にＬＳＥでのラスキのセミナーに通っていた外交官の須磨弥吉郎は、「二時間の授業の前半は、その時々の時事問題について、彼一流の辛辣な批評で賑ふ。この方が本論の主権の基礎論よりはるかに面白かった[30]」と述べている。また、あるインド人留学生の回想によれば、ラスキの講義は冗談や逆説など「痛快な調味料」を交えつつもまじめな感化力を持っており、「そのような時、正義や人権はラスキにとって単なる学問的概念以上のものだということを、学生は気づかされるのであった[31]」。

教育にあたってのラスキの方針は、自身の政治的立場の明確な表明をためらわず、むしろそのバイアスを意識的に表明することによって学生の側における「懐疑の習慣（habit of skepticism）」を促進させるものであった[32]。ミリバンドは、ラスキは明確に自身の意見を打ちだしながら、決してそれへの同意を強制しなかったと述べ、その理由としてラスキが明らかに学生からの「反論（good fight）」を愛していたことを挙げている[33]。Ｆ・フランクフルターによれば、「ラスキが常に関心を持っていたのは、合意に達することにではなく、考えを交換することそれ自体であった[34]」。

もっとも、教室とジャーナリズムをせわしなく往復したラスキのスタイルには批判も多く、たとえばＩ・バーリンはラスキを「あまりに自己顕示的、あまりに派手、あまりに流行的」で、「知識をひけらかすための聴衆のいない部屋に一人でいることが困難な人物」と形容している[35]。またラスキの教育姿勢を「断定的（judgemental）」、「派手な（viewy）」、「断言的（opinionative）」とする批判も常にくすぶっており、ＬＳＥの同僚であった経済学者のＬ・ロビンズは、同じ労働党の有力者でありながらＬＳＥでは学問的品位を遵守したＨ・ドールトンと対照的に、ラスキは「プロパガンダの手段としてしばしば教壇を利用した[36]」と指摘する。

とはいえ、ＬＳＥにおいてラスキが「最も逸話に豊富な存在[37]」であったのは事実であり、それは学内のゴシップや授業評価、教授評などを掲載していたＬＳＥの学生誌『クレア・マーケット・レビュー』の記事からも窺える。ラスキはこの雑誌において学生たちが論評の対象とする頻出登場人物の一人であり、たとえば、「スターリンにこういってやったんだ（And so I said to Stalin）」といったラスキの口吻は、ＬＳＥの学生たちの「戯れの物真似」の定番になっていた様子が記されている[38]。学生にとってのラスキの真の姿は、労働党の重鎮でもなく社会主義思想の伝道師でもなく、「彼が偉人中の偉人であったのは、そしてわれわれが愛したのは、教師としてのラスキであった[39]」。

このような「劇場型教授」としてのラスキ像は、ＬＳＥという舞台と切り離すことはできない。ラスキは、自身が学んだオックスフォードへの愛着、Ａ・ダイシーやＥ・バーカーといった政治学者への恩義を認めながらも、伝統的政治学の超然主義や「地方的閉鎖性」には率直に不満を表明している。「オックスフォードは概して、少なくとも教授陣に限っては社会問題の考察に関心を示していたが、その解決に対する責任には無頓着であった。それは正確な分析の重要性を説きながら、それに基づいて行動する義務を示さなかった[40]」。ラスキはＬＳＥでの教授就任講義において、オックスフォードの古典的伝統に敬意を示しつつも、ＬＳＥの政治学をＪ・ベンサムやＪ・Ｓ・ミルからウェッブ夫妻にいたる「イギリスにおける政治学のもう一つの偉大な伝統の特別な嫡流」として位置づけ、「ＬＳＥは、伝統を持ちえるだけ十分古く、因習を避けえるだけ十分若い」[41]と讃えている。

ミリバンドが指摘するように、一九二〇年のＬＳＥへの奉職以後、下院議員転身の誘いやアメリカの大学からの教授就任要請があろうが、「ＬＳＥはラスキにとって最も重要な忠誠心の対象」であり、そしてＬＳＥもまた、現実政治の奔流に巻きこまれるラスキに「たしかな錨」を提供することによってそれに報い、ラスキが同時代の政治的闘争に「参加しながら俯瞰する」ことを可能にしたといえる[42]。

また、一九三〇年代はＬＳＥが留学生の受入拡大を進めた時期でもあり、このようなＬＳＥの国際化とラスキの国際的名声は関連していた。ラスキのセミナーへの参加学生も国際色豊かであり、ドイツ、フランス、インド、中国、アフリカ諸国からの留学生が含まれていた[43]。後にアメリカ大統領となるＪ・Ｆ・ケネディも一九三五年から翌年にかけてラスキの授業に参加している。教師としてのラスキの影響力は、とりわけアジアやアフリカからの留学生に対して強く、インド人留学生であったＧ・Ｌ・メフタは「彼は世界のすべての地域からやってくる無数の学生を刺激し鼓舞した[44]」としている。

ラスキの在任期間のＬＳＥは教授陣においても多彩で活気に満ちた知的コミュニティであった。一九二〇年から五〇年までのラスキの在任期間に、同僚としてＬＳＥの教職にあった研究者としては、行政学にＳ・ウェッブ、Ｃ・アトリー、社会学にＬ・Ｔ・ホブハウス、Ｔ・Ｈ・マーシャル、また学長職にあったがＷ・ベヴァリッジ、経済史にＲ・Ｈ・トーニー、国際関係論にＰ・ノエルベーカー、経済学にロビンズ、Ｆ・ハイエク、哲学および社会理論においては不定期ではあるがＢ・ラッセル、Ｋ・ポパー、人類学にＢ・マリノフスキーなどが挙げられる。このようなＬＳＥの知的活力は、一九三〇年代、ナチスに迫害されたドイツの学者を積極的に受けいれる学術援助機関の創設によって一層促進され、K・マンハイム、E・カントロヴィチ、F・ノイマンなどが短期間であるがLSEに加わっている。

LSEでのラスキの同僚では、とりわけベヴァリッジ、ロビンズ、ハイエクの三者とラスキとの緊張関係について触れておきたい。一九一九年にLSE学長に就任したベヴァリッジにとって、ラスキの着任は最初の担当人事であり、両者の関係は当初は良好であった。しかし、一九三〇年代以降、ベヴァリッジは、学長としては財界からの金融支援を受けてLSEの施設拡大に尽力しつつ、研究者としては政治と科学との峻別を強調するようになる。[45]そのため、政治的発言によって学外にLSEと社会主義との密接なイメージを拡散し、研究や教育にも党派性を持ちこむラスキは次第に疎ましい存在となっていった。

一九三四年、学内誌『ステューデント・ヴァンガード』で教授批判を展開した二人の学生に対してベヴァリッジが退学処分を下すと、ラスキはこの処分を批判し、これを契機に両者の関係は緊張を孕むものになった。[46]両者の直接の衝突は、同年、労働党系の雑誌『デイリー・ヘラルド』へのラスキの連載「ペン・ポートレイト」をめぐり頂点に達する。「ペン・ポートレイト」はラスキによる政局コラムであったが、ベヴァリッジはかねてからこの連載を苦々しく感じており、同連載は教授の副収入を制限した大学規定に違反するとして論難したのである。両者の対立は大学理事会に諮られ、ラスキはここで、コラム執筆は自身の余暇に行っており、執筆内容も常にLSEの威厳に配慮していると反論している。学外からはJ・M・ケインズも「教授の見解表明の自由」を掲げてラスキを擁護したものの、最終的にラスキの連載は打ち切られることになった。[47]

両者の対立関係は、一九三七年にベヴァリッジがLSEの学長を退くまで続いた。ロビンズによれば、ベヴァリッジのLSE退任講演「人間知識における社会科学の位置」は、実質、ケインズとラスキへの批判にあてられたものであった。ベヴァリッジはこの講演で、まず経済学が過度の抽象化に陥っているとしてケインズを批判し、「次に――ずっとより直接的に――政治的な目的を追求するために学術的特権を利用する人々と見せかけて、不運なラスキを激しく攻撃」し、退任講座の雰囲気は「散々なものになってしまった[48]」としている。フェビアン協会の有力者たちによって設立されたLSEは、従来、社会主義のイメージと重ねられてきたが、「偏見のない経済学研究は自ずと社会主義へ導く」というウェッブ夫妻の信念に基づき、実際には一九二五年にロビンズを、一九三一年にハイエクを受けいれるなど、多様な思想潮流を含んでいた[49]。一九二〇年代から三〇年代のLSEは、ラスキを筆頭とする労働党系の社会主義者と、ロビンズやハイエクを抱える「レッセ・フェール派」との学内対立に彩られていたのが実情であった。

一九三〇年代のLSEの経済学講座を牽引したロビンズは、学生時代にラスキの指導を受けた時期があった。ロビンズは、ソクラテス的問答法によって授業を仕切るラスキの教師としての資質を認めつつ、「チューターとしては、もし彼があなたを気にいるならば、彼は親しみやすく親切であるだろう[50]」と述べている。実際、ロビンズは自伝で、炭鉱の全面的国有化に疑義を呈する論文を提出した際、ラスキが明らかに不機嫌になり、「読み終わると彼は冷たく『やれやれ、これは非常に反動的な立場の発言としては優秀だ』と語り、そういうが早いか、会話の内容を変えたのであった[51]」と回顧している。

ハイエクもまた、自身とラスキとの関係について、二人とも「大量の本の収集家」である以外に共通点がなく、「二人が話す言語は、ほとんど別のものだった[52]」という。ハイエクは、一九三〇年代のLSEについて、「教員談話室の空気はいつも友好的だった」としているが、教員間のそのような表面上の紳士的関係も「ラスキが『隷従への道』は自分を批判して書かれたのだということを理解するまでは[53]」と断っている。

ハイエクにとってのラスキは、何よりも「病理的な虚言家」としてのラスキであった。「ラスキはほとんど笑い草で、人々が彼のことを真面目に受けとっている時も、私はハロルド・ラスキを真面目に受けとることができませんでした[54]」。たとえばハイエクは、第二次大戦中、マンチェスターでドイツ軍の爆弾が自分のホテルの近くに落ちた経験をラスキが吹聴するうちに、三週間後にはその話が「爆弾が彼のホテルを直撃し、彼はベッドとともに四階分を落下して地下まで落ちたことになっていた[55]」と述べている。

このようなラスキの誇張癖、虚言癖は有名であり、それは有力政治家との親交を誇示しようとする虚栄心によるものもあったが、その多くは話を脚色して人を楽しませようとするラスキの子供じみた茶目っ気に基づいたものでもあった。それゆえ、ラスキに好意的な友人たちは、それらが事実と異なると内心では知りながら、「大変愛嬌があり、しばしば過度に想像力に富んだ話」(H・L・ビールズ)として受けいれていたといえる。また、ラスキが過大演出した誇張話は、しばしば脚色された作り話より実際の話の方が面白いこともあったという[56]。

いずれにせよ、労働党の理論的支柱として新聞やラジオに頻出するラスキは、ロビンズやハイエクに比べてより一層「政治的な露出度」が高く、ジャーナリズムで紹介される際のラスキは常に「LSE教授」としてであった。LSEの百年史を書いた元学長ダーレンドルフが述べるように、「好感であれ嫌悪感であれ、ハロルド・ラスキは常に物事の中心にいた[57]」。それゆえ、政治学研究を志す学生たちにとって、「ラスキ、LSEそして社会主義は分かち難いほど結びつけられるようになった[58]」のである。

2 政治家としてのラスキ

ラスキは長らく労働党の執行委員を務めるとともに、一九四五年には党の議長として歴史的な総選挙の先頭に立った。またW・チャーチルやアトリー、ルーズヴェルトらと個人的な親交関係を築き、一九四六年にはイギリス労働党代表団として訪ソ、スターリンとも面会している。このような「学者政治家」としてのラスキの姿も、議会や官庁街、金融街など政治経済の中心に近接したLSEという地理的条件が可能にさせたものであった。ハーバードからイギリスに帰国する際、O・W・ホームズに宛てた手紙で、「LSEは極めて現実的な政治的影響力を私の手の範囲にもたらしてくれるでしょう[59]」と期待した通り、ＬＳＥはラスキに、単に「政治学の教授（professor of politics）」としてのみでなく、「政治的な教授（political professor）」として、「出来事の核心の近くにいるという感覚」を与えてくれる場所であった。

このようなラスキの政治的影響力は、直接的には労働党の内部から、労働党を通して行使されたものであった。一九二〇年代以降、再三にわたる下院議員への立候補要請は固辞し続けたものの、一九三一年に労働党の全国委員会執行委員に選出されると、その地位はその後もラスキの影響力行使の足場となる。選挙の度にラスキは献身的な応援演説を行い、一九四五年総選挙での労働党大勝に際してはラスキ人気が「勝利の決定的要素の一つ」だったと考えられた[60]。一九八〇年に党首となるＭ・フットの言葉を借りれば、「彼は長年にわたり——現在の専門用語でいえば——党の指導的『知識人』であった[61]」。

ラスキの政治的影響力を過大視する傾向は国内よりも外国において一層顕著であり、とりわけ一九三〇年代のアメリカで、ラスキはルーズヴェルトの影の相談役と考えられていた。ラスキの論敵であったハーバード大学のＷ・Ｙ・エリオットは、ラスキの社会主義的見解がその軽妙洒脱な文章を通してアメリカの学生に浸透し、その影響力がフランクフルターを媒介とし政界中枢におよんでいると警告している。アメリカが第二次大戦に参戦した際も、ラスキはかねてからそれをルーズヴェルトに働きかけており、それゆえ、伝統的孤立主義者にとってラスキはより一層疎ましい存在になっていった。その影響力は実像よりも過大視されていた嫌いもあるが、ラスキが大学教授としては極めて異例の政治的存在感を発揮したことは事実である。

しかしながら、大衆人気と国際的評判に彩られつつも、労働党内における「政治家ラスキ」は失敗の実例であった。ラスキの政治活動から浮かびあがるのは、駆け引きの才能に欠け、政局の相場観を失った「学者政治家」の姿である。たとえば第二次大戦中の同意革命論については、長らくラスキの理解者であったマーティンでさえも「政治家としてハロルドはその見通しを誤った」と述べ、「書簡や談話、覚書では大政党の政策を改変するという芸当はできない」と指摘している[62]。その対外的な露出度とは対照的に、ラスキは政治の現場で直接的な権限を握ることはなく、決して本当には「権力の内側の人間」ではなかった。「労働党の指導者たちは、便利な時にはラスキの才能を使ったが、しかしラスキのアドバイスはそのほとんどを無視した[63]」（ミリバンド）。

また、一九四五年総選挙の直前には党首アトリーへ唐突な辞任要求を突きつけるが、手紙や評伝によれば、この局面においても政治的沈着を保つアトリーと、一本気で落ち着きのないラスキの姿が好対照である。田口富久治は、「この時期のラスキとアトリーとのさまざまな政治問題をめぐっての応酬を見ていると、少なくともこの時点における『現実政治』的見通しや対応に関しては、『教授・政治家』としてのラスキは、とうていプロの政治家であるアトリーの敵ではないことが明らかである[64]」と指摘している。さらに総選挙後には、そのアトリーに駐米大使や貴族院議員のポストをせがむなど、「政治に呑まれる政治学者の奇妙な姿[65]」（小笠原欣幸）を示すことになる。

ホブズボームによれば、一九四五年の労働党政権誕生後、S・クリップス、A・ベヴァンら党内左派が政権内で「福祉国家の体制建築家」として確固たる役職を確保したのに対し、結果的に議席を持たないラスキのみが周縁化されたという[66]。そもそもLSEでの教育や研究の負担を踏まえれば、ラスキが政治活動に費やせる時間は限られており、また海外の大学からの頻繁な招請要請は労働党の会議や委員会の欠席を意味し、ラスキ自身の政治力を弱めることになった。一九五〇年のラスキ死去に際し、『マンチェスター・ガーディアン』の追悼記事は、「外国ではラスキは政治家として最も知られているが、それは彼が最も成功しなかった側面であった[67]」と記している。

ラスキ死後、二〇年間にわたり労働党の社会経済政策を指導したのは、ラスキの宿敵であった右派ドールトンとその派閥である「ドールトンの子飼いたち（Dalton's Poodles）」や、修正資本主義路線を牽引した理論家クロスランドであった。他方、フットやR・クロスマンら一九四五年の選挙で当選した若手議員たちは「キープ・レフト・グループ」

と呼ばれる新しい左派グループを結成したが、彼らにとってもラスキは古い時代の象徴であり、これら若手が模範としたのは党内左派のベテラン政治家で、国民皆保険制度（ＮＨＳ）の建設を主導したベヴァンであった。「政治家としてのラスキ」の失敗は、ラスキが「奴隷のように労働党のために献身しながら、驚くほど少しの影響力しか与えなかった」[68]という事実に現れているといえよう。

このように、「教師としてのラスキ」と「政治家としてのラスキ」はおよそ対照的な評価を導く対象化次元であり、そこに窺われるラスキの人間像への興味も尽きないが、それらはいずれも政治学研究というより伝記的作品によってその内実が描出されるべきものであろう。

3 学者としてのラスキ

ラスキの第三の対象化次元は、政治哲学、思想史、行政学、国際関係まで幅広い分野を担った学者としての側面である。政治学が「道徳哲学（moral philosophy）」としての伝統的形態から離脱し、大衆デモクラシーの発展とともにその「科学化」を果たしていくなかで、ラスキは両者を架橋する政治学の「体系化」を模索した政治学者と位置づけられる。マーティンによれば、主著『政治学大綱』は出版当時、「たちまち政治学教科書の確定版になった」[69]という。

多元的国家論によってデビューしたラスキにとって、その主たる学問的業績は国家論の分野であり、「政治理論とは、本質的に、歴史的位相における国家をめぐる哲学[70]」であった。それゆえ、近代国家の歴史的形成と現代的機能についての考察は、多元主義から準マルクス主義へとその視座は移動したとはいえ、初期三部作から一九三五年の『国家——理論と現実』にいたるまでラスキにとって一貫した問題意識であった。

思想史の領域においては、一九二〇年の『イギリス政治思想——ロックからベンサムまで（*Political Thought in England from Locke to Bentham*）』がベストセラーとなり一躍ラスキの名を高めた。一九二二年には『エドモンド・バーク書簡集

（*Letters of Edmund Burke*）』を編集、一九二四年にはJ・S・ミルの『自伝（*Autobiography*）』を未刊行演説とあわせて編集解説している。一九三六年の著作『ヨーロッパ・リベラリズムの発達』もまた、長らくイギリスの大学において政治思想史の代表的な教科書であり続けた。

共産主義研究もラスキの学問的達成の一つとして挙げることができる。イギリスの読者向けにK・マルクスの思想体系を解説した『共産主義』（一九二七年）は、発売当初からオックスフォードの学生必携書物となり、ラスキを「この問題に対するイギリス最高の権威」[71]とした。また、『共産党宣言（*The Communist Manifesto*）』の刊行百周年を記念し、イギリス労働党が一九四八年に同書を再版すると、ラスキはこれに序文を寄せ、イギリス労働党が『共産党宣言』を今なお自分たちの綱領として採用することが可能だと強調している。

アメリカもラスキにとって一貫した関心の対象であり、アメリカ研究もラスキの業績の一つといえる。とりわけルーズヴェルト登場以降、ニューディールに対する同時代的観察を続け、一九四〇年には、三選を迎えたルーズヴェルトへの援護射撃として大統領権力の強大化を擁護する『アメリカの大統領制』を刊行する。一九四八年の大著『アメリカのデモクラシー』は、A・トクヴィルの『アメリカのデモクラシー（*De la démocratie en Amérique*）』を意識しつつ、アメリカの政治、経済、文化、宗教を包括的に論じた文明論であった。また第二次大戦後には、『新しい社会における労働組合（*Trade Unions in the New Society*）』（一九五〇年）において、労働組合を基礎にしたアメリカにおける第三党の必要性を論じ、これらの著作はいわばラスキのアメリカ三部作をなしている。

しかしながら、「学者としてのラスキ」は三五歳で終焉し、ラスキは初期三部作から『政治学大綱』までの学問的達成を超えられなかったという学問的評価が一般的となっている。R・H・ソルトウは、『政治学大綱』に示される初期ラスキの学問的業績を高く評価する反面、「晩年の著作には、アメリカ研究を除いて、彼の思索のなかで永続的な重要性を持つものはほとんどなく、またその本質において一九一七年から一九二五年の間に書かれた『四大著作』以上のものはない」[72]としている。

　実際、ラスキ晩年の著作には推敲不足、冗長、著作内や著作間における繰り返しが目立ち、ラスキの大学時代の指導教官であったバーカーはラスキについて、「ラスキ教授は、いくぶん剽窃家である――自分自身の著作からの」[73]と皮肉っている。またLSEの同僚であったビールズによれば、晩年のラスキの「学問的衰退」は顕著であり、第二次大戦中、LSEがケンブリッジに疎開していた時期のラスキのセミナーは主として政治ゴシップや人物評に費やされていたようである。

　また、ラスキの死後、政治学が急速に専門分化されるにつれ、初期の学問的達成に対しても厳しい評価が向けられることになる。ホブズボームによれば、「研究者たちは、ラスキの若年期のサンディカリズムの名残りである初期の多元主義的著作に対して礼儀正しい社交辞令を払ったが、実際にそれを推奨することはなかった」[74]。ダーレンドルフはさらに率直に、「ラスキの評伝を書いた者なら誰でも、莫大な量のラスキの著作のうちで、持続的な古典として残ったものは何もないと認めるであろう」[75]と述べ、『政治学大綱』でさえ政治学の古典のリストには加わらないと判断している。

　ラスキの死後、その学問的著作が忘れられた理由としては、戦後の学問状況の変化を挙げることができよう。たとえば論理実証主義の趨勢は政治学の「科学化」を促進し、政治実践と未分化なラスキの政治学は急速に時代錯誤となった。「道徳哲学」としての伝統的政治学の衰退は「政治哲学の死」（ラズレット）を生みだし、ラスキ政治学の規範的側面も忘却されていく。また、思想史学は急速に歴史学への傾斜を強めてその方法論を緻密化させ、ラスキの著作に垣間見える「政治思想史のイデオロギー的読解」を嫌っていく[76]。ラスキの死は第二次大戦後の政治学の展開をめぐる一つの分水嶺をなしていたといえる。

4　知識人としてのラスキ

このように見ると、ラスキは「失敗した政治家」であると同時に、政治参加によって学問的才能を浪費させた「失敗した政治学者」でもあった。そして先行研究の多くは、学問と実践の相反や両立不可能性を前提とした上で、学者か政治家かという二者択一の対象化次元でラスキを評価してきたために、ラスキはそのいずれにおいても中途半端で失敗した存在として描出されてきた。

ラスキ評価に致命的な一撃を与えたディーンは、後期ラスキの「知的退歩」の徴候として次の三点を指摘している。第一に、他者の苦悩へのラスキの共感が学者として不可欠な分析的態度を放棄させたという。ラスキは同時代の危機を受けとめ、絶望のなかにいる人々を絶えず激励しようとした。しかし、ディーンによれば、「哲学者としての彼の才能にとって致命的であったのは、彼の情緒と共感の力が彼の知的な深さに匹敵していないという事実であり、その結果、彼の主張と判断はしばしば無責任で、まじめな著述家に課せられる道徳的な要求を無視するようになった[77]」という。

第二に、他人の著作を迅速に理解して論評する能力や、準備なしでも流暢に語る即興の才能もまた、ラスキを、「思想を彼ほど明瞭に表現できない人々」の心地よい代弁者とさせたという点で、「学者ラスキ」にとっての落とし穴となったという。

第三に、ラスキの学者としての成熟は、世論形成のための影響力へ関心を寄せることによっても阻害された。ディーンによれば、ラスキは政治の領域に豊富な人脈を形成するにつれて、現実の分析よりも「予言と説教、そして民衆や指導者の意見形成」に興味を持つようになり、一九三〇年以降は学術研究よりも政治活動を優先させたという。その上でディーンは、「多忙な教師の『自由な時間』に絶え間なく行われる演説、会議、会合、選挙運動は、理論的な洞察や哲学的な態度の培養に資する雰囲気をおそらくは与えない」のであり、「ラスキの生涯は、近代的な大衆政党を組織動員し、それを左右する仕事に心をさらわれたならば、誰であれ学問への重要な貢献は望むことができなくなるということを示している[78]」と断言している。

たしかにラスキは、いわゆる「象牙の塔」に籠る学者にはなりきれなかった。一九三〇年以後の著作の多くは、実質、最低限の「学者のいう客観性」をかろうじて把持した同時代評論であり、ラスキ自身、「学術的な装いの下で時事的な本を書くことほど面白いことはありません[79]」と認めている。他方、ラスキは政治家にもなりきれなかった。党内の紋切り型の組織や運動に埋没するには知的な独立心がありすぎたし、政治家の人間関係や権謀術数に完全に浸りきるには神経が繊細すぎた。ラスキは、全人格を歴然たる学問的認識欲求に従属させるにはヒューマニストすぎたが、政治家として徹底するには知的でナイーヴにすぎたといえよう。

しかし、このような学者か政治家かという二者択一はラスキをめぐる評価基準として十分であろうか。学者が主として自らの思索を認識と分析とに従属させるべき存在であるとすれば、そのような職業規範から逸脱したラスキの難点を指摘することは容易である。しかし、他者に共感する能力、大衆を代弁する機能、世論形成への影響力などディーンの指摘する「学者としてのラスキ」の欠点は、そのまま別の次元における肯定点へと転じるのではないだろうか。学問的な社会認識を追求しつつ、同時代に向きあい、人間性への信頼や未来への希望を鼓舞し続けたラスキは、制度化された政治学者の枠組では捉えきれない広がりを含んでいる。

かつてラスキはE・バークを評して、バークはD・ヒュームやA・スミスよりも知性や分析能力においてはるかに劣り、また現実政治家としてバークより偉大な影響をおよぼした人物も数多くいるが、「しかし、現実と思索との中間領域では、彼の卓越さに近づきうる者はいない[80]」と述べたことがあった。ラスキによるバークへの賛辞は、そのままラスキの特徴を描く際にも有効ではないだろうか。学問原理と社会参加とを対立させる視点からは抜け落ちる「中間領域」を抽出し、その次元におけるラスキの再評価が必要なのではないだろうか。ここにおいて、ラスキを「公共的知識人（public intellectual）」として捉える必要が生じてくる。

本書は、公共的知識人という視点からラスキの学問的業績と政治的コミットメントとを連続的に捉え、ラスキがいかなる学問原理を把持しながら同時代へと立ち向かっていったかを描出することにしたい。

第三節　本書の構成と方法

本書の構成は、以下の三つに大別できる。第一章の目的はラスキを公共的知識人として捉える本書の立場を明確にすることであり、いわば本書の総論となっている。ここにおいて、二〇世紀の知識人が直面した普遍的な矛盾のなかにラスキを位置づけ、ラスキがいかにしてその矛盾を克服しようとしたかを、アカデミズム批判、民衆への接触、「代表＝表象」機能、労働者の政治的知性の涵養という四つの視点から明らかにしたい。

第二章から第七章まではラスキの思想変遷を時代順に追った研究であり、本書の幹をなす思想史研究である。通常、ある人物を対象とした思想史研究の方法論は、年代順に対象の思想展開を考察する通時的アプローチと、思想家の多面性を個別のテーマごとに分類して捉える問題史的なアプローチとに大別されよう。これら双方のアプローチにはそれぞれ長所と短所があるが、ラスキの思想変遷を顧みると、その問題意識の変容を捉えることがそのまま時間軸においても一定のまとまりを画することがわかる。したがって本書は、ラスキの思想を通時的に追跡しながら、各章ごとに固有のテーマを設定し、時代ごとにラスキがそのテーマにいかに向きあったかを考察したい。

具体的には、第二章では初期三部作と多元的国家論（一九二〇年代初頭）、第三章では『政治学大綱』と多元的社会主義の構想（一九二〇年代後半）、第四章ではファシズムと共産主義への態度決定（一九三〇年代）、第五章ではニューディールとアメリカ論（一九三〇年代）、第六章では第二次大戦中の同意革命論（一九四〇年代前半）、そして第七章では冷戦初期のラスキ（一九四五年から五〇年まで）をあつかう構成である。

これらの考察を通じて、終章ではラスキ政治学の可能性に触れて本書の結論とする。ここにおいて、ニューレフトやユーロ・コミュニズム、あるいは一九八〇年代以降の中間団体論の復興に果たしたラスキのインパクトを考察するとともに、本書独自の着眼点として、ラスキ政治学における自由と平等との再帰的循環を強調したい。個人権の徹底的擁護を論じた初期ラスキと、マルクス主義に限りなく接近していった後期ラスキとは、先行研究ではおしなべて相互矛盾的に解釈されてきた。しかし、公共的知識人という次元でラスキを包括的に捉える視点は、むしろそのような転回を支える思想の駆動因として、自由と平等とを連続的に往復するラスキ政治学独自の軌跡を顕在化させることになるであろう。

補論　ユダヤ人としてのラスキ

1　先行研究におけるラスキのユダヤ性

本節では、補論として、「ユダヤ人としてのラスキ」についても触れておきたい。ラスキの内面における「ユダヤ性（Jewishness）」という自己意識は、ラスキの政治的関与を部分的に規定してきた潜在的要因であると同時に、近年のラスキ解釈において判断の分かれる係争点の一つだからである。

二〇世紀のユダヤ系知識人にとって、ユダヤ人としての自意識、そしてシオニズムに対する同時代的な距離感は、その生涯に複雑かつ執拗な陰影を落とすものであった。とりわけ一九三〇年代以降のナチスの台頭とホロコーストをへて、いかなるユダヤ系知識人も自身の民族的出自から遊離しえず、またその解決策として提示されたユダヤ人国家建設に対する態度決定は、望むと望まざると彼らを囲繞した課題であった。

マンチェスターのユダヤ人コミュニティの裕福な家庭に生まれ育ったラスキにとっても、ユダヤ人意識は複雑な実存的課題をもたらした。もとより、思想家個人の意識やアイデンティティ形成に関する判断は、しばしば思想家本人でさえ明確に自覚化することが困難な領域であり、第三者からの認識は必然的に困難な制約を負っている。とはいえ、この点に関する先行研究は、ラスキ内面でのユダヤ人意識を希薄なものと見なし、ラスキはイギリス社会に同化した世俗的人物であったとする見方と、ラスキがユダヤ人としての民族的出自を強く意識しており、それがラスキの態度決定を規定していたとするものに二分されている。

ラスキの世俗性を強調する前者の見方として、ラスキの親友マーティンは、「ラスキのようなユダヤ人にとって、彼は過去において自分がユダヤ人だとほとんど考えたこともないし、また他人が反ユダヤ的かどうかなど注意したこともなかった[81]」としている。ラスキ評伝の著者G・イーストウッドもまた、「彼は少年時代を正統的ユダヤ教の家庭ですごしたが、宗教的儀式や教義はラスキにとって何も意味を持たなかった[82]」としている。当のラスキ自身、最晩年のインタビューで、自身の宗教性について次のように述べている。「宗教的信仰について、思い出す限り、私はそれを持ちあわせていません。私は正統的なユダヤ教の家庭で育ちましたが、初期の儀式や教義が私にとって意味を持った時期を思い出すことさえできません[83]」。

他方、クラミック&シェーマンの『ハロルド・ラスキ』は一転、ラスキの隠されていたユダヤ人意識を正面から指摘するものであった。同書は、「ラスキにおけるユダヤ人意識ほど、学生や友人によるラスキ認識と、ラスキ自身の書簡が明らかにするラスキの自己認識とが隔絶している領域はない」としながら、「彼の書簡は、ラスキにとってユダヤ人という出自が最も意義深く、時に困難を伴う、彼の人格形成の主要部分であったことを示している[84]」とする。たとえば、ユダヤ人であることは否応なしにラスキのアメリカでの交際範囲を限定し、外交問題に関する態度決定に際しても、ユダヤという民族的出自に伴うパロキアリズムは、時に社会主義者としての国際主義的立場を凌駕したという。

したがって同書は、「彼のユダヤ性とそれに対する彼の態度は、彼の人生にとっての中心課題[85]」であったという。LSEでラスキの講義を受けたクリックは後に、「クラミックとシェーマンの研究が出るまで、われわれはラスキがどれほど裕福でまたどれほど正統的なユダヤ教の出自かということをほとんど知らなかった[86]」と述べている。

　これらの先行研究を踏まえた上で、本書もまた、ラスキにおけるユダヤ性の位相を確認し、本書自体の判断を示しておきたい。

2　青年期の「破門体験」

　ラスキは一八九三年、マンチェスター北部のチーサム・ヒルというユダヤ人居住区に、ポーランド系ユダヤ人家庭の次男として生まれ、自身が後年回顧するように、文字通り「マンチェスター生まれ、マンチェスター育ち（Manchester born and Manchester bred）」として思春期を送る。ラスキの両親は厳格なユダヤ教徒であり、食事や家庭儀式などはユダヤ教の戒律に従っていた。とりわけ、木綿業の成功者であった父ネイサン・ラスキはマンチェスターのユダヤ人社会の長老的存在であり、地域の学校や病院の建設などで活躍する名士であった。性格は苛烈で、独断専制的な事業運営と同胞ユダヤ人に対する強い慈愛心をあわせ持った人物だったようである。

　ラスキの兄ネヴィル・ラスキがユダヤ教の戒律を模範的に受容したのに対し、ラスキは、父親の強権的支配による生活上の取りきめに対して反抗的であった。ラスキは一三歳の時にユダヤ教の成人儀式バル・ミツバーを受けるも、一〇代後半にはその信仰を放棄したとされる。他方でラスキは、ユダヤ人というだけで差別的な処遇を示すイギリス社会の風潮も肌で感じており、漠然とした疎外感の意識も形成していった[87]。青年期のラスキは、ユダヤ教の権威的戒律と、イギリス社会が持つ宗教的少数者への差別的まなざしとのいずれにも反発を抱きながら、不安定なアイデンティティを彷徨っていたといえよう。

一九〇九年、ラスキが一六歳の時、優生学の講師であった八歳年上のフリーダと出会う。フリーダは産児制限運動や女性参政権運動の活発な闘士でもあり、ラスキにとっては「初めての非ユダヤ人の女性の知りあい」であった。二人は激しい恋愛と熱情的な手紙の交換を続けた後、一九一一年、スコットランドに駆け落ちし、グラスゴー市庁舎で結婚する。学生時代のラスキは、フリーダとの結婚を、「単に愛しあっているからではなくて、人間としての再生の理想という共通の目的を相携えて追究したいという願いゆえ」の決断であったと、輝かしい自負を交えて宣言している[88]。

しかし、異教徒フリーダとの結婚はラスキの家族を激怒させ、二人はすぐにマンチェスターに引き戻される。フリーダとの結婚を知らされた父ネイサンの反応は、「お前は最早私の息子ではない」という絶望的なものであった。ラスキの両親はフリーダの改宗を要求したが、フリーダはそれを拒み、ラスキもその判断を支持した。長い討議をへて、二人の結婚は、フリーダがラスキ姓を使わないこと、ラスキが大学在学中は許可なしには会わないことなどを条件として事後承認された[89]。しかし、父ネイサンはその後も両者の結婚を「犯罪」とし、ラスキのアメリカ時代に生まれた孫娘ダイアナを「私生児（illegitimate child）」といい放った[90]。

フリーダとの結婚を契機にした両親からの離反は、家族とユダヤ教からの絶縁であり、いわばラスキにとっての「破門体験」であった。中世以来、ユダヤ教における破門とは、身分、生計、人間関係の一切の喪失を意味し、ユダヤ人共同体の外側へ放り投げられることを意味した。しかし、たとえばB・D・スピノザにとっての破門体験が結果としてキリスト教社会において広い視野から自身の哲学を樹立する契機となったように、異教徒フリーダとの結婚によるラスキの「破門体験」もまた、ラスキに同様の契機をもたらしたといえる。

「破門体験」が早熟の青年ラスキに強いた変化は、第一に、家族からの離反に伴う経済的自活の必要性の自覚であった。マンチェスターの実家は大学時代のラスキを支える財政的基盤であり、それとの不安定な緊張関係は、ラスキにとって速やかな経済的独立の意識を高めたといえよう。ラスキはオックスフォード卒業後、一九一六年にカナダのマギル大学へ奉職する。フリーダの回想によれば、当時のラスキ夫妻にはカナダへの渡航費を捻出する資力がなく、実家との関係は完全に冷えきったものでありながら、ラスキはやむなく旅費を父ネイサンに頼ることになるが、ラスキ夫妻がカナダ到着後に初めて受けとった郵便は、旅費の即時返還を求める父からの請求書であったという[91]。

第二に、ユダヤ人社会の血縁的紐帯からの離反は、そのコロラリーとして、ラスキにイギリス社会への全面的コミットメントをもたらしたといえよう。ラスキ評伝の著者ニューマンは、フリーダとの結婚を契機に、ラスキはユダヤ人としての自覚を意識のレベルでは完全に放棄したとする[92]。ユダヤ教の生活戒律から解放され、ラスキはもっぱら「イギリス人（English）」として、イギリスの文化や伝統への愛着と自己同一化を深め、イギリス政治を自らの「持ち場」として捉えるようになったといえる。また、そのことは後に、ラスキとイギリスのシオニズム団体との微妙な距離感を生みだすことにもなった。

フリーダと結婚後、ラスキはオックスフォードで大学生活を過ごすことになる。ラスキにとってこの時期は、しばしば一日二回にわたる文通を通じてフリーダとの愛情を禁欲的に深化させるとともに、父親の影響力を離れて自身とユダヤ教との関係を反省的に捉え直す時期でもあった。ラスキは大学時代、自身の「破門体験」がもたらした思索を『選ばれた人々（*The Chosen People*）』という未刊行の小説に託して記録している。この小説は、世界の芸術や精神の発展に大きく貢献してきたユダヤ教の意義を認め、ユダヤ教に対するヨーロッパ社会からの理不尽な差別には抵抗しつつ、他方でユダヤ教自体のなかに残る閉鎖性や排他性を直視し、ユダヤ教がゲットーの外部世界との積極的交流を通じてその文化や思想を普遍的哲学へと昇華させていくべきであるという信念を吐露したものであった[93]。このような思索を通じ、ラスキはユダヤ教に対する自身の態度を整理し、それとの適切な距離を定めていったといえよう。

3　シオニズムとの距離

大学時代に自身とユダヤ教との一定の距離感を定めて以後、ラスキは、ユダヤ人としての自覚を「休眠状態」とする反面、イギリス社会の左派エスタブリッシュメントのなかに安定的に自己を同化していった。シオニズムへの関心からラスキを描いたY・モリスはいう。「ラスキは自身がイングランドの一員であることを自明と考えていた。とりわけ、社会主義や労働運動の伝統に根差したイングランドの歴史や文明に対する彼の熱烈な愛着は、ユダヤ人というもう一つの愛着や忠誠を不可能にした」[94]。モリスによれば、そのことは「ラスキが長年にわたり、イデオロギー上の留保のため、または労働党政府を中心としたイギリス政治への関与のため、また何より彼の最も愛した天職である教育のために、シオニスト運動には距離を取ってきた」[95]という事実に現れているという。

しかしながら、イギリスのパレスチナ委任統治が混迷していく一九二〇年代後半以降、ラスキは、労働党を媒介として政治の中枢に近づくにつれ、パレスチナにおける民族対立の調停にも必然的に巻きこまれることになる。

第一次世界大戦中、イギリスは戦争遂行上の理由から、パレスチナ地域をめぐり、アラブ諸国には戦後の独立を、フランスとはパレスチナの分割を、シオニストにはバルフォア宣言によってユダヤ人の「民族的郷土」建設への支援を約束して「三枚舌外交」を展開する。一九二〇年七月、パレスチナは国際連盟によってイギリスの委任統治領とされる。当初イギリスは、ヨーロッパからのユダヤ人の段階的移民を促進し、相対的にはシオニズムの保護者としての立場を強めるが、一九二〇年代末以降、アラブ人とユダヤ人との衝突が激化していく過程で、次第にシオニストとも対立関係に入り、パレスチナ紛争は激化していく。

ラスキがパレスチナ問題にかかわる最初の契機が、一九二九年、第二次マクドナルド政権下で生じた「嘆きの壁」事件である。イェルサレムにある「嘆きの壁」はユダヤ教の聖地であり、それまでユダヤ教徒による管理が認められてきた。しかし、一九二九年八月、シオニスト強硬派がユダヤ民族旗を掲げて示威行動を行うと、これにイスラム教徒が反発し、ユダヤ人とアラブ人との衝突に発展、約一五〇人のユダヤ人が殺害される。この事件はパレスチナでのユダヤ教徒とイスラム教徒とのその後の共存を事実上不可能にするものであり、イギリスのパレスチナ委任統治の大きな転換点となった。

これに対し、マクドナルド内閣の植民相パスフィールド卿（S・ウェッブ）は、事件の原因をユダヤ人の過重な入植に求め、一九三〇年一〇月、パスフィールド白書を発表してユダヤ人移民の制限を打ちだす。これはバルフォア宣言での約束を掘り崩すものであり、シオニスト側は保守党の有力政治家を通じてイギリス議会に働きかけ、マクドナルド内閣を激しく批判した。焦ったR・マクドナルドは、イギリス政府とシオニストとの間の調停をラスキに依頼したのであった。

ラスキ自身は、シオニズムから距離をとりながらも、バルフォア宣言の約束に反するパスフィールド白書は不公平との立場から、マクドナルドの依頼を受け、シオニスト側の理解を取りつけようと努める。その過程でのラスキの心情は、パスフィールド卿の学者ぶった強情さ、L・ブランダイスやフランクフルターなどアメリカのユダヤ系知識人やシオニストの強固な信条など、問題の当事者たちの感情の根深さを痛感し、ホームズに対して「毎日の終わりに、人間というものは相互理解が可能なのだろうかと思いながら疲れてベッドにもぐりこんでいます[96]」と書き送っている。

結局一九三一年二月、イギリス政府は、パスフィールド白書の撤回は拒んだものの、シオニズムの指導者C・ワイツマンに書簡を送り、移民や土地政策を含めてこれまでの親シオニズム的立場を堅持すると表明、政府方針の実質的な再転換を行い、ユダヤ人のパレスチナ移住制限は緩和されることになった。この際のラスキの調停は、結果としては成功に終わったといえる。

とはいえ、ラスキは決してシオニズムの支持者ではなく、むしろことあるごとにそれに反対の意を示し、「アメリカのシオニストが過大な要求を執拗に求め続ける態度に対して強く批判的であった[97]」という。

ラスキは、何よりもイギリスの左派エスタブリッシュメントに根を張った同化ユダヤ人であった。たとえば一九四七年、アメリカにおけるユダヤ人子弟への高等教育を目的としてブランダイス大学が設立され、A・アインシュタインがその初代学長をラスキに依頼した際[98]、ラスキは要請を栄誉としながらも、「ロンドン大学での二七年間を通じて、私の足場はすでにこの国にしっかりと固定されてしまっているのです」として、これを辞退している[99]。

しかしながらラスキは、自身に批判的な政治勢力からは「社会主義者ラスキ」と並んで常に「ユダヤ人ラスキ」として見られ、語られ、攻撃された。一九三四年のラスキのモスクワ訪問が問題となった際も、保守党はラスキを「異人種出身者であるのみならず明白な共産主義者」[100]として論難し、イギリス・ファシスト連盟もラスキを「ちっぽけなユダヤ人教授」と攻撃している。アメリカの保守派メディアや政治家たちにとっても、ラスキは「都市型インテリ左翼ユダヤ人」を代表する人物であり、フランクフルターをはじめとするユダヤ系知識人との深い交流ゆえ、ニューディールを陰であやつる「ジューディール（Jew Deal）」と揶揄された[101]。折に触れてシオニズムに対する自身の違和感を表明してきたにもかかわらず、ラスキに対する政治的批判は、常に「ユダヤ人ラスキ」に対する民族的攻撃の色彩を帯びたものであった。

ラスキに対するこのような反ユダヤ的批判は、保守派からだけでなく労働党内においてもくすぶっていた。とりわけ、一九三〇年代、ラスキとドールトンの対立は労働党の左右対立を象徴するものであり、ドールトンは「社会主義リーグ」に集う党内知識人たちを得票に貢献しない内輪の研究サークルと見なし、ラスキの理論過剰な社会主義をそのユダヤ出自と引っかけて「イデオロギー（yideology）」として軽蔑していた[102]。

ラスキにとってそのユダヤ性は、自身はすでにその放棄を決断していながら依然まとわりつく指標として存在し続けたといえる。その限りで、他者からの名指しによって否応なく想起させられる「ユダヤ人」としての意識は、ラスキの意見形成に持続的な刻印を記し続けたといえよう。

4　ユダヤ人国家建設への政治的支持

一九三〇年代中頃から明らかになりはじめたナチスによるユダヤ人迫害は、ラスキにユダヤ人としての意識を再び敏感にさせるものであった。ラスキはホームズへの手紙で、「ベルリンから〔ＬＳＥに〕来た一人のナチの学生には笑わせられました」として、次のように書いている。「彼は私がユダヤ人かどうかと聞き、そうだと知ると、彼は私の下で勉強することはできないといいました。私は彼を同僚の一人のところへ廻しましたが、同僚は、彼のテーマ――ヘーゲル法哲学の源流――について、イギリスで指導ができる唯一の人物は私であるといったそうです。ドイツで彼を指導しえる専門の人々はすべて解雇され、はるばるイギリスまで来たのに、あえて指導を受けたくない人物にあたるとはと彼はやけになっていました。この学生には申し訳ないが、彼の葛藤は漫画のようです」[103]。ラスキの誇張癖を踏まえれば真偽は不明だが、ユダヤ人に対する差別を否応なく意識せざるえない時代であったことは事実であろう。

一九四三年夏、ラスキは重度の神経症に陥っている。その理由としては、教育研究や政治活動の過重な負担、フランクフルターらアメリカの旧友たちとの一時的対立などに加え、一九四二年以降、徐々に明らかになってくるナチスのユダヤ人大虐殺があったと推測できる。強制収容所の様相が伝えられるにつれ、ラスキは酷く絶望し、ふさぎこんだ。「ラスキはそれまで彼のユダヤ人意識についてはほとんど公的場面で言及することはなかったが、一九四三年は、彼が自身のユダヤ人意識に憑りつかれた年であった」[104]。クラミック&シェーマンによれば、「ナチスがイギリスを占領後にゲシュタポによって検挙されるべき有力者を列挙したヒムラーのリストには、ラスキの名前も挙げられていた」[105]という。

第一次大戦以降、イギリスには、労働党と提携したユダヤ人団体「シオンの労働者党（Poale Zion）」が存在し、パレスチナにおけるユダヤ人国家建設を目標に活動していた。ラスキはこの団体の存在を気にかけていたものの、直接の関与はしてこなかった。それゆえ、ロンドンのユダヤ人社会では、長い間自身のユダヤ人意識に無頓着で、労働党内のシオニスト運動にも無関心であったラスキに対し、「最も連帯が必要な時期に自分たちの民族を見棄てた人物」[106]として、ある種の苦く複雑な感情が存在していたようである。

しかしながら、ナチスによるユダヤ人虐殺が深刻さを増すにつれ、一九四三年、ラスキはシオンの労働者党の要請を受けいれる形で、緊急招集された執行委員会に参加する。シオニスト団体へのラスキの初出席は、ロンドンのユダヤ人社会にとっては単なる連帯の挨拶以上のものであった。「会議の出席者にとってそれは、社会主義者としてまたユダヤ人としてのハロルド・ラスキによる、ユダヤ人コミュニティとその民族への回帰[107]」であり、ラスキ自身が述べるように、いわば「放蕩息子の帰還」であった。

第二次大戦末期、一九四五年二月にラスキの母サラが亡くなると、マンチェスターの家族の記憶も一つの契機となってか、ラスキはその数週間後、シオンの労働者党の会合で、ユダヤ人の苦境を解決するための最善の政治的手段として、パレスチナにおけるユダヤ人国家建設への支持を表明する[108]。シオニズム研究の大家であるW・ラカーは、一九四五年を契機にそれまでの「同化の唱道者」が一挙にシオニズムの大義に結集したとしながら、ラスキを「この転向の典型的な例」として位置づけている[109]。

5　パレスチナ問題への関与

ナチスによるユダヤ人迫害が強まると、東欧からパレスチナへのユダヤ人移民が急増し、それに伴いパレスチナでの民族対立も高まっていった。パレスチナ問題に対してイギリスは、一九二〇年代以来、バルフォア宣言に拘束される形で基本的に親シオニズム路線をとってきた。しかし、第二次大戦勃発直前の一九三九年五月、イギリス政府は、対独戦争のための軍事的理由から、シオニストとの同盟よりもアラブ諸国との友好を選択し、パレスチナ政策を転換してユダヤ人移民の制限を発表する。この方針転換はイギリス政府とシオニストとの関係を急激に悪化させ、以後、シオニストはイギリスに見切りをつけてアメリカの支持を取りつけていく。

一九三〇年代を通じ、労働党は社会主義に親和的なシオニズムを支持する傾向が強く、基本的にはバルフォア宣言を踏襲し、保守党の中東政策をアラブの封建諸侯を援助するものとして批判してきた。しかし一九四五年に政権につくと、首相アトリーはアラブ諸国に対する配慮の必要性を悟り、一九三九年以降の保守党の外交政策を継承、ユダヤ難民のパレスチナへの入植を拒否した。外相Ｅ・ベヴィンは、パレスチナの石油資源確保の見地から、仮にパレスチナにユダヤ人国家が建設されればソ連の影響下に入るのではないかと危惧していた。

これに対しラスキの主張は、労働党政権成立に際して、中東のいかなる地域であれ、アラブの腐敗した封建諸侯のためにヨーロッパにおける悲劇的なユダヤ人生存者が犠牲にされないよう求めるものであった[110]。政権獲得後、アトリーとベヴィンはバルフォア宣言以来の政策を転換するが、ラスキの立場は、必ずしもシオニズムに対する心底の共鳴によるものではないものの、第二次大戦以前のイギリスの親シオニズム政策を政治的に継承したものといえよう。

それゆえラスキは、パレスチナ問題をめぐり外相ベヴィンと激しく対立することになる。ベヴィンは中東からの石油供給を確実にするためにアラブの独裁者たちと「野合」を結んでいるが、ラスキにとって、「社会主義イギリス」が彼らを援助するなど「考えられないほどの愚策」であった。またラスキは、ベヴィンの背後に抜きがたい反ユダヤ主義を感じとってもおり、「四四〇〇人のユダヤ難民をドイツに送り返した彼の決断は常軌を逸したものであり、彼の失策と偏見との頂点であった[111]」とする。

一九四七年になると、イギリスはアラブ諸国に対してもシオニストに対しても影響力を失い、パレスチナ政策は泥沼に陥っていく。パレスチナ紛争をもはや調停不可能と考えたイギリスは、一九四七年四月、その解決を国際連合に付託する。同年一一月、国連はパレスチナ分割案を多数で採決し、同地はアラブ人国家、ユダヤ人国家、エルサレムの国連管理へと三分割されることになった。これは極端にシオニスト寄りの決議であり、アラブ側の反発は必至であったが、イギリスは一九四八年五月にパレスチナからの撤兵を宣言する。その結果、ユダヤ人国家イスラエルの建国が宣言されると同時に、アラブ連合軍がイスラエルに侵攻、第一次中東戦争が始まる。

パレスチナ問題に対する最晩年のラスキの立場は、複雑で困難なものであった。この時期のラスキは、「ユダヤ人だけの国家」を主張するシオニストの一国論も、またパレスチナを分割してアラブ国家とユダヤ国家とを別個に建国しようとする国連の二国論も否定しつつ、基本的にはM・ブーバーやH・アレントなどのユダヤ系知識人と同様に、ユダヤ人とアラブ人が対等な権利を持ちながら共存する「二民族一国家共存論」の国家構想を支持していたといえる。

その点でラスキは、あくまでユダヤ人による国民国家建設を主張するD・ベングリオンらの社会主義シオニストとは袂を分かっていたが、しかしそれ以上に、ユダヤ人国家建設への支援約束を反故にした労働党政権の方針転換はさらに同意できないものであった。相対立するシオニストと労働党政権との狭間で、最晩年のラスキは、「自分自身の民族の問題に関する限り、いずれの陣営においても少数派で脆弱な立場にあった[112]」といえる。

ラスキ自身、自己の気質について「完全に同化主義者」であるとしたように、ラスキは基本的に終生世俗的な立場を堅持した。しかし他方で、他者によるラスキ定義として、「ユダヤ人」というラベルは常にまとわり続けた。その意味で、サルトルが述べたように、「ユダヤ人とは、非ユダヤ人がそう定義するところの人々である」とすれば、ラスキは間違いなく「ユダヤ人」であった。このような他称としての「ユダヤ人ラスキ」の氾濫が、転じてラスキの内面における自意識や態度決定に、微妙だがおそらく持続的な影響を与えただろうことは容易に推測できる。

しかし、ラスキが最晩年に見せたシオニズムへの支持表明も、マーティンの言葉を借りれば、「彼がユダヤ人だからというのではなく、マルクスと同様、ユダヤ人や非ユダヤ人といった区別なく、圧迫された人々すべての共同責任を信じたから[113]」であったといえよう。換言すれば、ラスキによるユダヤ人国家への時局的支持は、ユダヤ教への回帰によってというよりはむしろ、大国の権力政治に翻弄される被抑圧民族への共鳴を通じて、その悲惨の再発を防止する普遍的解決を希求するなかで辿りついたものとして捉えられるべきものであろう。

＊ 外国語文献につき、日本語訳があるものはそれを参照したが、訳文は適宜変更してある。

（1） P. Hirst, "Introduction", H. J. Laski, *Studies in the Problems of Sovereignty*, London and New York, Routledge, 1917=1997, p. v.

（2） H. A. Deane, *The Political Ideas of Harold J. Laski*, New York, Columbia University Press, 1955, p. 192（野村博訳『ハロルド・ラスキの政治思想』法律文化社、一九七七年、一九三頁）.

（3） P. Hirst, "Introduction", H. J. Laski, *Studies in the Problems of Sovereignty*, p. x. ディーンのラスキ解釈をさらに極端化させたものとして、G. L. Mehta, *Harold Laski Revisited*, The Sixth Annual Lecture, Ahmedabad, Harold Laski Institute of Political Science, 1960 がある。

（4） この他のラスキ研究としては、未刊行であるが、R. Miliband, "Harold J. Laski", 1958 を挙げることができる。これは「ハル歴史センター（Hull History Centre）」が所蔵する未刊行の草稿であるが、内容は註も含めてほぼ完成稿であり、ラスキ解釈にあたっての重要資料といえよう。草稿の目次は、「1：序章、2：社会主義の本質、3：資本主義と社会変革、4：社会主義とデモクラシー、5：アメリカ、ロシアそして世界平和、6：社会主義と知識人」である。この草稿においてミリバンドは、一九三〇年代の知識人に対する全面的な批判が「ここ数年の激しい知的な揺れ戻し」、「一種の知的ファッション」となっているという認識に基づき、一九三〇年代にラスキが直面した課題が一九五〇年代においてなお重要性を失っていないと述べ、ディーンらのラスキ研究に対する批判意識を明確にしている。本書では、以下、ミリバンドのこの草稿もラスキの先行研究の一つとしてあつかい、関連する重要個所を引用していく。

（5） C. A. R. Crosland, *The Future of Socialism*, London, Schocken Books, 1963, p. 66.

（6） B. Click, *Political Theory and Practice*, London, The Penguin Press, 1971, p. 1（田口富久治・岡利郎・松崎重五訳『政治理論

と実際の間（I）』みすず書房、一九七四年、一一―一二頁）.

（7）横越英一「ハロルド・ラスキをめぐる最近の批判」『法律時報』第二四巻第一一号、一九五二年、五一―五三頁。

（8）P. Laslett, "Introduction", P. Laslett, ed., *Philosophy, Politics and Society: A Collection*, Oxford, Basil Blackwell, 1956, p. ix.

（9）たとえば関嘉彦『現代国家における自由と革命――ラスキ研究入門』春秋社、一九五二年および大塚桂『ラスキとホッブハウス――イギリス自由主義の一断面』勁草書房、一九九七年など。

（10）P. Lam, *Harold Laski: Problems of Democracy, the Sovereign State, and International Society*, New York, Palgrave Macmillan, 2004, p. 8, p. 25, p. 177.

（11）「天声人語」『朝日新聞』、一九五〇年三月二六日。

（12）丸山眞男「西欧文化と共産主義の対決」（一九四六年）、『増補版 現代政治の思想と行動』未來社、一九六四年、二二三頁。

（13）辻清明「現代国家における権力と自由」『世界の名著60 バジョット ラスキ マッキーヴァー』中央公論社、一九七〇年、三四頁。第二次大戦後の日本政治学における「ラスキ・ブーム」の詳細については、大井赤亥「戦後日本政治学における『ラスキ・ブーム』の位相」『年報政治学（2009–II）』木鐸社、二〇〇九年を参照。

（14）もちろん、一九六〇年代から七〇年代にかけてラスキ研究が皆無だったわけではない。たとえばこの間、B. Zylstra, *From Pluralism to Collectivism*, Assen, Van Gorcum, 1968, G. Eastwood, *Harold Laski*, London, Mowbrays, 1977 などが出版されている。ツイルストラの研究は、その標題の通り、多元主義から集産主義へのラスキ国家論の変容を捉え、その政治学概念の内実を手堅くまとめるものであるが、分析の対象は初期ラスキに限定されている。イーストウッドによる評伝は、同書に付された当時の現職首相J・キャラハンによる序言など、ラスキと第二次大戦後の労働党の関係を知る上で興味深い資料を提供している。

（15）A. Schlesinger, Jr., "Left Out: Harold Laski, the Leftist British Intellectual, knew Churchill, advised FDR, and dazzled Oliver Wendell Holmes. So Why Has Posterity Forgotten Him?", *The Washington Monthly*, November, 1993, p. 44.

（16）M. Newman, *Harold Laski: A Political Biography*, Basingstoke, Macmillan Press, 1993, p. xiv.

（17）R. Dahrendorf, *LSE: A History of the London School of Economics and Political Science 1895–1995*, Oxford, Oxford University Press, 1995, p. 229.

(18) A. Schlesinger, Jr., "Left Out: Harold Laski, the Leftist British Intellectual, knew Churchill, advised FDR, and dazzled Oliver Wendell Holmes. So Why Has Posterity Forgotten Him?", *The Washington Monthly*, p. 45.

(19) E. Hobsbawm, "The Left's Megaphone", *London Review of Books*, Vol. 15, No. 13, 8 July, 1993, pp. 12–13.

(20) I. Krammick and B. Sheerman, *Harold Laski: A Life on the Left*, London, The Penguin Press, 1993, p. 5.

(21) P. Hirst, "Introduction", Laski, *Studies in the Problems of Sovereignty*, pp. xvi–xvii.

(22) *Ibid*., p. xxii.

(23) *Ibid*., p. xxiii.

(24) 田口富久治「ツイルストラのラスキ研究――ラスキ研究ノート②」『名古屋大学法政論集』第一〇〇号、一九八四年、二五二頁。

(25)「ラスキ・ブーム」終焉後の日本におけるラスキ研究としては、一九六〇年に渋谷武による『ラスキの政治理論』、一九八〇年代には田口富久治による研究ノート「最近のラスキ研究について――ラスキ研究ノート①」、「ツイルストラのラスキ研究――ラスキ研究ノート②」がある。また、二〇〇〇年代以降のラスキ研究で注目すべきは、毛利智「ハロルド・ラスキの社会変革論――議会主義と革命主義のはざまで」『政治思想研究』風行社、第一一号、二〇一一年および同「ハロルド・ラスキの多元的福祉国家論――平等の希求と主権国家を超えたグローバルな民主主義」『社会思想史研究』藤原書店、第三六号、二〇一二年がある。毛利のラスキ研究の特徴は、第二次大戦後の福祉国家や社会民主主義が一国的なプロジェクトであったという反省を踏まえつつ、一九四〇年代のラスキによる同意革命論を、ソ連の民主化を含んだ「グローバルな民主主義的な秩序の形成」と位置づけ、そこに「かつては『マルクス主義の生命線』であった国境を越えた連帯の可能性」を読みとろうとする点にあろう。その他のラスキ研究としては、梠沢栄一、下村勝巳、梅澤祐介による一連の紀要論文がある。

(26) C. Hawkins, "Harold J. Laski: A Preliminary Analysis", *Political Science Quarterly*, September, 1950, p. 391.

(27) M. Newman, *Harold Laski: A Political Biography*, p. 358.

(28) R. Dahrendorf, *LSE: A History of the London School of Economics and Political Science 1895–1995*, p. 188.

(29) R. Miliband, "Harold Laski by Students and Colleagues", *Clare Market Review*, Vol. 46, No. 1, Michaelmas, 1950, pp. 37–38.

(30) 須磨弥吉朗「ラスキーの死に憶ふ」『中央公論』中央公論社、一九五〇年九月号、一三〇頁。また、同じくラスキの授業に参加した経験のある蠟山政道は次のように述べる。「ラスキの講義は、紙きれにメモしてあるものだけで、とうとうと一時間ちょっとの授業をやるんですよ。才気煥発というか、雄弁というかな、たいしたものでね、これはとてもわれわれが追いつけない人だと思った。その講義内容が例の『グラマー・オブ・ポリティックス』（『政治学大綱』）になって出たんです」（蠟山政道「変動期のなかの政治思想（付録42）」（宮沢俊義・辻清明との鼎談）『世界の名著60　バジョット　ラスキ　マッキーヴァー』六頁）。

(31) G. N. Singh, *Laski: The Teacher and the Political Scientist*, The Laski Memorial Lecture, Ahmedabad, Harold Laski Institute of Political Science, 1957, p. 8.

(32) H. J. Laski, *The Dangers of Obedience and Other Essays*, New York, Harper and Brothers, 1930, p. 91.

(33) R. Miliband, "Harold Laski by Students and Colleagues", *Clare Market Review*, 1950, p. 37.

(34) BBC, 'Justice Felix Frankfurter's Contribution to The BBC's Harold Laski Programme' 15, November, 1961, pp. 1–2.

(35) I. Kramnick and B. Sheerman, *Harold Laski: A Life on the Left*, p. 202.

(36) L. Robbins, *Autobiography of an Economist*, London and Basingstoke, Macmillan, 1971, pp. 77–78（田中秀夫監訳『一経済学者の自伝』ミネルヴァ書房、二〇〇九年、七八頁）.

(37) R. Dahrendorf, *LSE: A History of the London School of Economics and Political Science 1895–1995*, p. 345.

(38) K. Daniels, "Introduction", *Clare Market Review*, Vol. 46, No. 1, Michaelmas, 1950, p. 27.

(39) K. H. Propper, "Harold Laski by Students and Colleagues", *Clare Market Review*, Vol. 46, No. 1, Michaelmas, 1950, p. 29.

(40) H. J. Laski, "Living Philosophies: VIII. Why I am Marxist", *The Nation*, 14 January, 1939, p. 59.

(41) H. J. Laski, *The Danger of Being A Gentleman and Other Essays*, London and New York, Routledge, 1939=2015, p. 56.

(42) R. Miliband, "Harold J. Laski", unpublished draft, Hull History Centre, 1958, p. 8.

(43) J. Lewin, "Tribute to A Teacher", *Common Sense*, May, 1950, p. 185. ちなみにＬＳＥでラスキの講義やゼミに参加した日本人留学生としては、既述の須磨弥吉郎、蠟山政道に加え、南原繁、小幡操などがいる。

(44) G. L. Mehta, *Harold Laski Revisited*, The Sixth Annual Lecture, Ahmedabad, Harold Laski Institute of Political Science, 1960, p. 23.

(45) W. Beveridge, *Power and Influence: An Autobiography*, London, Hodder and Stoughton, 1953, p. 182–184（伊部英男訳『ベヴァリッジ回顧録　強制と説得』至誠堂、一九七五年、二二八―二三一頁）.

(46) R. Dahrendorf, *LSE: A History of the London School of Economics and Political Science 1895–1995*, p. 279、および木村雄一『LSE物語――現代イギリス経済学者たちの熱き戦い』NTT出版、二〇〇九年、六三頁。

(47) *Ibid.*, pp. 282–286、および水谷三公『ラスキとその仲間――「赤い30年代」の知識人』中央公論社、一九九四年、二六六頁。

(48) L. Robbins, *Autobiography of an Economist*, p. 141（田中秀夫監訳『一経済学者の自伝』、一五三頁）.

(49) クラミック&シェーマンは、一九二〇年代のLSEの政治的雰囲気について次のように書いている。「政治に関しては、LSEの雰囲気はやや左派的であったが、一九三〇年代に一般に思われていたほど左翼的というわけではなかった。ラスキは一九二八年に、アメリカの雑誌『センチュリー・マガジン』の特派員のインタビューに答えて、学部の政治的意見の分布を、それぞれ保守党支持が約八〇〇人、労働党支持が約一一〇〇人、そして自由党支持が約六〇〇人と見積もっている」（I. Krammick and B. Sheerman, *Harold Laski: A Life on the Left*, p. 246）。

(50) L. Robbins, *Autobiography of an Economist*, p. 80, emphasis added（田中秀夫監訳『一経済学者の自伝』、八〇頁、強調引用者）.

(51) *Ibid.*, p. 94–95（同右、九八頁）.

(52) F. A. Hayek, *Hayek on Hayek: An Autobiographical Dialogue*, London, Routledge, 1994, p. 81（嶋津格訳『ハイエク、ハイエクを語る』名古屋大学出版会、二〇〇〇年、七五頁）.

(53) *Ibid.*, p. 85（同右、八一頁）.

(54) *Ibid.*, p. 83（同右、七八頁）.

(55) *Ibid.*, p. 82–83（同右、七六―七七頁）.

(56) F. Williams, *Nothing So Strange*, London, Littlehampton Book Services Ltd., 1970, p. 212.

(57) R. Dahrendorf, *LSE: A History of the London School of Economics and Political Science 1895–1995*, p. 224.

(58) I. Krammick and B. Sheerman, *Harold Laski: A Life on the Left*, p. 320.

(59) Letter From H. J. Lask to O. W. Holmes, 2 April, 1920 (M. D. Howe, ed., *Holmes-Laski Letters: The Correspondence of Mr. Justice Holmes and Harold J. Laski 1916–1935*, Vol. I, Cambridge, Harvard University Press, 1953, p. 257).

(60) K. Martin, *Harold Laski: A Biographical Memoir*, London, Victor Gollancz, 1953, p. 174 (山田文雄訳『ハロルド・ラスキ――一社会主義者の歩み』社会思想研究会出版部、一九五五年、二四四頁).

(61) M. Foot, "Laski Has Left a Legacy For You", *Daily Herald*, 10 October, 1952.

(62) K. Martin, *Harold Laski: A Biographical Memoir*, p. 262 (山田文雄訳『ハロルド・ラスキ――一社会主義者の歩み』、三六八頁).

(63) R. Miliband, "Harold Laski: An Exemplary Public Intellectual", *New Left Review*, 200, 1993, p. 180.

(64) 田口富久治「最近のラスキ研究について――ラスキ研究ノート①」『名古屋大学法政論集』第九三号、一九八二年、二一三頁。

(65) 小笠原欣幸『ハロルド・ラスキ――政治に挑んだ政治学者』勁草書房、一九八七年、一九一―二〇六頁。

(66) E. Hobsbawm, "The Left's Megaphone", *London Review of Books*, p. 12.

(67) *Manchester Guardian*, 25 March, 1950.

(68) *Manchester Guardian*, No Date, January, 1953.

(69) K. Martin, *Harold Laski: A Biographical Memoir*, p. 71 (山田文雄訳『ハロルド・ラスキ――一社会主義者の歩み』、九五頁).

(70) H. J. Laski, "Political Theory and the Social Sciences", *The Social Sciences: Their Relations in Theory and in Teaching*, London, Le Play House Press, 1936, pp. 115–116.

(71) The Labour Party, "Forword by the Labour Party", H. J. Laski, *Communist Manifesto: Socialist Landmark*, London and New York, Routledge, 1948=2015, p. 8 (山村喬訳「労働党のはしがき」『共産党宣言小史』法政大学出版局、一九七六年、xii頁).

(72) R. H. Soltau, "Professor Laski and Political Science", *The Political Quarterly*, July/September, 1950, Vol. 21, No. 3, pp. 301–302.

「四大著作」とは、『主権問題に関する研究』（一九一七年）、『近代国家における権威』（一九一九年）、『主権の基礎』（一九二一年）、『政治学大綱』（一九二五年）を指す。

(73) E. Barker, "Review of *The State in Theory and Practice*", *International Affairs*, Vol. 14, No. 6, November/December, 1935, p. 859.

(74) E. Hobsbawm, "The Left's Megaphone", *London Review of Books*, p. 13.

(75) R. Dahrendorf, *LSE: A History of the London School of Economics and Political Science 1895–1995*, p. 229.

(76) P. J. Kelly, "Contextual and Non-Contextual Histories of Political Thought", J. Hayward, et al., *The British Study of Politics in the Twentieth Century*, Oxford, Oxford University Press, p. 49.

(77) H. A. Deane, *The Political Ideas of Harold J. Laski*, p. 341（野村博訳『ハロルド・ラスキの政治思想』、三三八頁）.

(78) *Ibid*., p. 338（同右、三三六頁）.

(79) Letter from H. J. Laski to F. D. Roosevelt, 19 August, 1939（Franklin D. Roosevelt Presidential Library）.

(80) H. J. Laski, *Political Thought in England: Locke to Bentham*, London and New York, Oxford University Press, 1920, p. 149, emphasis added（堀豊彦・飯坂良明訳『イギリス政治思想Ⅱ――ロックからベンサムまで』岩波書店、一九五八年、一二九頁、強調引用者）.

(81) K. Martin, *Harold Laski: A Biographical Memoir*, p. 91（山田文雄訳『ハロルド・ラスキ――一社会主義者の歩み』、一二四頁）.

(82) G. Eastwood, *Harold Laski*, London, Mowbrays, 1977, p. 158.

(83) H. J. Laski, *What I believe and Stand for*, Ahmedabad, Harold Laski Institute of Political Science, 1940=1994, p. 8.

(84) I. Kramnick and B. Sheerman, *Harold Laski: A Life on the Left*, 1993, p. 205.

(85) *Ibid*, p. 4.

(86) B. Crick, "Book Reviews: Two Laskis", *The Political Quarterly*, Oxford, Blackwell, Vol. 64, Nos. 4, 1993, p. 467.

(87) H. J. Laski, *What I believe and Stand for*, p. 1.

(88) K. Martin, *Harold Laski: A Biographical Memoir*, pp. 23–24（山田文雄訳『ハロルド・ラスキ――一社会主義者の歩み』、二五頁）.

(89) M. Newman, *Harold Laski: A Political Biography*, p. 10.

(90) I. Kramnick and B. Sheerman, *Harold Laski: A Life on the Left*, p. 185.

(91) G. Eastwood, *Harold Laski*, p. 10.

(92) M. Newman, *Harold Laski: A Political Biography*, p. 12.

(93) ラスキの大学時代の未刊行小説『選ばれた人々』については、K. Martin, *Harold Laski: A Biographical Memoir*, pp. 21–25（山田文雄訳『ハロルド・ラスキ――一社会主義者の歩み』、二二―二七頁）および I. Kramnick and B. Sheerman, *Harold Laski: A Life on the Left*, p. 54 を参考にした。

(94) Y. Morris, *Laski's Concept of Socialism and Israel*, Ahmedabad, Harold Laski Institute of Political Science, 1970, pp. 1–2.

(95) *Ibid*., p. 1.

(96) Letter from H. J. Laski to O. W. Holmes, 22 November, 1930（M. D. Howe, ed., *Holmes-Laski Letters: The Correspondence of Mr. Justice Holmes and Harold J. Laski 1916–1935*, Vol. Ⅱ, Cambridge, Harvard University Press, 1953, p. 1296）.

(97) I. Kramnick and B. Sheerman, *Harold Laski: A Life on the Left*, pp. 292–293.

(98) Letter from A. Einstein to H. J. Laski, 16 April, 1947（International Institute of Social History）.

(99) Letter from H. J. Laski to A. Einstein, 25 April, 1947（International Institute of Social History）.

(100) I. Kramnick and B. Sheerman, *Harold Laski: A Life on the Left*, p. 328, emphasis added.

(101) *Ibid*., p. 395.

(102) *Ibid*., p. 345.

(103) Lettre from H. J. Laski to O. W. Holmes, 10 October, 1933, parenthesis added（M. D. Howe, ed., *Holmes-Laski Letters: The Correspondence of Mr. Justice Holmes and Harold J. Laski 1916–1935*, Vol. Ⅱ, p. 1455）.

(104) I. Kramnick and B. Sheerman, *Harold Laski: A Life on the Left*, p. 459.

(105) *Ibid*, p. 459.
(106) Y. Morris, *Laski's Concept of Socialism and Israel*, p. 4.
(107) *Ibid*., p. 4.
(108) I. Kramnick and B. Sheerman, *Harold Laski: A Life on the Left*, p. 476.
(109) W. Laqueur, *A History of Zionism*, New York, Rinehart and Winston, 1972, pp. 561-562（高坂誠訳『ユダヤ人問題とシオニズムの歴史（新版）』第三書館、一九九四年、七九五頁）.
(110) H. J. Laski, "Great Britain Goes Socialist", *The Nation*, 4 August, 1945, p. 97.
(111) H. J. Laski, "Power Politics Spells War", *The Nation*, 4 October, 1947, p. 356.
(112) Y. Morris, *Laski's Concept of Socialism and Israel*, p. 6.
(113) K. Martin, *Harold Laski: A Biographical Memoir*, pp. 206–207（山田文雄訳『ハロルド・ラスキ――一社会主義者の歩み』、二九一頁）.

第一章　公共的知識人としてのラスキ

はじめに

既存のラスキ研究では、政治学者としてのラスキ評価は初期の著作をめぐるものに限られ、後期ラスキは政治実践によって学問的才能を浪費した「失敗した学者」、現実政治にも影響力を残せなかった「失敗した政治家」という評価が一般的となってきた。

このような「学者／政治家」という二者択一的なラスキ解釈は、ラスキを位置づけるための適切な存在領域が不在であることに起因している。ラスキは一方で学問的義務を重視して政治的公職への就任を拒み続けたが、他方、象牙の塔に隠遁する生き方も拒絶し、同時代における「教師の市民としての権利」を大胆に行使した。[1] クラミック&シェーマンが述べるように、ラスキは、同時代の出来事に異議を申し立てる「外部者（outsider）」の資格と、同時代の出来事の方向性を形作る「当事者（insider）」の興奮との両方を享受しようとしたといえよう。その意味でラスキは、「学問と実践という二つの世界に位置づけられた、新しい種類の人物[2]」であり、それは同時に、ラスキを捉えるためのカテゴリーの設定を困難なものにしてきた。

それを踏まえれば、先行研究の多くが依拠してきた「学者／政治家」という二者択一的なラスキの対象化は、ラスキの思想と実践を捉えるには不向きであるといえる。同時代への参画を通じて自らの思想を展開したラスキの全体像は、政治家としての影響力、学者としての学問的貢献といった視点のみでは捉えきれない。それゆえ本書では、「公共的知識人（public intellectual）」という次元を立ちあげ、そこにラスキを位置づけることによって、その政治理論の包括的な解釈を提示したい。

もとより、ラスキを知識人という次元で評価しようとする試みがこれまで皆無だったわけではない。R・C・グプタによる『ハロルド・J・ラスキ——その政治思想の批判的分析（*Harold J. Laski: A Critical Analysis of His Political Ideas*）』（一九六六年）は、ラスキを、ベンサムやJ・S・ミルなどの経験的個人主義とT・H・グリーンやB・ボサンケなどの抽象的理想主義との「中道（middle way）」を歩んだ存在として位置づけ、政治実務と思弁的学問とを架橋した二〇世紀イギリスの「知的指導者（intellectual leader）」として描出するものであった。

一九九三年の「ラスキ・リバイバル」以後も、再び、知識人による社会参加の意義や有効性を問い返す気運が高まっている。たとえばクラミック&シェーマンは、ラスキの同時代的影響力の対象が、専門的学術誌を読む数百人の研究者から論壇誌を購読する数十万の教養層、そして全国的な日刊紙を読む数百万の民衆まで幅広い階層におよんだ点を強調し、ラスキを「二〇世紀の最も重要な公共的知識人の一人」[3]として位置づけている。ミリバンドもまた、一九三〇年代から四〇年代の英米圏におけるラスキの存在感を指摘しながら、「彼は模範的な公共的知識人であり、今日の左翼においてそのような知識人の姿がますます必要となっている」[4]としている。

しかしながら、グプタの研究はラスキを単に知識人と名づけるにとどまっている。またクラミック&シェーマンやミリバンドもラスキの実践を通して「古き良き知識人」の時代を回顧的に憧憬するものであり、二〇世紀の知識人の構造的把握のなかにラスキを位置づける作業は不在である。

以下、本章では、二〇世紀の知識人が共通に直面した普遍的矛盾の構造を明らかにし、ラスキがその矛盾をどのように克服しようとしたかを考察することによって、本書がラスキを捉える際の基本的な視座を明確にしておきたい。

第一節　知識人をとりまく矛盾

一八九四年のドレフュス事件を契機に「知識人（intellectual）」という名詞が誕生して以来、二〇世紀を通じて厖大な知識人論が展開されてきた反面、知識人の定義はそれぞれの論者に委ねられてきたのが現状であり、「数ある現代用語のなかでも、『知識人（intellectual）』という言葉ほど曖昧なものはあまりない」[5]（L・コーザー）とされてきた。

とはいえ、既存の知識人論の蓄積に目を通すと、それらはさしあたり、社会における一定の知的機能によって知識人を定義づける社会学的知識人論と、規範的性格によって知識人を特徴づける規範的知識人論とに大まかに二分することができよう[6]。前者は、社会のなかで果たされる特定の知的役割、とりわけ知識を用いて社会の安定性を確保する機能に即して知識人を捉えるものである。このような視点に立てば、古くはユダヤ人社会におけるラビ、中世ヨーロッパにおけるキリスト教聖職者、中国の士大夫や朝鮮の両班などが知識人に該当し、現代では官僚、産業技術者、政治経済専門家、ジャーナリストなどがそれらに相当するとされる。

他方、規範的性格によって知識人を特徴づける議論は、社会学的知識人論の考察を前提としながらも、そのような既存秩序の担い手としての知識人のなかから、一定の知的態度や精神性を備えた存在をいわば狭義の知識人として抽出するものである。たとえば永遠の正義と真理への忠誠によって世俗的利害の超越を説いたJ・バンダ、普遍的な価値に従って眼前の社会的課題への参画を説いたサルトル、アマチュア精神や現実への批判精神を知識人の条件として論じたE・サイードの知識人論などがそれらにあたるといえよう。もちろん、知識人論をめぐる二つの類型は相互に重なる部分もあり、両者を判然と区別することはできないが、当座、知識人論の整理のための分類としては有効であろう。

このような二つの類型論を踏まえた上で、あえて知識人という言葉に定義を与えておくならば、それは広義には秩序の安定性を担う知識の使い手、すなわち聖職者、学者、法律家、官僚など「実践的知識の技術者」（サルトル）を示す総称であり、狭義にはそのなかでとりわけ同時代の社会的現実に対して批判的に関与した存在といえよう。本書では、このような狭義の知識人を、特定の専門領域において獲得した知見や権威を利用して、「公的（public）」な事柄、とりわけ同時代の政治的課題に参与し、決定を方向づけようとした人々、すなわち「公共的知識人（public intellectual）」として定義しておきたい。

このように定義された公共的知識人は、二〇世紀においてある種の「普遍的な矛盾」に直面してきたといえる。すなわちそれは、現状秩序の支え手として要請される「上部構造の役人」（サルトル）としての機能と、習得した知性の徹底的な行使によって秩序の矛盾を意識し、現状に対して異議申し立てを行う知的廉直性との間に生じる矛盾である。以下グラムシ、サルトルなどの知識人論を材料としながら二〇世紀の知識人にまつわるこの矛盾の構造に着目したい。

伝統的知識人と有機的知識人という区分で有名なグラムシの知識人論は、その社会的な機能に着目して中世から近代の知識人を考察した代表的な議論といえよう。周知のようにグラムシは、実力と強制の領域である「政治的社会あるいは国家」に対し、自発と同意の領域である「市民社会（societa civile）」を見いだし、そこにおける支配階級の価値観の浸透と普遍化、それによる安定的服従の調達が国家を下支えしていることを指摘している。このような市民社会は、それが未発達で「ゼラチン状」であった東方ロシアに比べ、西欧ではさらに強固に存在していた。そして、グラムシにおいて知識人とは、市民社会におけるヘゲモニーにかかわる存在、すなわち、支配階級の文化や価値観を被支配階級に浸潤させ、その信念体系を普遍的なものとして樹立し、それによって統治に同意を調達させる機能を担う存在、いわば支配階級のための知的幹部として想定されたといえる。

中世以降、このような観念を通じた秩序の安定を担ってきたのが伝統的知識人である。グラムシによれば、伝統的知識人とは何世代にもわたり同じ仕事を引き継いできた知的階層であり、たとえばキリスト教秩序における聖職者がその典型として論じられている。聖職者は「学校、教育、道徳、司法、慈善、援助などの活動形態を伴った宗教的イデオロギー、換言すれば時代の哲学と科学」を長期にわたり独占してきた[7]。聖職者はそれによって教会支配の正統性を支えてきたのであり、そのような伝統的知識人のヘゲモニーは、産業化の到来とともに登場した資本家階級にとっても重要な資源であった。

しかしながら、支配に向かって発展する階級は、伝統的知識人を吸収するだけでなく、それ自身の階級的精神を経済のみならず文化や道徳においても体現する独自の知識人、すなわち有機的知識人を内側から作りだしていくことになる。たとえば資本家階級は、その成長とともに教育制度を整備し、工業の専門技術者、経済学者、政策立案者、新しい文化や新しい法律の組織者を生みだす。このようにして養成される知識人は、その社会における価値観の形成に影響力を持つようになり、支配権の拡張を試みる運動と連動していく。

グラムシにおける有機的知識人の機能は、さしあたっては、興隆する支配階級と結びつき、知識を利用してその権力の拡張をはかる「上部構造の『職員＝機能の担い手（funzionario）』」であり、支配集団の統治を補強するために市民社会で民衆の自発的同意を引きだして統治を補強する「支配的社会集団の『代理人（commesso）』」であった[8]。

しかしながら、グラムシにおいては、労働運動の顕在化に伴って、労働者階級がそれ自体の有機的知識人を持つことも留保されていた。ある階級に独自の知識人を形成することは、教育制度や時間的余裕など一定の条件が必要なため、労働者など恵まれない階級はそれ自身の知識人を内側から生みだすことはできない。とはいえ、グラムシの立論では、階級的矛盾を自覚し、その打開と歴史の進歩とを重ねあわせるようになる知識人の存在が想定され、それらが労働者階級と結びつくことにより、労働者階級はその利益や価値観を体現する知的存在を持つことが可能になっている。ここに労働者階級と結びついた有機的知識人の存在が可能となり、有機的知識人が労働者の価値観や信条体系を対抗的へゲモニーとして確立していく闘争が展望されることになった。

知識人論をめぐる同様の構造は、サルトルにも見られる。サルトルは自身が二〇世紀における知識人の輝かしい体現者であったと同時に、知識人を「対象」として論じた知識人論の主導者でもあり、それはグラムシのそれを大きく踏襲したものであった。

サルトルによれば、一四世紀頃まで知の保存者はもっぱら聖職者であり、教会は一つの階級として知識と経済を独占していた。このような聖職者はグラムシの伝統的知識人に相当するものといえる。

しかし、産業の発展と資本の蓄積に伴い、より実践的な知識の技術者が出現する。科学者、技師、算術家、法律家などがこれに該当し、専門的な知の自由な発展を追求したこれらの人々が、知の体系においてかつて聖職者たちが占めていた位置を奪っていった。これが近代における知識人であり、基本的にはグラムシの提示した有機的知識人と重なるものであろう。

サルトルもまた、知識人は、さしあたっては支配層の資本蓄積の結果として生じることを認めている。教育や研究の制度化は、基本的には支配層が自らの統治に必要な知識を拡充させ、官僚や技術者を育成するためになされる。したがって、高等教育によって与えられた知識は、労働者の側ではなく支配層の側に利益をもたらす性格を孕んでいる。そして知識人は、支配層が整えた教育制度にまずは順応し、知識を受動的に吸収することによってしか形成されない。それゆえサルトルにとっても、知識人とは、たとえ知識人の側で拒否しようとも、その起源において支配階級と結ばれた「上部構造の役人」であった。

このような知識人と労働者階級との結合の可能性について、サルトルはグラムシよりも悲観的であり、農民や労働者について有機的知識人は存在しえないと断言している。被支配者階級はそれ自身の教育制度を持たないため、「有機的知識人――ある階級によって生産され、その階級の客観的精神を代表するという意味での――有機的知識人は、プロレタリアの場合には存在しない」[9]。知識人もまた、教育を通じて形成されるというその必然的事情により、常に「支配階級の代理人」という出生の刻印を押されており、知識人と労働者との間はどこまでも引き裂かれているのである。

しかしながら、そのことは、サルトルが知識人と労働者とのいかなる連携をも不可能だと考えたわけではない。高等教育によって授けられた知識は、支配層の側では統治の円滑化を目的としていても、一旦伝授されると、知識人の側で当初の目的を離れて自律的に一人歩きする。したがって、獲得した知識を徹底させ、知の支配権をめぐる非対称的な関係を自覚するにつれて、その使用目的を反転させ、自分たちを形成してきた教育制度を批判的に問い返す一群の人々が生じるのである。支配層の整備した教育装置の内側から生じながら、知識の自律性と思考の廉直性を徹底させることによって、現状の秩序への異議申し立てに駆り立てられずにはいられない人々――。このような人々こそ、サルトルにとって、狭義の知識人であったといえる。

サルトルによれば、結果として知識人は、支配階級によって生みだされながらそれらと対峙し、労働者階級との連帯を求めながらもそれらと完全に一体化できない、中途半端で孤独な領域に身をおくことになる。「支配階級からは嫌疑をかけられ、それどころか、なにしろ彼らの与えた知識を、彼らに敵対するために使うのですから、裏切り者とさえ映り、また彼の教養そのもの、彼の階級のために、恵まれない階級からもやはり嫌疑をかけられます」[10]。

同時に、このような孤独は、知識人が引き受けるべき課題でもあった。サルトルはいう。「知識人が最も役立ちうるのは、単称的普遍として、つまり単なる学問の人としてではなく、以上に述べた矛盾を生きる学問の人としてなのであり、この孤独、この『半追放』のような孤独のなかでこそ、知識人は、彼が奉仕しようとする人々に最も接近することができるのです」[11]。

このような矛盾と孤独は知識人が直面した普遍的葛藤であり、背負う以外にない宿命であった。そして、二〇世紀の知識人が具体的な持ち場において示した社会参加の姿は、それぞれがこの普遍的アポリアを打開しようと試みた軌跡であったといえる。

次節以降、二〇世紀前半のイギリスという文脈において、ラスキがこの矛盾をどのように受けとめ、またいかなる実践によってそれを打開しようとしたかを考察したい。

第二節　アカデミズム批判

自らに固有の矛盾を克服するため、二〇世紀の知識人が模索した第一の実践は、自分自身の知的形成過程が支配階級の資本蓄積によってなされたことに対する不断の自己批判であった。知識人は、「絶えずプチ・ブルであるという自覚、プチ・ブルとして思考する恐れがあるという自覚」(サルトル)を持ち続けなければ、すぐに既存秩序の知的正当化作業に回帰してしまうであろう。それゆえ、教育制度から必然的に派生する無意識的偏向を批判的に自覚化する必要があったのである。

そしてそれは、ラスキの場合、一貫したアカデミズム批判となって現れており、その実践は過度の専門性や「学問的中立性」に閉塞するアカデミズムへの拒否感と相即不離であった。ラスキは一九二五年のＬＳＥ教授就任演説においてすでに、自身が教育を受けたオックスフォードにおける伝統的学問の超然主義に明確な不満を表明しているが、そのようなアカデミズム批判は、ラスキの最晩年、第二次世界大戦期の学問批判において頂点を迎える。

ラスキは一九四四年の著作『信仰・理性・文明』において、戦間期の専門学問や研究者のあり方に強い批判を向けている。ラスキによれば、一九三〇年代以降、ヨーロッパはファシズムの興隆や第二次大戦といった人類史的試練を迎えているにもかかわらず、大学は態度決定を回避したまま学問の専門性に安住していた。「この期間における学界の性格を概観して痛感することは……その基礎構造そのものが、現在の喫緊の課題との関連で決められるというよりも、むしろ彼らが、あらかじめ知識人として強く肯定したいと願う研究成果をいかに満足させるかという考慮によって決定されていたということである[12]」。

ラスキはとりわけ、人文社会科学の学問的な閉鎖性をもたらす原因として、学問の「過度の専門化」と「公平性への崇拝」を指摘している。学問の専門分化と職業化により、「学者はもっぱら他の学者に向つて説」くばかりとなり、それゆえ「学者の著作は普通の知識を持った人間には無意味となつた[13]」(丸山眞男)のである。また「客観性」や「公平性」への固執は、支配階級の装置としての教育研究制度に内在する基本的性格を忘却させ、学者や知識人はその知性を自律的に徹底させることなく、結果的に学問は「支配階級の一付属物」となってしまった。しかしながら、ラスキにとって大学は、社会生活から遊離した「象牙の塔(ivory tower)」ではなく、ファシズムなど同時代的危機に際しては文明の遺産を擁護する「見張塔(watch tower)」たるべきものであった[14]。

教育制度に潜む階級性の自覚や、「客観性」を僭称する学問研究に対する不断の自己吟味は、ラスキのアカデミズム観に一貫した視座であった。そしてその視角こそ、知識を反転させて既存秩序の矛盾を克服する公共的知識人としてのラスキを生みだした条件であったといえよう。

第三節　民衆との接触

二〇世紀の知識人による矛盾克服のための第二の模索は、労働者や農民など恵まれない階級との不断の接触であった。接触は知識人と大衆との隔絶を克服する最も直接的な方途であり、その重要性をグラムシは次のように強調している。「大衆分子は『感じる』けれども、いつでも理解し、あるいは知るというわけではない。知的分子は『知る』けれども、いつでも理解するとは限らないし、とりわけ『感じる』とは限らない」[15]。それゆえ知識人は、大衆との接触を保つことにより現実を感じとり、大衆もまた、知識人との接触によって個別的課題を普遍的視野から位置づけ直し、それによって両者の全体としての知的道徳的改革が可能になるとされる。

そしてラスキの実践スタイルもまた、生涯にわたる労働運動や大衆運動への参加と接触を伴うものであった。そもそもラスキの考える知識人像において、R・デカルト、T・ホッブズ、スピノザなど一七世紀の偉大な哲学者たちは、民衆が生きた「時代の精神的風土」を最高度に体現し、またその性格を方向づけてきた。「真の共感とは、知識人と大衆との団結、結合ということにある」とするラスキにとって、知識人の責任とは「大衆との深い連携を通して、彼らの夢と希望とを実現可能かつ正統なものとして示すこと[16]」に他ならなかった。

事実、労働組合出身の党幹部であったH・モリソンは、ラスキを評して、「私は労働運動に『乗じる（rise on）』知識人には反対だが、ラスキは『ともに立ちあがる（rise with）』知識人だった[17]」と述べている。そのことは、労働党の議会政治家には煙たがられたラスキが、労働組合の活動家や草の根の党員の支持によって一〇年以上にわたり党の全国執行委員会に選出され続けた事実にも示されていよう。

しかしラスキにおける接触の重要性は、むしろ、同時代の知識人の超然主義や大衆嫌悪に対するラスキの仮借のない批判のなかに現れている。それが最も明瞭に示されたのは、『信仰・理性・文明』におけるラスキのバンダ批判においてであった。

バンダによる知識人論の古典『知識人の裏切り（*La Trahison des Clercs*）』（一九二七年）は、知識人を正義と真理にのみ忠誠を誓う聖的存在として位置づけながら、ナショナリズムや共産主義など世俗的イデオロギーに屈服する一九二〇年代の知識人の姿を「知識人の裏切り」として断罪するものであった。

実のところ、バンダによる知識人批判の背景には、ドレフュス事件における反ユダヤ主義、第一次世界大戦に際して高揚したナショナリズム、そしてロシア革命による共産主義という明確な批判対象があった。バンダによれば、古代ギリシア以来、普遍的真理への奉仕を義務としてきた知識人は、二〇世紀に入ると民族的熱狂、国家的情動、階級的信念といった世俗的価値に絡めとられ、それまでの超然的な思考や態度を喪失していった。バンダはそのような知識人として、とりわけドイツではロマン主義哲学やJ・G・フィヒテ、フランスではM・バレスやG・ソレルなどを挙げながら、「このファナティスムを実践した知識人はその責務を裏切った[18]」と糾弾している。

それに対し、バンダが復権を訴える知識人の姿とは中世以来の「知識人（clercs）」であった。すなわちイエス・キリスト、D・エラスムス、スピノザのような選り抜かれた少数の卓越した知性であり、「わが王国はこの世にあらず」と宣言して世俗的目的を超越し、正義や理性など普遍的価値のために行動した宗教者のような人物像であったといえる。超越的な正義や真理を政党や国家などの個別的帰属に優先させたバンダの知識人論は一定の魅力を持っており、また、あくまで普遍的価値を志向しそれに仕える存在としての知識人像は、その後の知識人論にも継承されていく。

しかし、『信仰・理性・文明』において、ラスキはバンダに仮借ない批判を向けていく。バンダの知識人論において、普遍性への忠誠はどちらかといえば同時代からの超然へと結びつきがちだったのに対し、ラスキの知識人論では、普遍的価値への忠誠と同時代への参画を通じたその擁護とは密接不可分であった。普遍性への献身は公共的知識人の条件の一つであるが、一九三〇年代以降のファシズムや総力戦体制のなかでは、そのような普遍性への献身を「今／ここ」の政治状況に絡ませ、どのような同時代的判断を導出するかという問題が厳しく問われたといえる。

ラスキの立場からすると、ファシズムがもたらした「政治」の全面化の前に、バンダの説く知識人の超然主義はもはや不可能であった。第二次大戦という人類史的試練は、「象牙の塔の土台まで流してしまう凄まじい闘争の奔流[19]」を作りだした。そこにおいて、先験的真理のために行動を捨てることを求めたバンダの知識人論は端的に時代錯誤であり、中世キリスト教世界の聖職者へのノスタルジーにすぎなかった。

むしろラスキにとって、二〇世紀における「政治の不可避性」を踏まえれば、現代知識人の最大の悲劇は「人類文明史における最高の戦いの一つに対して無関心な態度を示すか、あるいは反対に、ソレル、キプリング、バレス、モレス、さらには程度は落ちるがC・ペギーのように、完全に反動陣営に参加したこと[20]」であり、すなわち同時代への無関心、あるいは関心を持ちながらも同時代的判断を誤ることであった。

ここにおいて、バンダがアプリオリに掲げる「普遍性への使命」は、むしろ戦間期の知識人の無関心を合理化する機能を果たすものであった。ラスキにとって、「知識人の最高の裏切り」とは、危機の時代にあって学問の普遍性や知性の超然主義を盾に現状への異議申し立てを回避することであった[21]。知識人の超然主義に対するこのような仮借のない批判のなかに、あくまで時代と民衆とに向きあうことを要求するラスキの知識人論の性格が示されていよう。

第四節　「代表＝表象」機能

二〇世紀の知識人がその矛盾を打開するために行った第三の方途は、被抑圧者の状況への参加と接触を通じ、忘れられている人々や声のない人々を「代表＝表象（represent）」する実践、すなわち左翼知識人による代弁機能である。そしてラスキの言論活動もまた、労働運動への関与によって労働者の価値や希望を感知し、新聞やラジオなどの大衆ジャーナリズムを駆使しながら、影響力のある言語でそれらを表象する機能を担っていたといえる。

事実、ラスキの死去に際し、ＬＳＥの学生雑誌『クレア・マーケット・レビュー』誌上でＢ・バルフォアは、「ラスキは炭坑夫や造船労働者に接する際にも決して講演のレベルを下げたりはしなかったが、それでいて彼らはほとんど誰よりもラスキの諸説を理解した」としながら、次のような証言を紹介している。「私のよく知る港湾労働者は、読書や思索のための時間をほとんど持てないほど働きづめであったが、常にラスキの論説だけは読んでいた。彼はかつて私にこういった。『この人は、常々私が考えていることを、まったくうまいやり方で代弁している[22]』」。

ラスキの知識人としての言論は、労働者階級のみならず、インドをはじめとするアジアやアフリカからの留学生や活動家などの主張を、イギリスのエスタブリッシュメントの内部に向けて代弁する機能も果たしていた。とりわけラスキとインドとの関係は古く、一九三〇年代からラスキは、J・ネルーらと協力しながら、インドの完全独立を求めて労働党幹部への働きかけに尽力している。ラスキの下で学んだインドの政治家K・メノンによれば、「ラスキはインドの主張が正義であると信じるだけでなく、それを公言するにあたって率直であり、彼が心底から信じた大義に威信と権威を与えるために、大学教授という自身の立場を躊躇することなく利用した[23]」という。

このようなラスキの姿勢は、相対的に抑圧された要求を可視化させるために自身の名声や影響力を利用するという点で、二〇世紀の知識人の「代表＝表象」機能を象徴的に体現するものといえよう。かつてディーンは、ラスキの過度な社会参加を批判し、「彼は言葉の器用さと修辞上の巧みさのために、思想を彼ほど明瞭に表現できない人が苦心して満足な結論を得るまで立ち止まってしまうような困難な問題の表面を、すばやく駆けぬけることがしばしばあった[24]」と述べている。しかし、そのような学者ラスキの「欠陥」は、むしろ二〇世紀の公共的知識人にとって不可欠な資質へと転化されることになろう。

もちろん、二〇世紀の知識人が体現した「代表＝表象」機能には、一九八〇年代以降の一連の知識人論の再興のなかで批判的反省も加えられ、現在、正義や普遍性を代表した左翼知識人による「代表＝表象」機能をそのまま評価することは困難である。たとえばM・フーコーは、真理の所有者たる「普遍的知識人」の歴史的消滅を宣言し、それに対して、各自の専門分野に依拠して限定的な社会改革を行う「特定領域の知識人」を提示している[25]。G・ドゥルーズもまた、知識人が民衆を代弁する「代行関係」の終焉を説き、声なき人々が自ら語ることのできる条件の創出に知識人の営為を求めている[26]。

知識人の「代表＝表象」機能に対する批判的検討は、G・C・スピヴァクの論考「サバルタンは語ることができるか（"Can the Subaltern speak?"）」（一九八八年）によってさらに繊細に展開された。スピヴァクによれば、サバルタンとは「知と権力からの隔絶によって自分自身について語る術を持たない階級」として定義される。そして、知識人がサバルタンの声を理解するためには、知識人がこれまで築きあげてきた知や権力をいったん「学び捨てる（unlearn）」という過程が必要になるというのである[27]。

知識人と大衆との関係性をめぐるこのような議論の精緻化を踏まえると、ラスキの言論は、知識人による「代表＝表象」機能を、その権力性に相対的に無自覚なまま、二〇世紀前半の時代文脈のなかで実践したものといえるかもしれない。しかし、ラスキの活動は、労働者になりかわって彼らを代弁する機能を超えて、むしろ労働者の内部からその知的変化を促し、自らの利益や意思の自らによる政治的表現を可能にする政治教育へと展開されるものであった。

第五節　労働者の政治的知性の涵養

二〇世紀の知識人における矛盾克服の模索は、第四に、知識人による民衆教育や労働者教育への参画と、それによる労働者の政治的知性の涵養に求められた。それはすなわち、知識人が、支配階級によって与えられた知的資本を、実践を通じながら民衆や労働者に引き渡す営為であり、サルトルの言葉を借りれば、「自分からは知識の技術者を生みだすことのできない恵まれない階級の内部に、知識の技術者を育成すること[28]」であった。

そしてラスキは、生涯にわたる労働者教育への参画によって、「支配階級によって与えられた資本としての知識を使い、被搾取階級の内部に、普遍化の専門家、普遍化のための闘いの専門家を創造すること」（サルトル）に従事したといえる。ラスキにとって、高等教育によって伝播する知的資本を、いわば知識の素人である民衆がいかに自分のものとして理解し活用できるかという問題こそ、その社会の政治的成熟を左右する要因であったからである。

ラスキは自身の最初の赴任先であるカナダのマギル大学時代から大学外での成人教育に積極的に参加し、LSEに移った後も毎夏、イギリス各地の炭坑地区に赴いて出張講義を行っている。成人教育におけるラスキの評判は高く、仮に労働者に知識や教養が欠落していても、ラスキは学術的な内容を平易な言葉で効果的に伝える技術を持っており、労働者の学習熱を掻きたてたようである[29]。成人教育へのラスキの参画は、労働者への知識提供と政治的知性の涵養を目指すものであり、知の非対称構造を民衆の知性改善によって克服しようとした試みであった。

このようなラスキの民衆観は、アメリカ時代の親友、W・リップマンとの比較で捉えると一層明瞭となろう。ラスキはハーバード大学に赴任以来、ともに『ニューリパブリック』への寄稿者としてリップマンと親しい関係を構築し、ラスキは当時の著作を献辞でリップマンに捧げるほどであった[30]。しかしながら、両者の関係は、リップマンがその論説の主戦場を保守系雑誌へ移していくにつれ疎遠になっていく。ラスキは、ホームズやフランクフルターへの私信において幾度となくリップマンの「世渡り上手」を批判し、権力への接近がリップマンの人格を変質させたとして、「労働者と握手する時に手袋をはめる人間を私は心の底から嫌悪する」と述べている[31]。ラスキにとって、晩年のリップマンは「富裕階級のペット」になりさがったのであった。

しかし、両者の間には、人間交際の流儀や嗜好の違いのみならず、デモクラシーを支える民衆観の点でも深刻な差異があった。人間の政治認識の限界や非合理性については、G・ウォーラスがすでに『政治における人間性（*Human Nature in Politics*）』（一九〇八年）で焦点化していたが、リップマンは、『世論（*Public Opinion*）』（一九二二年）や『幻の公衆（*The Phantom Public*）』（一九二五年）においてこの論点を独自に発展させている。

リップマンによれば、人間の社会認識は先入観と固定観念に規定されており、外界を常に「疑似環境」として認識するため、環境を理性的かつ全体的に理解することはできず、したがって民衆が独自に政治課題を熟知したり、それについて合理的な判断を構築することは不可能である。その意味で民衆は政治に関して「アウトサイダー」であり、政治的決定は政治の「インサイダー」であるエリートや職業政治家の意見に従う方が合理的なのであった。

このようなリップマンの立場は、民衆の認識能力と自治能力の限界を論証することで、「市民の全能性」に依拠した啓蒙的なデモクラシー論の限界を暴露するものであった。それはまた、政治的決定を職業政治家の合理的判断に回帰させるという点で、一九世紀のリベラリズムを高踏的エリート主義に寄せて継承するものであったともいえよう。

リップマンの民衆観に対しては、J・デューイが『公衆とその問題（*Public and It's Problem*）』（一九二七年）において有名な批判を行っているが、ラスキもまた、リップマンとは異なる人間観を提示している。ラスキの人間認識は、その非合理的側面を認識しながらも、理性への信頼に依拠しながら、教育による人間の市民への変貌を求めるものであった。そして、ラスキの知識人としての実践は、人間の政治認識の限界を踏まえながらも、成人教育を通じた民衆の政治的知性の強化と涵養によって、その陥穽を克服しようとするものであった。

また政治学者ラスキにとって、労働者の政治的知性の涵養は、シティズンシップを強化し、デモクラシーを実質化するための条件でもあったといえる。「デモクラシーの礎と敷石は……短期労働者、港湾労働者、技術者、配管工といった人々にある[32]」。したがって、デモクラシーの安定は、そのような民衆や労働者における公共的課題への関心と、「自分自身の開明された判断を公共の善のために使用する能力」にかかっている。ラスキによれば、そこにおいて労働者教育は、知をめぐる知識人と労働者との非対称性という矛盾を打開する突破口の一つであると同時に、労働者に「政府を運営する責任のエトス[33]」を意識化させ、デモクラシーの有効性を試す最も重要な試金石であった。

民衆や労働者に接触し、万人の政治的知性の向上を通してデモクラシーを基礎づけ、その先に社会主義を招きよせること――。この模索こそ、ラスキにとって、中産階級出身の知的エリートであることと、社会主義の信条を持つ政治実践家であることとの矛盾を打開する応答であった。このような実践のスタイルは、エリートと民衆という二項対立の克服を「万人の知性改善」に求めたスピノザを想起させるものであり[34]、またラスキを二〇世紀に最も活躍した公共的知識人の一人としたものであろう。

第六節　小括

一九三〇年代における知識人の活躍を可能にした社会的条件は、二〇世紀を通じて大きく変容してきた。第二次大戦後の高等教育の普及に伴い、選り抜かれた少数の知識人とその意見を受容する大衆という構図は崩壊していく。一九八〇年代になると、J・F・リオタールは『知識人の終焉（*Tombeau de l'intellectuel*）』（一九八四年）において、普遍的真理に依拠してトータルな社会変革のヴィジョンを打ちだす古典的な知識人がもはや存在しえないことを説いている。冷戦崩壊後には「革命」への幻滅と「大きな物語」の喪失が叫ばれ、多かれ少なかれ社会主義と結びついて捉えられてきた知識人の「消滅」が盛んに論じられるようになった。このような政治と社会構造の変化が、知識人を「過去の存在」とする地殻変動を招いてきたといえよう。

しかしながら、「知識人の終焉」に対し、現代においてなお知識人の出現を力強く弁証したのが、サイードの知識人論であったといえる。サイードは『知識人の表象（*Representations of the Intellectual*）』（一九九四年）において、知識人を「亡命者にして周辺的存在であり、またアマチュアであり、さらには権力に対して真実を語ろうとする言葉の使い手[35]」として定義しつつ、その存在意義を「日頃忘れ去られていたり厄介払いされている人々や問題を表象＝代弁すること」に見いだしている。サイードにとって、「ポストモダン」の時代以降も世界に抑圧や不正義といった課題は充満しており、それゆえ依然として、「公衆に向けて、あるいは公衆になりかわって、メッセージなり、思想なり、哲学なり、意見なりを表象＝代弁し肉付けし明晰に言語化できる能力に恵まれた個人[36]」としての知識人像は、そのアクチュアリティを失っていないのである。

公共的知識人とは、認識の人であるのみならず実践の人であり、実践を通じて民衆を表象しつつ、自らの知的資本を労働者に還元していく存在といえよう。そして、ラスキの言論が時代を特徴づけたのは、このような社会参画を通じてであった。

次章以降、公共的知識人という視点に依拠しつつ、初期三部作から第二次大戦後にいたるまでのラスキの思想的営為を通時的な方法によって捉え返していきたい。

（1） R. H. Soltau, "Professor Laski and Political Science", *The Political Quarterly*, July/September, 1950, Vol. 21, No 3, p. 302.

（2） G. Feaver, *Intellectuals and Politics: Harold Laski Revisited*, A Paper Prepared for Delivery at the Forty-Sixth Annual Meeting of the Canadian Political Science Association, University of Toronto, June, 1974, p. 15.

（3） I. Kramnick and B. Sheerman, *Harold Laski: A Life on the Left*, London, The Penguin Press, 1993, p. 2.

（4） R. Miliband, "Harold Laski: An Exemplary Public Intellectual", *New Left Review*, 200, 1993, p. 181.

（5） L. A. Coser, *Men of Ideas: A Sociologist's View*, New York, Free Press, 1965, p. vii（高橋徹監訳『知識人と社会』培風館、一九七〇年、ⅰ頁）.

（6） 知識人論に関するこのような二分法は、加藤節による知識人論の整理、すなわち「存在表象で規定される知識人」と「規範表象で規定される知識人」という区分を踏襲したものである（加藤節『同時代史考――政治思想講義』未來社、二〇一二年）。

（7） A. Gramci, *QUADERNI DEL CARCERE*, Vol. Ⅲ, Edizione critica dell'Istituto Gramsci a cura di Valentino Gerratana, Torino, Einaudi, 1975, p. 1514（上村忠男編訳『知識人と権力　歴史的――地政学的考察』みすず書房、一九九九年、四八―四九頁）.

（8） *Ibid.*, pp. 1518–1519（同右、五四―五五頁）.

（9） J. P. Sartre, *Plaidoyer pour les intellectuels*, Gallimard, 1972, p. 64（佐藤朔・岩崎力・松浪信三郎・平岡篤頼・古屋健三訳『知識人の擁護』人文書院、一九六七年、七三頁）.

（10） *Ibid.*, p. 73（同右、八三頁）.

（11） *Ibid.*, p. 82（同右、九四―九五頁）.

（12） H. J. Laski, *Faith, Reason and Civilization*, New York, The Viking Press, 1944, p. 112（中野好夫訳『信仰・理性・文明』岩波書店、一九五一年、一五三頁）.

（13） 丸山眞男「西欧文化と共産主義の対決――ラスキ『信仰・理性及び文明』について」『増補版 現代政治の思想と行動』未來社、一九六四年、二〇九頁。

（14） H. J. Laski, *The Strategy of Freedom: An Open Letter to Students especially American*, London and New York, Routledge, 1942=2015, pp. 8–9.

（15） A. Gramsci, *QUADERNI DEL CARCERE*, Vol. Ⅲ, p. 1505–1506（松田博編訳『グラムシ「獄中ノート」著作集Ⅲ 知識人とヘゲモニー 「知識人ノート」注解』明石書店、二〇一三年、八〇頁）.

（16） H. J. Laski, *Faith, Reason and Civilization*, p. 122（中野好夫訳『信仰・理性・文明』、一六七頁）.

（17） I. Kramnick and B. Sheerman, *Harold Laski: A Life on the Left*, p. 480.

（18） J. Benda, *La Trahison des Clercs*, Paris, B. Grasset, 1927=1975, p. 140（宇京頼三訳『知識人の裏切り』未來社、一九九〇年、一五六頁）.

（19） H. J. Laski, *The Dilemma of Our Times: An Historical Essay*, London and New York, Routledge, 1952=2015, p. 138（大内兵衛・大内節子訳『岐路に立つ現代――歴史的論考』法政大学出版局、一九六〇年、一七四頁）.

（20） H. J. Laski, *Faith, Reason and Civilization*, p. 96（中野好夫訳『信仰・理性・文明』、一二七頁）.

（21） *Ibid.*, p. 122（同右、一六七頁）.

（22） B. Balfour, “Harold Laski by Students and Colleagues”, *Clare Market Review*, Vol. 46, No. 1, Michaelmas, 1950, pp. 31–32.

（23） G. Eastwood, *Harold Laski*, London, Mowbrays, 1977, pp. 90–91.

（24） H. A. Deane, *The Political Ideas of Harold J. Laski*, New York, Columbia University Press, 1955, p. 335（野村博訳『ハロルド・ラスキの政治思想』法律文化社、一九七七年、三三三頁）.

（25） M. Foucault, "La function politique de l'intellectuel", *Politique-Hebdo*, 29 novembre-5 décembre, 1976, pp. 31–33（小林康夫・石田英敬・松浦寿輝編『ミシェル・フーコー思考集成Ⅵ　セクシュアリテ／真理』筑摩書房、二〇〇〇年、一四五—一五一頁）.

（26） G. Deleusze, "Les intellectuels et le pouvoir", entretien avec M. Foucault, *L'Arc*, No. 49, 1972, pp. 3–10（小林康夫・石田英敬・松浦寿輝編『ミシェル・フーコー思考集成Ⅳ　規範／社会』筑摩書房、一九九九年、二五七—二六九頁）.

（27） G. C. Spivak, "Can the Subaltern Speak?", C. Nelson and L. Grossberg, ed., *Marxism and the Interpretation of Culture*, University of Illinois Press, Urbana, 1988, p. 295（上村忠男訳『サバルタンは語ることができるか』みすず書房、一九九八年、七四頁）.

（28） J. P. Sartre, *Plaidoyer pour les intellectuels*, Gallimard, 1972, pp. 73–74（佐藤朔・岩崎力・松浪信三郎・平岡篤頼・古屋健三訳『知識人の擁護』人文書院、一九六七年、八四頁）.

（29） I. Kramnick and B. Sheerman, *Harold Laski: A Life on the Left*, p. 84.

（30） H. J. Laski, *Political Thought in England: Locke to Bentham*, London and New York, Oxford University Press, 1920, p. 5（堀豊彦・飯坂良明訳『イギリス政治思想Ⅱ——ロックからベンサムまで』岩波書店、一九五八年、iii頁）.

（31） I. Kramnick and B. Sheerman, *Harold Laski: A Life on the Left*, p. 208.

（32） H. J. Laski, *What I believe and Stand for*, Ahmedabad, Harold Laski Institute of Political Science, 1994, p. 23.

（33） *Ibid.*, p. 22.

（34） 加藤節『近代政治哲学と宗教』東京大学出版会、一九七九年、一五八—一六一頁。

（35） E. W. Said, *Representations of the Intellectual: the 1993 Reith lectures*, New York, Vintage, 1996, p. xvi（大橋洋一訳『知識人とは何か』平凡社、一九九八年、二〇頁）.

（36） *Ibid.*, p. 11（同右、三七頁）.

第二章　初期三部作と歴史研究

はじめに

二〇世紀の公共的知識人とは、何よりも特定の専門領域において権威と名声を獲得し、それに依拠して同時代の公的事柄へ参画していった人々といえる。したがってまず、ラスキがどのような領域で知的卓越を示し、その達成を通じて知識人として認知されたかを確認する必要がある。本章では、初期ラスキの専門領域での業績である多元的国家論を対象とし、ラスキの思想における「トルソー」とされながらその本格的検討が欠落していた初期国家論の丹念な読解を通じて、そこに示されたラスキの教会論の独自性を提示したい。[1]

一九世紀後半以来、オックスフォード大学はT・H・グリーンが独自の理想主義哲学を展開してきた拠点であり、ラスキが学んだ一九一〇年代のオックスフォードもまた、ボサンケなどによる理想主義哲学が色濃く残る場所であった。[2] このような学問的磁場において、ラスキの指導教官であったバーカーは、ヘーゲル国家論に対する解毒剤の必要から、ラスキに中世の憲法理論、主権理論の研究を薦める。これはラスキの関心に合致するものであり、「バーカーによれば、ニューカレッジ時代のラスキに主たる影響を与えたのはフィッギスであり、そしてフィッギスを通じてメイトランドとギールケであった」[3]という。ラスキはとりわけJ・N・フィッギスの政治史研究から、緻密な歴史考証を通して政治制度の生成を明らかにする「発生学（embryology）」の方法を学びとったといえよう。

このようなオックスフォードの学問環境に対して、アメリカ体験はラスキに異なる視角を与えた。ラスキはオックスフォードを卒業後、カナダのマギル大学をへて、一九一六年、フランクフルターの推薦によってハーバード大学の講師となる。以後四年間におよぶアメリカ時代は、まだ二十代前半のラスキにとって修業時代にあたるものであり、その学問方法論の形成を規定したといえる。時代の必要に応じて発達してきた法学や政治学、そしてその背後にあるプラグマティズムの哲学は、観念論が席巻していたオックスフォードとは対照的であり、ラスキはこれらに強い知的共感を覚えた。初期ラスキによる多元的国家論研究は、「ニューカレッジで培った歴史研究の学識と、ダーウィン主義に通じたアメリカ的プラグマティズムとの結婚によるものであった」[4]ともいえる。

ラスキの多元的国家論は、初期三部作、すなわち『主権問題に関する研究』（一九一七年）、『近代国家における権威』（一九一九年）、『主権の基礎』（一九二一年）に示さている。イギリス多元的国家論の主眼は、結社や団体などの機能を再定礎し、それによって肥大化した国家を相対化するものであり、その斬新さゆえ一九二〇年代初頭の「流行学説」となる。その政治的立場をめぐり毀誉褒貶にもまれることになるラスキだが、ラスキ自身、「恐らく誰にも劣らずこの学説の形成に関係したのは私自身であった」[5]と認めているように、イギリス多元的国家論の中心的理論家という位置づけは政治学において一致した見解であった。

元来、イギリスの多元的国家論は、国家と個人との間に存在する多様な団体の意義に着目し、それらの機能を強調することによって無制限な国家主権を牽制するものであった。しかしその際、具体的にどの団体を重視して国家を牽制するかは、各論者によって差異があった。端的にいってそこには、フィッギスなど教会に着目して国家の活動を限定させようとした論者と、G・D・H・コールをはじめ労働組合に依拠して既存の国家体制を相対化しようとした論者との二つの傾向があったといえよう。

これまで、ラスキ多元的国家論に関する通説的理解は、ラスキの労働組合論に着目しながら、フィッギスが宗教団体のために援用した団体実在説をラスキは労働組合に転用し、労働組合と国家との競合並立関係を説いたとするものであった。たとえばラスキの同時代において多元的国家論の最も激しい批判者であったC・シュミットは、ラスキの主眼を労働組合の擁護に見いだしており、「事実、教会は……、ラスキにとっては、単に労働組合のための『かくれみの』に役立っているのである」[6]としている。ディーンもまた、ラスキは労働組合を「まったく新しい産業秩序を展開させる基礎とすべき唯一の細胞」と考えており、それゆえ「フィッギスが『教会』と書いているところではどこでも『労働組合』と読みがちなのである」[7]としている。

しかしながら、ラスキ多元的国家論に関するこのような通説は、初期三部作の読解を踏まえると容易に肯首しえないものである。実際、初期三部作においてラスキが労働組合について論じた割合は、通説的見解に反して極めて少ない。むしろ、ラスキは国教会に属する教会史家であったフィッギスからその歴史学のテーマと方法論を引き継いでおり、初期三部作に収録された論文の大半は、一九世紀以来の国家と教会との関係をあつかった教会史研究であった。そしてこれらの研究を通じてラスキが最も重視したのは、労働者の経済的利益の促進ではなく、精神的自由、とりわけ教会の自治を通した信仰の自由であった。

他方、教会と国家との相互不干渉によって個人の精神的自由を擁護したラスキの理論構成において、労働組合はむしろその居場所の定まらない団体であった。労働組合が要求する解雇規制や最低賃金の法的保障といった課題は、むしろ国家権力の拡大を要請するものであり、それは信仰や良心など精神的自由の充足とは一面で相反するものであった。

また、精神的自由の重要性を強調する最初期のラスキは、同時にリベラルな伝統が孕む一抹のエリート主義をも帯びており、労働組合運動の指導者たちの知的能力や政治的判断に対してある種の懐疑を抱いていた。ラスキ評伝の著者ニューマンの指摘する通り、「前世紀のJ・S・ミルと同様、ラスキは、教育水準の十分な上昇がなされないまま労働者階級が権力を獲得した際にもたらされる帰結を恐れてもいた」[8]のである。その意味で、ラスキの多元的国家論を主権めぐる国家と労働組合との争覇として描きだし、「ラスキは労働組合の存在を肯定する必要から団体研究にあたった」[9]とする解釈は誤りであろう。

以下では、まずO・v・ギールケやフィッギスなど、ラスキに先行する多元的国家論者を対象とし、イギリス多元的国家論に通底して見られた、主権的権力の形成に関する思想史的理解を確認する。その上で、キリスト教会に関するラスキの歴史研究を取りあげ、ラスキが団体としての教会に独自の意義を見いだしていることを浮かびあがらせたい。

第一節　問題の背景

本節では、ラスキの多元的国家論を理解するための前提として、それに先行する多元的国家論の問題関心の所存と議論枠組について触れておきたい。

イギリス多元的国家論の理論的源泉は、ドイツの法学者ギールケに求められる。ギールケは一八六八年から一九一三年にかけて大著『ドイツ団体法論（*Das deutsche Genossenschaftsrecht*）』を刊行し、その中世政治思想に関する部分がケンブリッジ大学の法学者F・W・メイトランドによって『中世の政治理論（*Political Theories of the Middle Age*）』として一九〇〇年に英訳刊行され、それが通常イギリス多元的国家論の起点とされる。[10]ギールケによる主権概念形成史の要諦は、中世を通じて宗教的秩序と現世的秩序、すなわちキリスト教会と世俗国家とは、互いに対立競合しながらも、政治空間は単一の権威によって包括的に統治されるべきとする前提を共有し、それゆえ相互に相似形の権力理論を発展させてきた壮大なプロセスへの着目にあった。

ギールケの描く中世政治思想史は、キリスト教会と世俗国家という「二つの法秩序」が「単一の権力」をめぐって理論的に競合する抗争史であった。教会は神のみがすべての権力の源泉であるという「単一性の原理」を前提としており、その実現を霊的権力の普遍性に求めた。一一世紀から一四世紀にかけて、グレゴリウス七世やボニファティウス八世らは、両剣論を教皇優位に解釈しながら教皇による皇帝への宗主権を理論化していく[11]。

他方、「単一の権力」の概念を国家によって実現させようとする立場は、パドヴァのマルシリオなどに見られるように、教会の普遍的主権性の理論を世俗国家に有利な形で転倒させ、単一性思想から教会に対する国家の主権性を推論した。教会と国家との理論闘争は、いずれもが「単一性」の理念を把持しつつ、どちらが「人類全体の完成形態としての超現世的頭首」の正統な具現者であるかをめぐる抗争であったといえよう。

このような主権的権力の概念は、まず教皇の「権力十全性(plenitudo potestatis)」を中心にした教皇主権性の理論に現れる。しかしながら、教皇の権力十全性の理論はそのまま皇帝側へと転化され、一二世紀から一三世紀にかけての神聖ローマ帝国では、同様の権力十全性が皇帝に帰属すると主張された。もちろん、中世期の主権理論は「この概念のその後の時代の昂揚からは原理的にはなお遠く隔たって[12]」はいた。しかし、主権的権力の概念はすでに中世において存在しており、それは教皇権力と皇帝権力との競合のなかで、いわば両者の合作として洗練されていったものであった。

教皇主権の皇帝主権への連続的転化というギールケの図式を踏まえつつ、皇帝主権が王権神授説を経由することによって近代国家へと継承されるまでを論証したのが、ラスキと並んでイギリス多元的国家論の中心人物とされるフィッギスである。フィッギスはケンブリッジ大学でメイトランド、J・アクトンらの下で歴史を学び、イングランド国教会に属しながら歴史研究を行った聖職者である。フィッギスの教会史研究は、団体研究と国家批判とを意識的に結びつけた点で、多元的国家論に重要な位置を占めている。

ギールケ同様にフィッギスもまた、主権的権力の淵源を教皇の権力十全性に求めている。フィッギスによれば、「権力十全性によって教会法学者たちが、近代人たちが主権という言葉で述べるすべてを意味していたことは疑いない」[13]。教皇権力への対抗思想の構築を迫られた皇帝主義者たちにとって、素材はすでに用意されており、法に超越する全能的権力という概念を教皇絶対権から転用することが図られた。ダンテ、オッカム、マルシリオなどによって深化された皇帝権神授説の思想は、この至高権力の概念に「不可譲（inalienable）」という属性を追加し、それは近代的な相貌を秘めていった[14]。

フィッギスの歴史研究の独自性は、『王権神授説（*The Theory of the Divine Right of Kings*）』（一八九六年）において、皇帝権神授説が王権神授説へと近代的な自己変容を遂げる過程を論証した点に求められよう。一四世紀以降、神聖ローマ帝国の領土が縮小固定化されるにつれ、その普遍性の理念と領土的現実との乖離が広がり、皇帝権神授説も衰退する。それに伴い、元来は区別されるものであった「皇帝（imperator）」と「王（rex）」、ローマ皇帝位とドイツ王位の概念上、言語上の混同が生じるにいたった。このような変化を受け、皇帝権神授説は地方化した政治単位における王権神授説へと自己変容していく[15]。フィッギスによれば、領域化しつつある近代国家がローマ教皇の包括的権力から独立する必要性こそ、王権神授説の最大の発生条件だったのである。

このように王権神授説は、一方において教皇至上権、皇帝至上権から主権的権力の内容を継承しつつ、他方において普遍的政治空間から切り離された領域的政治単位の創出を導き、主権的権力の包括性をその内部に限定した。もちろん、それが近代国家主権へいたるためには国民の契約的要素が必要であったが、フィッギスの主眼はむしろ、近代国家主権が王権神授説から権力の絶対性と領域性を継承しているという連続性にあり、王権神授説は近代国家主権の黎明的表現であった。

以上を踏まえると、ギールケとフィッギスにおいて、国家と教会との抗争史を貫く主権的権力概念という共通の関心を見いだすことができる。近代の主権理論は、教皇の権力十全性が教皇から皇帝へ、皇帝から王へと連続的に継承、転用されてきたものであった。フィッギスはいう。「ホッブズの巨大な『リヴァイアサン（*Leviathan*）』、教会法学者の唱える『権力十全性（*plenitudo potestatis*）』、『帝国の神秘（*arcana imperii*）』、オースティンの主張する主権、これらはいずれも同一の権力の名前、すなわち国家の統一性という考えから推論された、立法者による無制限かつ広大な権力の名前なのである。考察の対象が国家であるか教会であるかは重要ではない」[16]。

従来の伝統的な憲法学や政治思想史の理解では、主権は近代国家に特有の権力概念であるとされることが主流であった[17]。たしかに政治社会の単位の変遷に即して見た場合、教皇的権威と近代国家主権との間には、領域性という明確な差異がある。しかし中心的権力の内容や属性に即して政治思想史を見た場合には、王権神授説を媒介にして教皇主権と近代国家主権の間に強い連続性と類似性を指摘することができるであろう。すなわち、教皇から近代国家へという主権的権力の変遷には、領域性という断絶とともに、全能性という連続を見いだすことが可能である。そしてフィッギスなどイギリス多元的国家論が批判の念頭においたのは、「包括的全能的教会」であれ「包括的全能的国家」であれ、権力の包括性や全能性という概念それ自体であった。

そしてラスキもまた、このような主権的権力をめぐる国家と教会との関係についての学術的関心を共有しており、そのことは初期三部作におけるラスキの一九世紀史研究に如実に現れている。

第二節　ビスマルクとド・メーストルの共通性

ラスキは初期三部作において、ギールケやフィッギスと同様、近代国家主権を中世ローマ教会の全能的権力の延長上に位置づけ、それを教皇権力の継承物と捉えている。ラスキによれば、キリスト教世界の統一は教皇によって保証され、「教皇の権力十全性」は、「中世が主権の明確な概念を、たとえ領土的側面の発達はなかったにせよ、持っていたという確証である」[18]。しかし近代になると地域国家が出現し、それが教会に代わり統一の理想を担う制度となり、「国家はこうして『キリスト教国家（*Respublica Christiana*）』の継承者となった」[19]。キリスト教世界と近代国家はいずれも、統治における包括的統一性という前提を共有し、「近代国家の歴史において変化したことは、統一を担う支配的主体の居場所にすぎない」[20]。したがってラスキにとって、国家と教会の関係の近代における変化は、政治空間の「究極的帰属中心」という共通の理想をめぐっての「攻守交替」にすぎなかったのである[21]。

このような「攻守交替」をへて優位に立った近代国家は、中世の教皇主権から、画一的政治空間を構築しようとする思想、すなわち内部の反対者を排除することによって空間の画一性を維持しようとする思考もまた継承した。ラスキはいう。「近代国家は教皇の特権を継承した。それゆえ、国家はすべてを統治し、すべてを統治するためには、国家が行使する権力の手段は無制限とされるべきである。カトリックと非国教徒は国家の権威の完全性を拒絶すると考えられたため、同様にシティズンシップから排除されるべきとされた」[22]。

そして一九世紀における両者の対立は、一方におけるイタリアやドイツの統一といった国民国家の勃興と、他方におけるカトリック教会の復興刷新運動として表出した。一九世紀中葉のナショナリズムの高揚のなかで、ヨーロッパの近代国家は、国民意識を形成して政治社会の紐帯としながら、制度的には軍隊や官僚制度を確立し、近代における政治社会の単位としての優位性を確立していく。

これに対し、一九世紀後半はまた、追いこまれたローマ教皇が近代国家に対して最後の対抗を試みた時期でもあった。教皇ピウス九世は教皇至上主義運動によって近代国家に抵抗し、一八六四年の回勅「誤謬表（Syllabus）」において反近代主義、反リベラリズムを表明する。一八七〇年には第一次ヴァチカン公会議において教皇無謬性が決議され、カトリック社会における教皇の絶対主義的体制が構築された。さらにそこでは、中世と同様、教皇は世俗の政治領域のすべての事柄に宣言を出す権利を有し、国家に対して間接的な権力を持つという理論も主張されている。それはいわば、実力上はもはや世俗権力を失ったものの、それでもなお理念上は政治空間の一元的支配権をめぐり近代国家と競合するカトリック教会が、再び国家に対する間接的な権力を取り戻そうとする神政主義的な展望を含んだものであった。

国家の主権理論をキリスト教会のそれの延長上に捉えるラスキにとって、このような一九世紀における国家統一運動とカトリック再興運動もまた、同一の論理に基づくものであった。このことは、ラスキが『主権問題に関する研究』において、「ナショナリズムの政治家の最高の代表」であるO・v・ビスマルクと、「ローマ・カトリックの体系にその刷新のための主たる論拠を与えた」J・ド・メーストルとを並べて論じ、彼らは「究極的にはそれぞれ同一の目的を目指していたのであり、彼らの思想の根幹で差異を示しているのは、彼らがその思想の実現を求めた形式的な構造にすぎない」[23]と指摘していることからも窺える。以下、両者についてのラスキの歴史的解釈を見ていきたい。

ラスキによれば、ビスマルクもまた福音主義のキリスト者として敬虔な信仰を持ち、その国家主義もキリスト教の原理に基づいていたという。いかなる制度化された教会も認めない福音主義者として、ビスマルクにとっての唯一の信仰対象は国家であった。「彼は国家のなかに教会を見た。そして彼の国家理論は、その深部において神政主義的であった」[24]。

しかしビスマルクにとってのキリスト教は、国家理性の合理化のための支柱であり、そのために国家による教会の包摂が不可欠であった。ラスキはいう。「ビスマルクは政治と宗教との同一化を終局的で絶対的なものとして見ていたので、彼はおそらく、これまで存在したなかで最もエラストゥス主義的な政治家の一人であった[25]」。そしてこのような完全なエラストゥス主義は、多様性への寛容を完全に不可能にさせた。ラスキによれば、ドイツ国内のカトリック教徒を容赦なく弾圧した文化闘争を支えたのは、ビスマルクのこのような宗教的心理であった[26]。

他方、キリスト教に裏づけられた包括的な主権という観念は、カトリック神政主義の立場からフランス革命に抵抗したド・メーストルにも共通しているという。ラスキは、ド・メーストルを中世の神権政治を代表する「顕著な反動主義の吹聴者」、「ウルトラモンタニズムの真実の創始者」としつつ、キリスト教を社会統一の基礎として常に政治と結びつけ、主権的権力とその無謬性に基づく一元的政治空間の創出を追求し続けた点において、ビスマルクとの共通性を強調する。

聖的権威とその構造が衰退していく一九世紀にあって、ド・メーストルの課題は、その基礎の再構築であった。そこにおいてド・メーストルは、理性が足りなければ信仰で、議論が不十分であれば権威でそれを補うことによって、再び宗教に基づいた社会を回復させようとした。ラスキはド・メーストルの課題を次のように指摘する。「疑いは罪であり、疑いの発生を防ぐため、それが生じる余地のないような政治体系を作らねばならない。疑いの反対は信仰であり、信仰は強制されなければならない[27]」。

そして、画一的政治秩序を支える権威を、ド・メーストルは教皇至上主義に求めた。「彼は教皇不可謬説を主張する。不可謬とは主権の霊的同意語であり、それゆえ教皇の主権的権力を意味する[28]」。それは、近代国家とそれを生みだした革命に対する中世の神政主義者からの抵抗であった。

ラスキによれば、ビスマルクとド・メーストルの両者は、統一を担う主体については異なる構想を持っていたが、

「根底において思想は本質的に同一[29]」であったという。「両者はいずれも、根本的には同じ目的を追求していた。彼らの思想の基礎を差異づけるものは、彼らの思想を実現しようとした形式的構造に見られるにすぎなかった[30]」。いずれも意見の対立や多様性をアナーキーと同一視し、それを不可譲かつ不可分な主権によって抑圧した。またいずれも、権力を信仰によって正統化し、その信仰の無謬性を理性的吟味の枠外におく姿勢、権威の作用する領域と人間の精神の領域とを合致させようとする態度においても共通しているという[31]。

ラスキはいう。「ド・メーストルが教会について語っていた時、ビスマルクは国家について論じていた。ド・メーストルが教皇について論じていた時、ビスマルクはドイツ帝国について弁論していた。それ以外の点では、根底においてその思想は本質的に同じであった[32]」。すなわち、「それらはほとんどの場合、共通のものを求めて競合した、正反対の運動であった[33]」のである。

教皇至上主義と国家主権万能説との以上のような共通性を前提とするラスキは、初期三部作での歴史研究を通して、このいずれの立場に対しても抵抗し、いずれをも克服しようとした三人の聖職者に着目し、彼らがその闘争のなかで必然的に到達した「もう一つの立場」に一貫して関心を寄せていることがわかる。それは、教皇至上主義やウルトラモンタニズムに対しては信仰の個人性を対峙させつつ、近代国家による干渉に対しては信仰の個人性を「教会の団体自治」を通して擁護した一群の聖職者、すなわちF・ラムネー、T・チャルマーズ、J・H・ニューマンといった聖職者の思想である。

これらの聖職者に共通の課題は、全能的教皇と全能的国家という二つの敵を相手にしたいわば二重の闘いであり、そこにおいてラスキが析出するのは、それぞれに固有の文脈を超えて、「良心のために迫害される者」に共通して見られる権利主張の様式であった。以下、三人の聖職者についてのラスキの歴史研究について概観したい。

第三節　教会史研究

1　ラムネー

ラムネー（一七八二―一八五四）は、神権的専制主義から強く影響を受けつつも、次第に教皇とウルトラモンタニズムから離反し、最終的にキリスト教社会主義を唱えるにいたったフランスの聖職者として知られる。ラスキは『近代国家における権威』に収録された論文「ラムネー（"Lamennais"）」において、その思想的推移を考察している。

ラスキによれば、ド・メーストルやL・ボナールから強く影響を受けた初期ラムネーは、一八一五年の王政復古として「王座と祭壇の同盟」の復活に期待していた。社会の基礎を宗教におき、したがって宗教への批判を社会原理への批判として捉えるという点において、初期ラムネーの思想とド・メーストルの主張は軌を一にしている[34]。ラムネーはド・メーストルと並んで、フランスにおけるウルトラモンタニズム、すなわち教皇の首位性を弁証した理論家とされており、その論争的な著作『政治的秩序との関係から見た宗教（*De la religion considérée dans ses rapports avec l'ordre civil*）』は、ウルトラモンタニズムの宣言書として広く捉えられた。

初期ラムネーの依拠する宗教的信条は明らかにウルトラモンタニズムであり、教皇による普遍的統治の理念であった。「ウルトラモンタニズムは彼にとって、フランスにおいてカトリック信仰を正しい状態に回復させる確実な途であった[35]」。ラスキはこの時期のラムネーの思想について述べる。「教会は真の宗教がその安息を見いだす場である。しかし根本的に、それはこれまで普遍的で永続的であったように、これからも単一であり続ける。しかしそれが統一の中心を持たぬ限り教会は単一ではありえず、その中心は教皇の主権性に求められるべきである[36]」。

このようなラムネーの純粋な神政主義の立場は、そのガリカニズム批判にも明瞭に表れている。ガリカニズムはフランスのカトリック教会の独立性を主張した議論であるが、ラムネーは、国家の側の必要性から生じてきたガリカニズムがその起源において「宗教的（ecclesiastical）」ではなく「政治的（political）」であることを指弾し、それを「教会ナショナリズム（church nationalism）」として批判する[37]。信仰と教会の国民化、すなわち「教会ナショナリズム」は、キリスト教の原初性への尊重と理解を欠き、教会を普遍的存在から特殊的制度へと堕落させる。それゆえガリカニズムは「教会を国家に従属させるもの」として批判されることになる。

しかしラスキは、神政主義の復活という主張においてド・メーストルと初期ラムネーとの共通性を指摘するものの、それを支える動機には微妙な差異があったという。「ド・メーストルとボナールは、教会というよりも国家に関心を持っていた。……彼らは政治家として問題に対処し、彼らによる教皇至上権の確立は原則というより帰納的結論であった。……彼らは、ウルトラモンタニズムの政策の必要性を、それ自体万物の基礎としてというよりも、他の施策との比較における効果的代替案として説いたにすぎなかった[38]」。すなわち、ド・メーストルらによる神政主義の主張は、キリスト教秩序によるヨーロッパ統一の回復という政治目的によるものであり、ローマ教皇の権威はそのための手段にすぎないものであったという。

他方、ラムネーによるウルトラモンタニズムの主張は、純粋にキリスト教会の独立と権威の再建を目的としたものであり、国家の態様は関心の対象ではなかった。「ラムネーが革命と格闘し、その原則を否定してその目的を反駁したのは、すべて教会の名においてであった。彼は教会を国家の統制という束縛から解放しようとした。というのも、彼は世俗政治に対していかなる関心も持っていなかったからである[39]」。ラスキは、ラムネーにおける世俗政治への無関心を強調し、「いかにして教会にその信徒に対する古代的影響力を取り戻すか、これが、そしてこれのみが、彼にとっての課題であった[40]」と指摘する。

ラムネーによるガリカニズム批判の最大の理由は、それがキリスト教を政治に従属させることであった。しかしながら、一八二〇年代後半以降、ローマ教会もまたキリスト教信仰の原初性を忘れて中世的神権政治の復興を追求するようになるにつれ、ラムネーの批判はローマ教会のあり方にも向けられていく。一八三〇年、ラムネーの機関紙『アヴニール（*L'Avenir*）』が教皇庁から激しい批判を浴びると、ラムネーは教皇とも疎遠となる。ローマ教会による世俗的利益への関心、信仰の組織化、そして枢機卿の腐敗は、ラムネーをますます失望させることとなった。

ラスキによれば、ラムネーは自意識においては生涯「言葉の完全な意味において神政主義者」であった。しかしラムネーは、国家と教会の任務は本質的に異なっているため、宗教による政治への関与が宗教を堕落させることを理解していたという。それゆえ、後期のラムネーは、自身の求める精神的な神政主義ゆえに、世俗政治に対する野心に満ちた教皇や枢機卿を教会の精神的腐敗の源と捉えるようになる。信仰の純粋性と教会の政治化との矛盾に直面したラムネーは、あくまで前者を優先させ、教会における主権的権力の担い手を、教皇よりも神それ自体に求めるようになる。その結果、ラムネーはド・メーストルとは異なる道をたぐり寄せることになった。

ド・メーストルやボナールが前提としたのは、あくまで「完全社会（societas perfecta）」としての教会であった。完全社会とは、元来はアリストテレスがポリスの自足性を強調するために使った概念であり、ポリスは家族や村といった下位の共同体に優越し、それ独自の権限と資源とによって人間の幸福を最もよく充足させる共同体であるとされた。しかし一七世紀以降、完全社会の概念は、興隆する世俗国家からの侵食に対して教皇が教会組織の自律性を正当化するための理論として転用されていく。ド・メーストルやボナールは、このような完全社会としての教会像に基づきながら、人間救済という教会の目的は世俗国家よりもはるかに高貴であり、それゆえ教会が再び政治領域を併呑することによってカトリックの「普遍性」の回復を求めたのであった。

ラムネーも同様に、教会の自足性を徹底的に追求する点において完全社会としての教会像を踏襲していた。しかし、国家による教会への権力的干渉のみならず、教会による世俗的目的の追求をもまた批判するラムネーにとって、一八三〇年以降、完全社会としてのカトリック教会の模索はド・メーストルやボナールとは異なる独自の展開を遂げていくことになる。すなわちラムネーは、教会による国家の併呑ではなく、むしろ教会の国家からの分離という方向に教会の「完全性」の復活を求め、結果的に国家からの教会の独立と、国家干渉を否定する「団体の自由」を主張するようになったのである。これは、普遍的共同体としてのカトリック教会が、近代国家との政治的対抗関係のなかで信仰の主体性と純粋性というその原初的目的を自覚し直し、近代におけるその形態を「自発的結社」として自己再定義していく過程であったといえる。

ラスキは、そのような教会の自己再定義に際して、カトリック教会における個々の権利を、単に特殊「カトリック教会の権利」としてではなく普遍的な「結社の権利」として主張するようになった点に、政治思想に対するラムネーの貢献を見ている。「ここに、彼の思想におけるリベラリズムが表れている。彼が追求しているものはキリスト教会――人間の精神を永遠の層において捉えるべき完全社会――が干渉を受けることなく自己展開しうる条件であった。……彼はおそらく、それによって、自身も気づかないまま、教会を、世俗的組織の領域的性格とは明確に異なった自発的結社の位置に還元することになった[41]」。ラスキによれば、「彼は依然として言葉のいかなる十分な意味でもリベラリズムを受容してはいなかった」にもかかわらず、「迫害される者が常に自由の原理に訴えるような仕方で」、無意識のうちに「リベラリズムの原理」に訴え、革命を拒絶しながら革命の言葉で話していたのである。

2　チャルマーズ

一九世紀の国家と教会の関係史についてのラスキの関心は『主権問題に関する研究』においても見られ、ラスキは同書に収録した論文「大分裂の政治理論（"The Political Theory of the Disruption"）」において、一八四三年のスコットランド長老派教会の「大分裂（Disruption）」について考察している。

一八四三年の「大分裂」とは、富裕者による国教会自治への介入を正当化した世俗の最高裁判所の判決に対し、スコットランドの聖職者たちが反発して国教会を離脱、新たに「スコットランド自由教会（Free Church of Scotland）」を設立した事件である。事件の発端は「富裕者による教区の聖職者推薦権（civil patronage）」の妥当性であったが、裁判の過程で焦点は教会の支配権をめぐる根本問題へと移っていった。この過程で、最高裁判所は国教会に対する議会主権の絶対性を主張し、教会は国家によって「認可された団体（tolerated association）」であり、その存在根拠は議会法に基づくと判断した。

このような世俗の裁判所の主張に対して、ラスキは、「大分裂」を指導したスコットランド自由教会の理論家、チャルマーズ（一七八〇—一八四七）に着目する。国教会制度下における国家と教会の領域峻別を主張するチャルマーズは、「世俗的事柄（civil matters）」における教会の完全な服従を認めている。チャルマーズが否定したのは、議会主権が独自の領域において持つ効力ではなく、議会主権の「包括性」や「普遍性」の主張であり、「国家が文明生活のすべての部門に対する絶対的な司法権を持つという主張[42]」であった。

チャルマーズにとって、教会は国家とは別種の存在根拠を持ち、それに由来する独自の自律性を持つ以上、教会に固有の支配権は不可欠のものであった。ラスキは、「教会は彼らにとって、形態と組織とにおいて国家になんら劣らない一つの社会であった[43]」という。教会はその内部の決定については自己充足的であり、その主権は「総会（General Assembly）」に与えられている。そして、聖的な事柄に関する決定権において、教会の権限は地上のいかなる権力にも従属しないものとされてきた。

チャルマーズらは、決して教会の主権が包括的で普遍的であるという「唯一主権（unique sovereignty）」を主張したのではない。むしろチャルマーズが依拠するのは相互に区別された「二つの王国」という観念であり、それはすなわち、聖俗の峻別と相互尊重を説いた両剣論の伝統、あるいは「カエサルのものはカエサルへ、神のものは神へ」という古典的原則への回帰を訴えたものであった。

教会の頭はイエス・キリストのみで、世俗権力はそのような首領になりえない。教会の主権性と国家の主権性は互いに競合するものではなく、端的に領域を異にするものである。「教会は国家の対抗権力ではない。その領域は良心であり、国家のそれは人と財産である。一方は霊的なことを、他方は世俗的なことをあつかう。それゆえ、一方が他方の領域に侵入しない限り、衝突の必要はないし、その可能性もない[44]」。ラスキによれば、このようなチャルマーズの伝統的な「二つの王国」の観念は、同時に、近代国家が包括しえない霊的な事柄とは何かを厳密に確定しようとする試みでもあった。

そしてラスキはこの試みに、教会統治の普遍性の回復を志向したウルトラモンタニズムと、教会の独自領域の定義とそこにおける教会自治を主張したスコットランド長老派との差異を見ている。「前者は教会権力の至高性を説き、後者は世俗との対等な調整関係を説いた[45]」。ラスキによれば、世俗国家とは明確に異なる活動領域の認識と、そこにおける教会権力の自己限定の作業こそ、「スコットランド長老派による政治的自由の理論に対する特別な貢献[46]」だったのである。

このような歴史研究からは、当然ながら、近代国家による宗教領域への干渉に対するラスキの批判を看取しうる。しかし、より根本的なラスキの意図は、国家であれ教会であれ、異分子を無視することによって一元的な支配空間を創出しようとする政治的企ての「道徳的敗北」と、現実における多様な人間の結合形態の必然性、多元的な団体創出の不可避性を明らかにすることであったといえるだろう。

ラスキの批判が近代国家に向けられるのは、教皇による包括的世界統治を否定して出現した近代国家が、自己の領域内において再び同様の一元的統治を企て、人間の多様な連合の形態を否定しているからである。教会による普遍的統治の理念が実現不可能であったのと同様、近代国家の包括的主権という理念もまた実現不可能である。したがってもし近代国家がそれを追求するならば、普遍教会と同様に、「理論上、勝利者たりうるとしても、実際上、それは道徳的敗北に苦しむ[47]」。それはまさに、寝台の長さにあわせて人間の足を切る「プロクルステスの愚」であり、常に現実によって否定され続ける理念であったといえる。

3 ニューマン

スコットランド国教会の「大分裂」とほぼ同時期、イングランドにおいても国教会制度への根本的な問い直しとして、オックスフォード運動が生じている。オックスフォード運動は一八三〇年代から勃興した国教会の刷新運動であり、国教会の腐敗と堕落を反省して初期カトリック教会の規律を復活させるとともに、国家による教会への干渉拡大にも抵抗してキリスト教信仰の原初性の回復を目指すものであった。

その背景にはイングランドにおける世俗化と議会改革があり、とりわけ非国教徒の議会進出を促したカトリック教徒解放令（一八二九年）と第一次選挙法改正（一八三二年）は、「議会における王（King in Parliament）」をその首長とするイギリス国教会にとって、非国教徒による国教会支配の可能性を意味するものであった。国教会制度という根本的桎梏への問題意識が高まるにつれ、オックスフォード運動は原始キリスト教への志向を強め、その理論的支柱であった聖職者ニューマンが一八四五年にカトリックに改宗して終焉を迎えた。

ラスキは『主権問題に関する研究』に所収の論文「オックスフォード運動の政治理論（"The Political Theory of the Oxford Movement"）」において、オックスフォード運動の理論家ニューマン（一八〇一―九〇）に着目し、その「中道（Via Media）」という宗教理念がいかにして反エラストゥス主義と結びつき、どのような思索をへてイングランドの国教会制度そのものへの批判へと帰結したのかを考察している。

まず何より、ニューマンによる国教会刷新の理念は、元来、「普遍性の時代（catholic time）」の教会、すなわち古代の使徒の伝統への回帰だったといえよう。ラスキはいう。「オックスフォード運動は断固として過去を志向していた。……教会は本質的に権威に基づき、教会はその源を求めて、国家との関係によって束縛される以前の時代へ回帰すべきものであった[48]」。

原始キリスト教への回帰を主張するオックスフォード運動は、信仰の制度化によって独善主義に陥ったローマのカトリック教会、古代教会からの職制や共同体的礼拝の伝統を放棄してしまったプロテスタンティズムの双方を否定し、イングランド国教会を両者の「中道」と位置づける。その上でニューマンは、「中道」にこそ使徒的伝統と教父哲学、「普遍性（catholicity）」が保全されていると強調した。

しかし、初期教会の純粋性を志向する「中道」概念の理論化は、教皇の権威を斥けて教会を領域国家に従属させたプロテスタンティズムに対しての一層厳しい批判と結びつき、ここから明確に反エラストゥス主義的性格をあわせ持つことになる。元来、エラストゥス主義とは教会に対する国家の支配権を認める立場であり、それを前提とした国家と宗教の同盟は、ヘンリー八世の宗教改革以降、イングランドにおいて広く受容されてきた。しかし、ラスキによれば、名誉革命以後、国教会制度における「王座と祭壇の同盟」は、事実上、国家への教会の服従であったという。

一八世紀を通じて、国家至上権主義は教会を「国家の道徳的警察部」へと堕落させ、一九世紀以降のカトリック解放は、議会を通じたカトリックによる国教会への間接的干渉をも招きうるものであった。オックスフォード運動の中心的聖職者であるJ・キーブルがその説教「国家の背教（"National Apostacy"）」において、国家の拡張と世俗化を両者の同盟関係に対する「背信」としたように、ラスキによれば、「当初から、オックスフォード運動は極めて反エラストゥス主義的であった[49]」。教会の普遍的権威の回復を説くニューマンにとって、「国民教会（national church）」という言葉はそもそも語義矛盾だったのである。

他方、ラスキによれば、一九世紀のイングランドの世論にとって国教会はもはや「法の産物」、「議会立法による事柄」であり、「教会の現在と未来は本質的に議会立法の対象であった」[50]。同時に、オックスフォード運動の理論家たちにおいても、国家と教会の同盟は「幸福な変則」にすぎず、国教会制度それ自体がキリスト教会の普遍性に対する根本的桎梏であるという認識が持たれることになった。

国家と教会それぞれの領域の差異を前提とすれば、原初的な教会のあり方を理想とするニューマンにとって、その理想の追求は、必然的に「教会と国家との特殊近代的なあり方」への批判的吟味を招かざるをえないものであった。「教会がいかなる存在であったかを確認するために、彼らは、教会がさらにその昔にいかなる存在であったかを考察する必要に迫られた。彼らはそれを、純潔の時代、すなわち普遍性の時代に遡って知ることを迫られた」[51]。そして、オックスフォード運動の理論家たちが教会の純粋をめぐりその祖型を過去に遡れば遡るほど、眼前の国家の優越性や議会主権による教会干渉は、彼らにとって我慢ならないものとなっていく。

一八四〇年代になると、ニューマンは国教会制度そのものへの批判を明確にし、ヘンリー八世の宗教改革はイングランドの教会の支配権を教皇から国王へ移したにすぎないと指摘する。国教会への「反逆者」として迫害も受けたニューマンは、教会史研究を通じてローマ教会の正統的権威を認め、一八四五年、カトリックに改宗するにいたる。結果としてニューマンが求めたものは、ただキリストに依拠する霊的組織としての教会の再確認であったといえよう。ラスキによれば、「〔オックスフォード運動の〕抗議が向けられたのは、明らかに国家の教会に対する至高性という想定それ自体に対してであり、そしてトラクタリアニズム〔オックスフォード運動〕の政治理論の鍵概念を構成するのも、この主張であった[52]」。

また、ラスキはニューマンの思想が教会の団体としての自律性を要求した点にも着目している。ニューマンによれば、教会は自己の組織の改革については主権を持ち、自発的にその構成員となった信徒たちに対しては排他的な「管轄権（jurisdiction）」を持つとされた。「その本質において、トラクタリアニズムは、国家とは分離されて別個に存在する、国家とは区別された『法人団体（corporate body）』としての訴えである。……教会理論家たちは、その『法人団体性（corporateness）』をますます強調しつつある傾向がある[53]」。

そしてラスキの着眼は、そのような信仰の原初的な形態への回帰、いわば信仰における厳然たる「保守性」こそが、国家に対する教会の独立性と主権性の主張へと帰結し、世俗国家に対する政治的関係において最も「ラディカル」な思想として反転するメカニズムに向けられている。ラスキにとって、国家と教会とのそのような明確な差異性と相互の独立性の強調こそ、オックスフォード運動が政治理論にもたらした遺産であったといえよう。

4　三人の聖職者の共通性

ラムネー、チャルマーズ、ニューマンを対象化したこれらの歴史研究において、ラスキの関心は、三者に共通して見られるある種の思想変遷に向けられている。

ラスキによれば、スコットランド国教会の「大分裂」は教会の国教会制度からの離脱へ、オックスフォード運動はカトリック普遍主義への改宗へと帰結したが、それは表現方法の違いであり、「全包括的国家（all-absorptive State）」に対する抗議において、これらの運動を率いたチャルマーズとニューマンの主張は「驚くべき世俗的な類似関係」を見せている。「それらはいずれも本質的には反エラストゥス主義運動であり……、いずれの場合においても……、その抵抗の試みは、国家を忘却し、教会に完全社会としての総合的組織を保証しようという教会理論を確立しようとするものであった[54]」。そしてラムネーもまた、教会が単に政治的道具として利用されている状況に抗議し、「チャルマーズやニューマンと同様、教会の『団体としての独立（corporate independence）』を主張した[55]」のであった。

換言すれば、ラスキが取りあげた三人の宗教家は、キリスト教の古代的理念に基づく「完全社会」への教会復帰を目指すことによって、結果として一九世紀における「自発的結社（voluntary association）」としての教会像を導き、法的には法人団体の形態を整備するという、共通の思想変遷を示しているのである。いずれの理論家も、全包括的国家による教会干渉によって教会の自立性の必要を覚醒されるものの、キリスト教による一元的政治空間の再創出がすでに不可能であると自覚する以上、完全社会という彼らの教会像は、中世のような「世界教会（world-church）」にではなく、限定性と独立性を伴った自治団体としての形態にその実現が求められるものであった。

このような三者の理論変遷とその結果として導かれた政治空間は、国家も教会もそれぞれの目的を持った独立した団体であり、一つの団体が他の団体を優越的に包含することは不可能であることを示している。ラスキの多元的国家論は、このような歴史研究を通した、諸団体の対等で水平的な関係における並列的存在をイメージするものであった。

また、ラスキの歴史研究においては、教会自治に端を発したこれらの理論闘争が、各論者のおかれた個別的状況を超えて、「団体の自治」という一般的で普遍的な権利を定礎するものとして帰結したことが強調されている。「一つの領域において自由になりたいという要求は、万人に対する自由の哲学を作る」。聖職者による信仰の自由のための闘争は、同時により普遍的な文脈における一般的自由を確立する闘争へと展開され、教会の団体としての独立性を求める彼らの主張は、団体の一般理論へと昇華していった。ラスキが述べるように、「『宗教的自由（religious liberty）』のために闘った人々は、同時にまた期せずして『政治的自由（civil liberty）』の祖先でもあった[56]」のである。

教皇至上主義と国家主権万能説との双方に対する三人の宗教家による理論闘争はまた、個人の良心の絶対的尊重にその思想的駆動因を発していた。ラスキは、「良心とは、自然と恩寵において、ヴェイルの後ろからわれわれに語りかけ、その代理によってわれわれを諭し教える神からの伝言である」というニューマンの言葉を引用しながら、「このように理解された良心は、人間の行為の真の判定者である[57]」と述べる。「良心を第一に、教皇をその次に」とするニューマンの実践は、いかなる権威に対しても良心をその行動指針とするよう説いたアクトンの思想を準備するものであった。その意味でラスキの歴史研究は、一九世紀中頃に生起したキリスト教会改革運動とその後のリベラリズム思想の展開とを連続的に捉えるものでもあったといえる。

結果として、教会と国家の関係をめぐるラスキの歴史研究は、近代の国家主権との関係においては個人の良心の尊貴性と結社の自律性を徹底的に擁護したものであり、とりわけ宗教など精神的領域に対する国家の完全な不干渉義務という原則を導くものであった。それはいわば、「国家がしてはいけないこと」の確定作業であったといえる。「国家と教会の関係においては、完全な分離と不干渉を基調とするアメリカ的原則のみが自由を可能にする[58]」という立場こそ、この領域におけるラスキの結論であったといえる。

第四節　小括

初期三部作は、歴史に沈潜したラスキ青年期の労作であると同時に、ラスキの早熟な知的卓越を印象づける決定打であった。サルトルによれば、知識人の条件は、支配権力に対して異議申し立てをするに先立ち、「知識や技術を必要とする専門領域で仕事をし、その領域である程度の名声を獲得していること」であった。高等教育の修了と専門領域における認知の獲得は、知識人となるための「形式的な資格」(丸山眞男)であり、「絶対必要条件」(サルトル)とされたのである。とすれば、ラスキにとって、初期三部作から『政治学大綱』にいたる学問的達成は、知識人としての最初の要件を満たすものであった。

もとより、あらためてサルトルに従えば、専門的な知識や職業を持っているだけでは「潜在的な知識人」ではあっても、知識人として認められるための「十分条件」ではない。初期三部作という学問的達成だけでは、ラスキは依然として大学制度の内部における「学者」であっただろう。「専門領域をもった知的人間は、知識人というよりも、支配階級の生産体制に仕える実践的知識の技術者である。実践的知識の持ち主が、自己の矛盾した階級的位置を自覚してはじめて知識人になる可能性が開かれるのである[59]」。

　初期三部作の達成の上に、ラスキは社会主義者としての自覚を深め、同時代への参画を強めていく。元来、ラスキの最初期の国家論は、ドイツ国家哲学に対する理論的対抗を念頭におきながら、ブランダイスなど政府に対する強い警戒意識を持つアメリカの法曹知識人との交友関係のなかで構築されたものであった。しかし、一九二〇年、イギリス帰国後のラスキは、ＬＳＥを拠点にしてイギリスの左派エスタブリッシュメントに急速に受けいれられていく。アメリカ時代に親しんだ、国家との対抗関係において自由を論じる知識人サークルから一転、ＬＳＥの学問環境で主流であったのは、産業化と社会問題の顕在化のなかで、いわば経済や市場との対抗関係において個人の自由を捉えるウェッブ夫妻やフェビアン協会の思想であった。ここにおいて、国家とりわけ官僚制度は、単に個人への脅威となるだけでなく、個人では統御不可能な社会変動から個人の生存基盤を守る積極的な意味をも帯びることになる。

　そのような学問環境と親交関係の変化は、ラスキの国家論にも無視しえない変化を与えた。ラスキはいう。「自由といっても平等がなければ何の意味もないという確信を抱いて、私はアメリカから帰ってきた。そして平等もまた、生産手段が社会の所有に移されない限り、何の意味もないということを理解しはじめていた[60]」。事実、ＬＳＥ教授昇格を確実にしたラスキの代表作『政治学大綱』（一九二五年）においては、国家機構に対するラスキの評価はより複雑になり、そこでは国家に対する多元的制約の必要性と国家の福祉的機能を正当化する論理とが交錯するようになる。しかしながら、国家に対してあくまで個人の良心の優位性と結社の自律性を擁護するという初期三部作を潜りぬけ、それを把持しながら経済的不平等の克服へと主軸を移していったラスキの国家論は、ウェッブ夫妻などフェビアン協会の主流とは異なる独自の理論的葛藤を孕むことになった。

　次章では、初期三部作によって獲得した学問的承認を土台としながら、ラスキがその国家論の変容を通じて公共的知識人の実践に近接していく様相を主著『政治学大綱』に即して考察していきたい。

（1）ラスキらが中心となり構築されたこの国家論の名称には「多元的国家論（the pluralistic theory of the state）」と「政治的多元主義（political pluralism）」の二つがある。前者の「多元的国家論」という名称の妥当性に疑義を示す立場（堀豊彦『デモクラシーと抵抗権』東京大学出版会、一九八八年、二一二―二一三頁）もあるが、後者の「多元主義」という言葉は元来は哲学用語であり、また現在では価値、文化、民族など様々な領域での多元性を示す概念として広く使われている。したがって、本書では、対象を政治学に限定する意味で、「多元的国家論」の名称を用いる。

（2）ラスキは一九二五年、LSE政治学教授就任時の講演において、「オックスフォードとケンブリッジにおいては、主としてそれに代わる一貫した哲学的立場の構築の試みがなされていないため、理想主義は依然として支配的潮流である」と述べている（H. J. Laski, "Political Science in Great Britain and France", *The American Political Science Review*, Vol. 19, February, 1925, p. 99）。

（3）D. Nicholls, *The Pluralist State*, London, Macmillan, 1975, p. 45.

（4）I. Kramnick and B. Sheerman, *Harold Laski: A Life on the Left*, London, The Penguin Press, 1993, p. 101.

（5）H. J. Laski, "The Crisis in the Theory of the State", 1937, *A Grammar of Politics*, London and New York, Routledge, 1925=2015, p. x（日高明三・横越英一訳「序章 国家論の危機」『政治学大綱（上巻）』、法政大学出版局、一九五二年、一二頁）.

（6）C. Schmitt, *Der Begriff des Politischen*, München, Duncker and Humblot, 1932, S. 25（田中浩・原田武雄訳『政治的なものの概念』未來社、一九七〇年、四二頁）.

（7）H. A. Deane, *The Political Ideas of Harold J. Laski*, New York, Columbia University Press, 1955, p. 29（野村博訳『ハロルド・ラスキの政治思想』法律文化社、一九七七年、二六頁）.

（8）M. Newman, *Harold Laski: A Political Biography*, Basingstoke, Macmillan Press, 1993, p. 73.

（9）大塚桂『ラスキとホッブハウス――イギリス自由主義の一断面』勁草書房、一九九七年、一八〇頁。

（10）ギールケをイギリス多元的国家論の「思想的源流」とする解釈として、D. Nicholls, *Three Varieties of Pluralism*, London, Macmillan Press, 1974（日下喜一・鈴木光重・尾藤孝一訳『政治的多元主義の諸相』御茶の水書房、一九八一年）および日下喜一『現代政治思想史――19世紀末以降のイギリス政治思想』勁草書房、一九六七年など。

（11）O. V. Gierke, *Die Staats- und Korporationslehre des Alterthums und des Mittelalters und ihre Aufnahme in Deutschland*, 3 Band,

Berlin, Weidmann, 1881, SS. 527–532（阪本仁作訳『中世の政治理論』ミネルヴァ書房、一九八五年、五〇頁）.

（12） *Ibid.*, S. 633（同右、一二三頁、強調原文）．中世的主権概念の内在的制限については、遠藤泰弘『オットー・フォン・ギールケの政治思想——第二帝政期ドイツ政治思想史研究序説』国際書院、二〇〇七年、五七—五八頁も参照。

（13） J. N. Figgis, *Studies of Political Thought from Gerson to Grotius 1414–1625*, Cambridge, Cambridge University Press, 1907=1956, p. 15.

（14） J. N. Figgis, *The Theory of the Divine Right of Kings*, Cambridge, Cambridge University Press, 1896, pp. 57–63.

（15） *Ibid.*, pp. 44–45.

（16） J. N. Figgis, *Churches in the Modern State*, London, Longmans, 1914, p. 79.

（17） たとえば福田歓一『政治学史』東京大学出版会、一九八五年。

（18） H. J. Laski, *The Foundations of Sovereignty and Other Essays*, London and New York, Routledge, 1921=2015, p. 3（辻清明責任編集「主権の基礎」『世界の名著60　バジョット　ラスキ　マッキーヴァー』中央公論社、一九七〇年、三五三頁）.

（19） *Ibid.*, p. 14（同右、三六三頁）.

（20） H. J. Laski, *Authority in the Modern State*, London and New York, Routledge, 1919=2015, p. 23.

（21） H. J. Laski, *The Foundations of Sovereignty and Other Essays*, pp. 312–313.

（22） H. J. Laski, *Authority in the Modern State*, p. 23.

（23） H. J. Laski, *Studies in the Problem of Sovereignty*, London and New York, Routledge, 1917=2015, p. 212

（24） *Ibid.*, p. 241.

（25） *Ibid.*, p. 242.

（26） *Ibid.*, p. 244.

（27） *Ibid.*, p. 219.

（28） *Ibid.*, p. 225.

（29） *Ibid.*, pp. 263–265.

(30) *Ibid*., p. 212.
(31) *Ibid*., pp. 263–264.
(32) *Ibid*., p. 263.
(33) *Ibid*., p. 211, emphasis added.
(34) H. J. Laski, *Authority in the Modern State*, pp. 205–206.
(35) *Ibid*., p. 198.
(36) *Ibid*., p. 220.
(37) *Ibid*., p. 221.
(38) *Ibid*., p. 193.
(39) *Ibid*., p. 193.
(40) *Ibid*., p. 193.
(41) *Ibid*., p. 232.
(42) H. J. Laski, *Studies in the Problem of Sovereignty*, p. 38.
(43) *Ibid*., p. 38.
(44) *Ibid*., p. 47.
(45) *Ibid*., p. 49.
(46) *Ibid*., p. 49.
(47) *Ibid*., p. 67.
(48) *Ibid*., p. 75.
(49) *Ibid*., p. 74.
(50) *Ibid*., p. 76.
(51) *Ibid*., p. 86.

（52） *Ibid.*, p. 85.

（53） *Ibid.*, p. 74.

（54） *Ibid.*, pp. 113–114.

（55） H. J. Laski, *Authority in the Modern State*, p. 259.

（56） H. J. Laski, *Liberty in the Modern State*, London and New York, Routledge, 1930=2015, p. 93（飯坂良明訳『近代国家における自由』岩波書店、一九五一年、八九頁）.

（57） *Ibid.*, p. 205.

（58） H. J. Laski, *Liberty in the Modern State*, p. 143（飯坂良明訳『近代国家における自由』、一四五頁）.

（59） 立花英裕「知識人の問題系——二〇世紀的空間から二一世紀的空間へ」石崎晴己・立花英裕編『21世紀の知識人——フランス、東アジア、そして世界』藤原書店、二〇〇九年、三〇六頁。

（60） H. J. Laski, *What I believe and Stand for*, Ahmedabad, Harold Laski Institute of Political Science, 1940=1994, p. 4.

第三章　『政治学大綱』と多元的社会主義

はじめに

本章では、『政治学大綱』に代表される一九二〇年代のラスキの著作を対象とし、そこで示されたラスキの多元的社会主義の構造を明確にしたい。初期三部作と『政治学大綱』の四著作はラスキにとって最大の学問的業績であり、とりわけ政治学の体系化を試みた『政治学大綱』はラスキの早熟な集大成といえる。しかし、『政治学大綱』は同時に、労働党の政策的方向性を示す包括的な「政治綱領」の意味あいを持つものでもあった。その意味で『政治学大綱』は、ラスキが現実政治へと参画する突破口でもあり、ラスキを公共的知識人へと変貌させていく足場となっていく。

一九一九年九月、ボストンで警官ストライキが生じると、ラスキはストライキ支援の集会に参加し、公然と支持を表明する。しかしながら、これはハーバード大学の教職員や同窓会から強い反感を買うことになり、総長Ａ・Ｌ・ローウェルはラスキに対して論争的問題への発言を控えるよう忠告する。ラスキは周囲に、「斧が舌を踏みつけることのない場所」に戻りたいと漏らし、リップマンを介してロンドン大学のウォーラスにポストを打診した後、一九二〇年に

ＬＳＥの講師として招聘を受け、イギリスへ帰国する。

イギリス帰国後のラスキは、一九二六年にウォーラスから政治学の講座を継承してＬＳＥに自身の学問的拠点を定めながら、積極的にロンドンの政治家、評論家、ジャーナリストなどに知己を獲得し、急速に左派エスタブリッシュメントの仲間入りをしていく。

この時期のラスキの交友関係は、自由党系と労働党系の二つに分類することができる。自由党に近い有力者としては、ウォーラス、Ｈ・アスキス、Ｒ・ホールデンなどを挙げることができる。しかしそれ以上に重要なのは、フェビアン協会と労働党を通じた社会主義者のサークルであろう。ラスキはアメリカからの帰国直後、労働党に入党する。ミリバンドによれば、「新しい労働者階級の立場は、その政治的表現方法を、今後ますます成長するであろう労働党に見いだすであろうことにラスキは疑いを持っていなかった[1]」。以降、ラスキはマクドナルドやＡ・ヘンダーソンといった後の有力政治家と人間関係を築き、『フェビアン論集（*Fabian Tract*）』を執筆の拠点に、労働者階級と伴走する知識人としての知名度と発信力を高めていく。

一九二五年の著作『政治学大綱』は、このような知的交流のなかで構成されたものであり、ＬＳＥでの政治学講座継承を決定づける「最高傑作（magnum opus）」であった。ここにおいてラスキは、初期三部作での激しい主権国家批判を軌道修正するとともに、国家に福祉的機能を見いだし、その拡充を正当化するフェビアン主義的な立場へ接近することになる。その意味で『政治学大綱』は、公共的知識人としてのラスキの出発点であったと同時に、労働者の利益を基準にして国家を捉え直すという点で「社会主義者ラスキ」の誕生を宣言する著作であったといえる。

このようなラスキ国家論の変容は、従来、たとえばディーンによって、ラスキの思想の「動揺」や「非一貫性」、ないし多元的国家論から官僚的統制国家への「転向」として論じられてきた。ベストはさらに直截に、この理論的変化の原因を、ハーバード時代はブランダイスやホームズなど法曹知識人に取りいろうとし、イギリス帰国後はウェッブ夫妻などフェビアン主義者に接近しようとしたラスキの「追従」、「おべっか使い」によるものとして描いている[2]。

しかしラスキにおいては、初期三部作における徹底した国家主権批判も、また『政治学大綱』以降の国家の福祉的機能の正当化も、同様に個人の自律と「個性（individuality）」という理念に依拠したものであった。それゆえ、表面的な変容の深部にあるラスキの動機をたぐり寄せ、それによってラスキ国家論の変容を再構成することは、自由の理念に基づいた社会主義の導出というラスキ固有の思考回路を明らかにするであろう。

以下、一九二〇年代のラスキの国家論の変容に考察を加え、そのような作業によって、自由の理念の延長上に社会主義を引きよせたラスキの思考回路が、ラスキの社会主義構想に他の論者と異なる独自の可能性を与えていることを示したい。

第一節　問題の背景

まず、ラスキの国家論の変容を把握するための前提として、一九世紀から二〇世紀への世紀転換期ヨーロッパにおける国家の性格変容について触れておきたい。

一六世紀以来、官僚制、軍隊、司法や植民地制度などを備えてその体裁を確立していった近代国家は、一九世紀後半以降のヨーロッパにおいて、複雑な二面性を孕むものであった。資本家にとって国家は、商業活動に対する重荷であると同時に自らの成長を促す保護機関であり、対外市場を開拓する上で欠かせない後見役であった。労働者にとってもそれは、自らに対する抑圧の道具であるとともに、労働規制を通じて階級対立を緩和する調停者でもあった。容易にその性格を規定しえない国家の複雑化を背景とし、一九世紀の社会思想はおしなべて、国家に対する態度決定を迫られていたといえよう。

たとえば、「欲求の体系」としての「市民社会（bürgerliche Gesellschaft）」がもたらす貧困や格差を是正するため、近代国家に積極的な役割を与えた論者として、G・W・ヘーゲルを挙げることができる。国家の積極的活用による社会問題の解決という発想は、一九世紀後半のドイツにおいて、L・v・シュタインの行政学やF・ラサールの国家論へと継承されていった。

他方、マルクスは、国家と市民社会との概念的分離というヘーゲルの図式を継承しながらも、国家における社会問題の解決を「幻想」として退ける。とりわけ、国家が労働者階級に対する凄惨な弾圧機関としての性格を曝けだしたパリ・コミューンの経験以降、マルクスにとって国家はむしろ「粉砕」の対象となったといえる。このように、既存の国家に対してどのような態度を定めるべきかという問題は、一九世紀の社会主義の潮流を特徴づける大きな分岐点であった。

理論的には既存国家の否定を含んだ大陸ヨーロッパのマルクス主義とは異なり、一九世紀を通じて議会改革が一定の民主化をもたらしていたイギリスでは、国家機構は当初から労働者がその影響力を行使して性格変容を迫る、働きかけの対象であったといえる[3]。たとえば、一九世紀末から世紀転換期にかけてホブハウスらが主導したニューリベラリズムは、R・コブデンらの一九世紀の「古いリベラリズム」の内部から生じながらも、その連続的な自己展開として、契約の自由に対する国家介入や累進税制などを強調し、それらは二〇世紀初頭の自由党の政策と結びついていく。

また二〇世紀に入ると、自由党から独立した労働者の政治勢力として労働党が組織される。労働党の理論的主軸となったのはフェビアン協会であり、官僚による計画や設計に基づく社会の再組織化を志向する点において、フェビアン協会の発想は実質的にドイツのラサールの立場と近似したものであった。二〇世紀初頭のイギリス政治は、自由党と労働党との提携、いわゆる「リブ・ラブ協定（Lib-Lab Pact）」の下、自由党政権が一連の社会福祉政策を取りいれていくことで国家機能の漸次的な変容を招いてきた。

しかしながら、自由党と労働党に代表される二つの政治潮流は、一九一〇年以降、まさに「国家の役割」をめぐる対立によって分岐していく。両党の国家観の差異が顕在化したのは、国民の雇用と失業時の生活手当を国家の義務とする「労働権法案（the Right to Work Bill）」をめぐってであった。コールによれば、同法案は「国民の良好な生活条件を確保する責任を負った協同組合的事業として国家を捉える労働党の国家観を要約したもの[4]」であった。他方、自由党は、人道主義や社会不安除去の観点から一定の社会政策の必要を認めながらも、それを「国家の義務」とする見解は受けいれがたく、フェビアン協会や労働党が定義する国家は自由党の価値観とは大きく隔たっていたといえる。

このようなフェビアン協会の国家観を代表するものとして、G・B・ショーの「中立的国家観」とウェッブ夫妻の「家政国家観」に触れておきたい。官僚や実務者も多く参集したフェビアン協会には、既存の行政機構に対する期待が共有されており、ショーはその政治的中立性を最も明示的に信頼した人物であった。ラサールを高く評価するショーは、一八九三年の論考『アナーキズムの不可能性（*The Impossibility of Anarchism*）』において次のように述べる。「社会民主主義者は、事実に確実に直面するなかで、国家を無意味に否定することに歴然として背を向けるよう迫られた。……幸いにも、われわれが見てきたように、国家権力の最先鋭部分である警官や兵士には『純粋な中立性（fine impartiality）』がある[5]」。このような認識に基づき、ショーは、労働者が選挙を通じて行政権力を獲得し、国家を「信頼にたる受託者」へと変容させていくべきだと主張する。そしてショーによれば、そのような社会改革の戦略こそ、「社会民主主義」の眼目とされるものであった[6]。

ウェッブ夫妻もまた、国家の政治的中立性という認識に基づき、一九二〇年の大著『大英社会主義社会の構成（*A Constitution for the Socialist Commonwealth of Great Britain*）』において、現代国家の性格を「多忙な家政婦」として形容している。「国家は、暗黙のうちに、その権力の性格を変化させてきている。元来、もっぱらドイツ語の『支配権力（Verwaltung）』、フランス語の『統治権力（autorite regalienne）』、あるいは英語の『治安権力（police power）』であったものが、次第に、ドイツ語の『公営（Wirtschaft）』、フランス語の『管理（gestion）』、英語の『公共サーヴィス行政（administration of public services）』――すなわち、端的に全国的な規模での『家政（housekeeping）』――の性格を強めてきた」[7]。その上で、ウェッブ夫妻によれば、社会主義の任務と戦略は、教育や年金、医療や衛生などの分野における「家政婦」としての国家の性格を労働者の圧力によってさらに促進させることにおかれた。

しかしながら、国家による社会の集産主義的再編成を目指すショーやウェッブ夫妻の立場は、同時に無視しえない問題も抱きこんでいたといえる。彼らにおいて、その再編成の担い手として想定されたのは専門家やエリート官吏であり、したがってフェビアン協会の主流は、固有のエリート主義やパターナリズム、いわゆる「温情ある官僚制（benevolent bureaucracy）」の性格を濃厚に帯びていた。個人が望もうと望まざると社会全体の権利を追求するこのような発想は、個人の自由や自律との緊張関係を孕むものであった。

その結果、フェビアン協会の社会主義は、一方において、官僚が科学と理性の駆使によって人間生活を合理的に管理計画することができるという信念ゆえ、優生学の発想と親和的なものであった。また他方では、人種や民族の概念との結びつきを通して、野蛮地域の「文明化」を目的とした帝国主義的拡張へもつながっていった。

一九二〇年代中頃以降、ラスキもまた、国家が果たす福祉的機能を強化させようとする点において、フェビアン主義に接近していく。しかしながら、宗教や精神の領域における国家の禁欲義務をきびしく要求し、あくまで個人の良心の絶対的優位性を主張するという「途上の一段階」をくぐりぬけたラスキは、格差や不平等の克服のための国家の肯定的機能を論じる際も、他のフェビアン協会の理論家とは異なる独自の理論的葛藤に直面することになったといえる。

第二節　初期三部作における国家批判

1　「一元的主権論」への攻撃

初期三部作においてラスキが批判対象として措定したのは、「一元的主権論（monistic theory of the sovereignty）」と呼ばれる一連の国家論である。「一元的主権論」はラスキ自身が概念的に定めた「理念型」であるが、それは明確に二つの仮想敵を念頭においたものであった。

ラスキによる主権批判の背景には、第一に、第一次大戦期におけるドイツ国家哲学の台頭があった。ラスキは一九一六年の論文「国家の神格化（"The Apotheosis of the State"）」において、ヘーゲル哲学とH・トライチケの政治理論によって合理化されたドイツの国家崇拝への危惧を表明している。国家を「精神的集合的人格」とし、国家の意思を道徳律の上位に位置づけるそのような国家哲学は、ドイツ生まれのハーバード大学教授K・フランケによってアメリカの学界にも輸出され、英語圏でも無視しえない影響力を拡げていた。

ラスキにとっての第二の仮想敵は、オックスフォードを中心に興隆したイギリス理想主義国家論であった。イギリス理想主義は、一九世紀後半、イギリスにおけるヘーゲル哲学の受容を通じてグリーンによって展開されたもので、その政治理論はそれまでのH・スペンサーの個人主義を相対化しつつ、人間の社会的性格を強調するものであった。グリーンによって導入された理想主義は、その後、ボサンケによって国家論として展開される反面、二〇世紀初頭には自由党の社会政策の基礎としてホブハウスのニューリベラリズムを導くものであった。

グリーンがオックスフォードで展開した理想主義国家論は、一八八〇年代以降、ボサンケによってその権威主義的性格を強めていく。ボサンケによれば、人々が国家に服従する根拠は、結局、国家が個人の目的や利益を最も忠実に表現しており、個人意思と国家意思とがアプリオリに同一であるため、「われわれが国家に服従する時、われわれは実は自分自身に服従している」[8]からである。したがって、この立場に基づけば、「自己を実現しようとすることは、実は、私を部分的存在とする秩序と合一しようとすること」であり、すなわち「国家活動と一つになることこそ、市民としての最上の自由」[9]なのであった。

このようなボサンケの国家論と軌を一とするように、第一次大戦期のイギリスでは一九一六年に徴兵制が導入され、政府による大衆動員や企業規制など、総力戦体制の構築とともに国家の権力的側面が顕在化してきた。ラスキは、市民的自由が根づいてきたとされるイギリスでのこの変化に、理想主義国家論が一般化させた社会統合意識の浸透を見ている。

共通善の必然的具現者としての国家が個人に対する脅威として反転する危険性は、グリーンの国家論においても無縁ではなかったが、そのような弱点は「グリーンやホブハウスよりもその弟子たちにおいてさらに顕著」であった。したがって、ボサンケの理想主義国家論に対するラスキの姿勢は、完全に対決的なものであった。ラスキは、国家の命令との合一化こそ個人自由の精髄であるとした理想主義の自由論について、「自由と権力との古典的な対立を迂回した理想主義学派の手際の鮮やかさは、政治思想史を通じて他に比べるものがない」[10]としながら、その虚構性を批判する。ラスキにとって、オースティンが法的推論から主権の形式的絶対性を導いたとすれば、ボサンケは主権が共通の善意思を代表しているとすることによって、そこに倫理的絶対性を付加しているのである。国家と個人のアプリオリな合一化は、社会の差異や多様性を不可視化し、また既存のデモクラシーの機能不全を隠蔽して成立する、幻想の統一に他ならなかった。

その上でラスキは、このような治者と被治者の同一性の理念がアプリオリに措定された場合の反動性を激しく批判する。理想主義国家論は、現実の国家の分析からではなく、自身の描く抽象的理論によって現実の国家を定義するため、理念上の国家と現実の国家との同一視に陥り、そのまま眼前の政府の無謬性を弁証することになった。その結果、ラスキは、理想主義国家論は端的に「現状美化の理論」となったという[11]。

したがってラスキは、国家に吸収されえない個人の人格の独立を強調しつつ、「真の自由の理論は理想主義の前提の全面的否定の上に樹立される[12]」と宣言する。ラスキの多元的国家論は、何よりこのような「一元的主権論」に対する反駁の必要性によって生じ、国家行為の道徳的妥当性の判断基準を国家から各人の良心の内に復権させることによって、「一元的主権論」への理論的攻撃を主目的に定めることになった。

2　多元的政治空間の擁護

トライチケやボサンケに代表される「一元的主権論」に対し、ラスキはその個人論と団体論を通して、独自の多元的政治空間のイメージを対峙させる。

ラスキの多元的国家論の大前提は、社会の基本単位をあくまで個人と捉える、極めて徹底的な個人主義的哲学であった。個人はどこまでも「孤在（isolation）」としてしか存在しえない。ラスキにとって、「人間の意思がどこまでも相違するということは政治における究極の事実」なのであり、「個人の人格の究極的孤立こそは、およそ正当なる政治理論の出発点[13]」であった。そしてラスキは、このような個人は「公共的な事柄に関して自己の良心の判断に従って行動する権利」を有しており、「個人に残された唯一の道は、市民としての行動の導き手たる良心に従うこと[14]」であると述べる。

個人の究極的孤在とその自律的判断に基づく政治社会は、必然的に、多元性を含んだ社会でもあった。ラスキは、W・ジェイムズの言葉を用いながら述べる。「われわれの住む世界は、統一的な経験から導き出されてくるような『一元的世界（universe）』ではない。それは『多元的世界（multiverse）』であり、そこに体現されるものは、不可避的な相違を持った異種の経験、常に異なって解釈される経験である」[15]。多元的国家論に示されるこの個人主義的前提、およびそこから必然化される政治社会の多元的性格という認識は、その後のラスキ政治理論の一貫した基底であったといえる。

ではラスキの多元的国家論において「団体」はどのように位置づけられていただろうか。ラスキの狙いは何より国家の道徳的卓越性の否定であり、その神秘性を剝ぎとることによって国家を他の多くの団体と同格同列に位置づけることであった。ここでラスキが引証するのは、意外にもJ・J・ルソーによる「国家」と「政府」の区分である。ルソーにとって、「国家」は全市民から構成された政治体それ自体であるのに対し、「政府」はその意思を実現する執行機関にすぎない。それゆえ、ルソーは「国家」と「政府」の不一致の可能性を踏まえ、人民主権の根拠を「国家」にのみ認めていた。ラスキは、ルソーの一般意思概念を「神秘主義への逃避」としつつも、「国家」と「政府」を区別するルソーから、「政府」を単に一つの「団体」として捉える視座を得ている。

その上で、ラスキの多元的国家論の最大の特徴は、政治空間における権力の「単一の終局的帰属中心」を明確に否定し、政府機構に代表される国家を、労働組合、教会、結社、地方自治体、大学など様々な団体と完全な同格同列として定義したことであろう。それは、「国家の行為を——これまで指摘したように、それは実際には国家の第一の機関である政府の行為であるが——他の結社の行為と、道義的には対等の地位におくこと」[16]であった。換言すれば、「国家の本質と野球クラブの本質との間には、程度の差を除いて、なんら根本的な差異は存在しない」[17]。そしてこのような多元的国家論は、同時に、「古典的概念における国家主権に終止符を打つもの」[18]でもあった。

ラスキのこのような概念整理は、したがって、政治空間における政府と諸団体との多元的競合を要請するものであった。国家の意思は「人々の一般的同意を獲得したと判断される時のみ、他の団体に対する優越性を獲得することができる」[19]。しかし、「国家による道徳的達成の事実以外に、国家がその構成員から忠誠を獲得できるというアプリオリな正当化など存在しない[20]」。

ここから生じる政治空間のイメージとは、すなわち、個人の帰属忠誠意識をめぐり、国家を含めた複数の団体が多元的に競合する、極めて不安定かつダイナミックな競合空間というべきものであった。ラスキはいう。「多元的国家論は、漸進的な拡大の切れ目のない競合のなかで、集団と集団とを互いに奮闘させる。集団が何であり、また何になるかは、その集団の道徳的綱領にのみ依拠する。多元的国家論は、その実行者の性格によって悪の追求が善とされるような事態を拒否する。それは、国家の成員に、国家の道徳的基礎に対する絶え間ない吟味を引きうけるよう主張する[21]」。そしてこのような「多頭的統治（polyarchism）」の姿こそ、ラスキにとって、規範であると同時に現実なのであった。

フィッギスやバーカーの多元的国家論が依然として国家に特有な調整機能を付与していたのに対し、ラスキの多元的国家論は、国家にいかなる優越的特徴を認めないという点で、いわば「多元的団体論」とも呼べるべきものである。二〇世紀初頭のイギリス多元的国家論は、このような形でラスキにおいて一つの理論的徹底をなしとげたといえよう。

3　秩序再形成的契機

従来、ディーンなどによって、国家の「格下げ」を唱えたラスキの初期国家論は無秩序を引きおこすものとして批判されてきた[22]。たしかにラスキは、国家が服従を獲得するアプリオリな確実性を否定することで、「アナーキーの可能性は論理的には常に存在している[23]」と認めていた。むしろ個人が自己の良心を欺くことは自己放棄であり、「これに比較して、無秩序の可能性は相対的に些細なこと[24]」とも述べていた。

しかしながら、ラスキが批判を向けるのは、ドイツ国家哲学であれ、理想主義国家論であれ、治者と被治者の同一性をアプリオリに措定する理論的前提に対してであった。すなわち、ラスキが否定しているのは、個人と全体の統合を国家において先験的に特権化するその前提であって、国家がそのパフォーマンスを通じて経験的に統合を目指す試みそれ自体ではない。ラスキは、国家における「アプリオリな統一」を否定しているのであって、その「アポステリオリな統一」は放棄していないのである。実際、ラスキにとって多元的国家論とは、その形式と内容において「一貫して経験主義的な議論[25]」であり、「統一は、存在するのではなく作られねばならぬ[26]」ものなのである。

むしろラスキは、アナーキーの容認に肉薄するかのような独自のレトリックによって、逆説的にも高次の統合を志向していたといえる。すなわち、「法律の基礎は個人の良心であり」、「個人の良心は究極的には自己決定的」とする主張によってラスキが意味したものは、個人の良心の自己決定の上に立脚した政治統合への模索であったといえよう。「いかなる国家も、市民の良心に基礎を持たない限り安定したものでない[27]」というラスキの執拗な国家主権批判は、同時に、「良心の持続的行使の上にのみ、われわれの国家は安全に打ちたてられえる[28]」という目的意識の裏返しであった。

ラスキは、『主権の基礎』の序文において、自身の多元的国家論の目的に触れ、「本書の論考は、その上に最終的に国家の総体的な再定礎が図られるべき土台となることを希望してのものである[29]」と述べている。また、『主権問題に関する研究』においても、「われわれは国家の基礎を不同意ではなく同意におきかえ、そこにわれわれはより安定した調和を見いだすだろう[30]」と指摘している。ラスキにとって、個人の良心の忠誠獲得をめぐる諸団体の多元的競合こそ、「無秩序の弁護ではなくて、それを防ぐ条件[31]」なのであり、国家の全面的再定位の基礎となるものであった。時にアナーキーにまで肉薄するラスキの「政治的リバタリアン」としての側面は、眼前の政治統合に対して徹底的に批判的吟味を向ける「攪乱の要素」とともに、それを通りぬけた先に、個人の良心による自己決定の上に再び政治統合を基礎づけようとする「統合の要素」を招きよせるものであったといえる[32]。

第三節　『政治学大綱』における国家の再定位

1　『政治学大綱』とその背景

ギールケ団体論の受容を契機として登場したイギリス多元的国家論は、ラスキをもってその国家主権批判に論理的貫徹を遂げることになった。しかしながら、多元的国家論は、一九二〇年代後半以降、時代状況の変化とともに急速に衰退していく。ラスキ自身、一九三〇年代後半には、自身の多元的国家論について、「戦時国家によるモロックのような要求への反作用から生まれた[33]」産物であるとし、それをマルクス主義受容にいたる「途上の一段階」にすぎなかったとしている。

このようなラスキ国家論変容の背景には、上述したように、イギリス帰国後のラスキによる、左派エスタブリッシュメント、とりわけフェビアン協会と労働党を通じた社会主義者のサークルへの接近があった。一九二〇年代初頭、ラスキはマクドナルドやヘンダーソンといった有力政治家と密接な人間関係を結び、ウェッブ夫妻はラスキのいわばパトロン的存在となる。

しかしながら、ラスキの国家論に変容をもたらした最大のインパクトは、ロシア革命であった。共産主義の理論においてラスキが重視したのは、弁証法や唯物論といった「法則性」よりも、現代資本主義の分析に基づいて、人権や自由、立憲主義といったリベラリズムの政治制度の「偽善」を告発する西欧文明批判の側面であった。ラスキ自身、一九世紀の議会改革をへてなお西欧のデモクラシーは社会構造の不平等を克服しえていないという認識を共有しており、それゆえラスキにとってもまた、デモクラシーの形式性に対する共産主義者からの批判は自分自身の問いでもあった。

フェビアン協会から出版した一九二一年のパンフレット『新しい社会秩序における国家（*The State in The New Social Order*）』は、ラスキ国家論の変容を示す端緒となるものであった。同書は、政治の目的を「個人性の解放」と定めながら、そのための「平等な機会の最大化」を万人に保障することを国家の「第一義的責任」とするものであり、ハーストの言葉を借りれば、「多元主義者ラスキから労働党内最左派で準マルクス主義者ラスキへの過渡期を示す著作[34]」といえる。

国家の公共的機能に肯定的に着目する立場は、ウォーラス後継としてＬＳＥ政治学教授昇進を確実にしたラスキの代表作『政治学大綱』において、さらに顕著に示される。『政治学大綱』は、同書がウェッブ夫妻に献辞されていることからもわかるように、多元的国家論からフェビアン協会の国家論へのラスキの接近を明瞭に示すものであった。『政治学大綱』にはまた、急速に議会進出を果たす労働党の同時代的な「政治綱領」という性格もあった。労働党は、一九二四年、自由党との連立によって初めて政権を担当し、政権自体は一年足らずで崩壊したものの、党幹部に行政運営の経験を積ませる結果となった。その翌年に出版されたラスキの『政治学大綱』は、「私が望ましいと思う諸制度の輪郭」（ラスキ）を描きだすものであり、ミリバンドの言葉を借りれば、「労働党の理念に具体的な意味を与えるための、イギリスの社会主義者によって試みられた最も包括的な試み[35]」であった。

しかし、その実践的性格の反面、『政治学大綱』は、ラスキの国家論の過渡的変容期にあたり、独自の混迷を示す著作ともいえる。ラスキは初期三部作で展開した多元的国家論において国家の禁欲義務を明確にしていた。しかし『政治学大綱』においては国家の特殊性を認め、一定の領域における国家の福祉的機能の必要性を論証してもいる。それゆえ『政治学大綱』には、国家に対する警戒と期待、行政の禁欲義務と拡張義務とが並存しており、ミリバントが述べるように、「そこで問題は、いかにして国家に必要な権力権限を付与するかということと、そして同時に、いかにしてその権力を統御するかということであった[36]」。『政治学大綱』はこの二つの課題を同時に整合させようとする理論的模索であり、そこで導出されたのが、多元的権力抑制によって制限された社会主義国家の正当化、すなわち多元的社会主義の構想であった。

以下、『政治学大綱』に示されたこの二つの目的について、ラスキの所論を考察していきたい。

2 国家による福祉的機能

『政治学大綱』においてラスキは、近代国家の四つの特徴として、その成員の包括性、管轄権の網羅性、司法的決定の最終性、身体刑を含めた強制的刑罰を科する権限を指摘し、他の団体とは異なる政府の固有性、すなわち国家の特殊性を承認するにいたる。「国家が行使する機能の広さ、権力の大きさ、人間の幸福に与えうる差など、これらすべては国家の行為に、他のいかなる団体の行為にもまして重大な一連の意義を与える」[37]。

その上でラスキは、国家は諸団体とは異なるその特殊な権能を用いて、労働者や消費者、国民一般に対し「最善の自己たりうるための諸条件」を与えなければならないとし、近代国家の性格を「公共サーヴィス団体」と定義する[38]。「明らかにこの種の機能はどう組織されるにしても、他の諸機能に対する優越を伴う」[39]。このような国家観の変容に基づき、ラスキは、『政治学大綱』の第三章「権利」において、市民に対して「国家がなすべきこと」、もしくは「国家しか提供主体が存在しないこと」の限定作業を行うにいたる。

それらは第一に、立法による最低賃金の保証である。ラスキによれば、「国家は資本の活動を統制して、利潤の割合を適当な賃金を支払える点にまで上昇させねばならず」、「この理論的意味は、契約の自由の領域を一定範囲に限定することである」[40]。これは、政府介入による労働者の生活水準の維持であり、国家による生産者保護であるといえる。

最低賃金の保証を主張するにあたり、ラスキはその所得原理を「同一性（identity）」と「機能（function）」という二段階に分けて論じている。「同一性の原理」とは、労働の再生産を可能にする衣食住および最低限の娯楽などを対象に、それらを国家が普遍的に保障することを定める原則である。ラスキによれば、このような第一次的必要、すなわち「市民的最低限（civic minimum）」の要求は、個性の表現やシティズンシップの基礎となるものであり、同一的に充足されなければならない[41]。そしてラスキは、この「同一性」の領域における普遍的充足が達成されるまで、いかなる差別的処遇も許されないという。すなわち、パンなしですまさねばならぬ人が存在する間は誰もケーキへの権利を持たず、万人に住居が確保されなければ誰も別荘を持つ権利はないのである。

しかしながら、各人の第一次的必要が普遍的に充足された後の資源配分については、各人の「機能」に応じて合理的な差異化が図られ、これが「機能による所得原理」である。ラスキにおいては、第一次的必要の普遍的充足を踏まえた上で、機能や貢献の差異を前提とした社会的不平等は容認される。「同一性をわれわれの機構の根底とし、差別は社会的に働くための必要に応ずるようにすることによってのみ、社会は人々の個性を発揮させることができる」[42]。同一性と機能というラスキの二段構成の所得原理は、J・ロールズの格差原理などその後のリベラルな権利論の基底をなすものといってよいだろう[43]。

ラスキが国家の義務とする第二は、労働時間の法的規制と、労働者に一定の文化活動や創作行為を可能にさせる余暇の権利の保証である。「合理的な労働時間を持つ権利とは、心の国を発見する権利であり、それこそ人類の知的遺産を受け継ぐための鍵である」[44]。「合理的な労働時間」の判断は時代ごとの社会通念や生産技術の発展に応じるが、ラスキは、二〇世紀の同時代においては一日八時間を共通認識としている[45]。

第三に、国家が最低限の教育を保証する義務である。ラスキは、シティズンシップを「自分の得た判断で公共の福祉に寄与すること」と定義している。そして、最低限の教育の基盤は、各人が公共的事柄について知り、意見を形成し、その内容を表現するための条件、すなわちシティズンシップの土台となるものであった[46]。

第四に、ラスキは国家の役割として消費者保護を挙げている。国家は労働者を保護するのみならず、生産者の利害から消費者を保護する役割も担っており、生産者への規制監督を通じて、基本財の安定供給、合理的価格、不良品の防止に責任を負っている。「『買い手が用心しろ〔*caveat emptor*〕』という公理は、われわれの複雑な文明のなかでは、重要な質の物については適用されないのである」[47]。消費者保護への着目は、ラスキが国家の積極的役割を認めるにいたる大きな視点の転換といえよう。この点でラスキは、コールらのギルド社会主義について、それが生産者の利害のみを重視し、生活必需品の廉価で安定的な供給や不良品防止などへの手立てを欠いていると批判している[48]。ギルド社会主義には消費者保護の視点が欠如しているという批判は、ラスキとS・ウェッブの共通した見解であった。

最後に、国家の責任として「基幹産業の国有化」が挙げられる。ラスキの国有化構想は、産業をその重要性に応じて三部門に分け、最も公共的性格の強い第一部門についてのみ国有化を主張するものであった。第一部門には「近代国家が依存する基幹的サーヴィス」として石炭、石油、鉄道、船舶などが該当し、「この部門での唯一の管理方法はこれらのサーヴィスの国有化である」[49]。第二部門は、必ずしも国家が独占的に管理する必要はないが、その安定供給が生活に不可欠な産業であり、ラスキはその例として農業を挙げる。この領域では、国家による生産関与には状況に応じて多様な形態が存在する。第三部門は生産商品が公的性格を帯びない産業であり、化粧品や奢侈な嗜好品などが該当する。この領域では、産業の形態は国家の責任を離れ、完全に放任されるべきだという[50]。

「基幹産業の国有化」は長らくイギリス社会主義の中心的テーマであったが、国有化の対象や方法については多様な議論が錯綜してきた。ラスキにおいても、「国有化」とは端的に「生産手段の所有権を国家に帰属させること」[51]とだけ定義されており、その範囲については将来の試行錯誤が前提とされていた。たとえばラスキは、国有化の対象となる産業のカタログをアプリオリに作成することはせず、また「国有化」は国家管理のみを意味するものではなく、必要に応じて地方自治体や協同組合、生活組合などが参画する可能性を重視している。ラスキによれば、「国有化産業の管理方法にはまだ実験の余地がある」[52]のであり、その方法は経験的に画定されていくべきものであった。

3 国家に対する多元的制約

『政治学大綱』におけるラスキの国家論は、諸団体に対する国家の特殊性を認め、また一定の領域における政府活動を弁証するものであり、それはいわば、国家しかその供給主体が存在しない事柄の提示であった。他方、ラスキは初期三部作において国家の禁欲義務を明確に限定しており、『政治学大綱』においても、国家機能の不可避性や包括性を認めることは、決して国家を「階層構造の頂点」と見ることではなく、また「国家の道徳的優越」を認めることでもなかった。そのことは、『政治学大綱』で示される制度構想が、国家行為の正当化と同時に、正当化されたその国家をなおいかにして制約、抑制するかという試みと抱きあわせとなっている点に示されている。

『政治学大綱』において展開された、国家権力抑制のための構想は、まず第一に、「連立的なものとしての権力（power as federal）」という概念であり、その具体的な制度モデルは、各州が独自の憲法と司法権を保持するアメリカの連邦制度に求められた。地域行政に独自の管轄権を持つ各州と、全国的な課題にのみ統治権を持つ連邦政府との組みあわせというアメリカの連邦制度は、ラスキにとって、主権の再定義を可能にさせ、自身の多元的社会主義国家構想に対する制度的工夫を与えたといえる。

国家権力を制約する第二の条件は、個人の意見を組織化して実効的交渉力として表現する結社の存在である。「近代国家における個人は、利害が自分のそれと相似な人々とともに行動しない限りは荒野に叫ぶ声」であり、「交渉力の平等は結社という手段でのみ確保される」。ラスキはこのような結社として教会、大学、クラブ、労働組合などに言及しているが、『政治学大綱』においては、とりわけ労働者の必要を集約して政治的要求へと表現する労働組合が念頭におかれていた。したがって、「きちんとした労働条件が確保されねばならぬとすれば、労働組合の承認を強制することが不可欠[53]」なのであった。

しかし最終的に、『政治学大綱』において、国家の権力濫用を防止する最も根源的な条件は、批判精神と勇気、道徳的自律に満ちた逞しい個人像に求められた。「国家の形態や内容がどうであれ、その政策に関する判断、それに反抗する闘争に関する裁決は、依然として個人の問題である」[54]。このような個人像は、ラスキが「アタナシウス的個人」と呼ぶものであり、それは死を厭わず自己の独立と良心を守り、国家に屈服するよりも打ち砕かれることを選ぶ道徳的存在であった。

そして、ラスキにとって、公共的関心を伴った自律的な個人像、行政や立法を批判的に吟味する市民像、すなわち「アタナシウス的個人」は、市民の理想であると同時に義務であった。ラスキによれば、国家の目的は各人の個性の解放であり、その目的を逸脱した場合は常に、抵抗と反乱は「シティズンシップに付随する義務[55]」であった。そして、教育とシティズンシップの行使によって支えられた「アタナシウス的個人」に依拠してこそ、国家はそれを構成する市民の目的に合致した存在へと変貌しえるとされた。

4　多元的社会主義の構想

『政治学大綱』は、ラスキが多元的国家論から社会主義へと自身の軸足を移していく過渡期に著された大作であり、そこには国家に対する警戒と期待、行政の禁欲義務と拡張義務とが並存していた。換言すれば、『政治学大綱』は、国家の福祉的機能拡充の正当化と、国家権力の拡張や肥大化に対する制限という二つの課題を持ち、それらを同時に達成しながら、なおそれらを理論的に整合させる国家構想を提示しようとするものであった。

そのため、『政治学大綱』における国家は、権限を与えられながら制限され、制限されながら正当化されるという二面的な角度から論じられることになった。そこで企図されたことは、すなわち、一方において国家による福祉的機能の拡充の必要性、いわば社会主義国家の政治的正当化であり、他方においてそのような社会主義国家に対する多元的制約の必要性、いわば多元的権力構造の憲法構想の提示であったといえよう。

一九二〇年代のラスキの国家論は、権限の拡充と抑制という二面的バランスを通じて、国家を「少数者の機関」から「多様な目的が統合されて、共同体の一般的な豊かさへいたるための広場[56]」へと変容させていこうとするものであった。その意味で『政治学大綱』とは、ラスキ国家論の過渡期にある著作であると同時に、社会主義的な国家の拡充と多元主義的な権力制約原理とを並存させる「多元的社会主義（pluralistic socialism）」の構想を示したマニフェストであったといってよいだろう[57]。

第四節　自由と平等との循環関係

1 『近代国家における自由』

一方において個人の自由と個性の無限の解放を求めながら、他方で国家による社会給付と万人に均一な経済的条件を求めたラスキの政治理論の両極性は、一九三〇年の二つの作品、『近代国家における自由』と「平等への願い（"A Plea for Equality"）」においていずれも先鋭的な形で局限化される。一見矛盾するとも思えるこの両極性は、むしろ逆に、ラスキの多元的社会主義の思想的な幅広さを示すものであったといえよう。

ラスキは、現代社会における自由の位相においてトクヴィルとJ・S・ミルという一九世紀の二人の思想家の議論を継承しており、自由の復活を論じる際も、この二人の議論はラスキにとって出発点となっていた。

ラスキは、トクヴィルについて論じた小論「トクヴィルとデモクラシー（"Alexis de Tocqueville and Democracy"）」（一九九三年）において、「デモクラシーの時代」においては特権の廃止や知識の分散、社会的流動性の高まりが「境遇の平等」をもたらし、各人の生き方が画一化され、個人の思想や価値観も平均へと収斂していくという認識を踏襲する。その先に生じるのは大衆世論の支配であり、それはすなわち「凡庸の支配（rule of commonplace）」である。ラスキは、トクヴィルが詳述した「デモクラシー」におけるこの趨勢を捉えて、大衆の支配は「より多くの個人主義（more individualism）」を、そして「より少ない個性（less individuality）」を意味すると述べている[58]。

ラスキがとりわけ敏感であったのは、「デモクラシー」の時代において生みだされる中央集権であった。人民に主権をおく統治体制においては、権力は中央政府に集中する。それにつれて、人々は中央政府がもたらす行政に依存するようになり、その権力行使に対して受動的になる。ラスキは、トクヴィルに依拠しながら、個人を「能動的市民」から行政の指示の単なる「受給者（recipient）」へと変容させてしまう「国家主義（étatisme）」の危険性もまた指摘している。ラスキによれば、「これは、行政によって、個性に対する侵蝕を大衆が自分たち自身のための利益であるとして受けいれるよう説得されるという民主的社会の悲劇[59]」であった。

このような世論の圧力と個性の減退、それによる社会停滞を打破し、自由の復活を力強く論じる時、ラスキが依拠しているのは、同じく一九世紀において自由の復活を論じたJ・S・ミルであった。ラスキはオックスフォードでの学生時代からミルの著作に親しみ、逞しい個性やそのための勇気といった徳目はその後のラスキの思想変遷に通底する一貫した地金を構築するものであった。

もちろん、ミルが向きあった自由への脅威が一九世紀の大衆社会における「多数者の専制」であったのに対し、一九三〇年代のラスキが直面した脅威は、いわば国家権力が世論とアマルガムに一体化し、今再びの「リヴァイアサン」として異端や少数意見を押し流す事態であった。ファシズムによる「強制的同一化」やソ連における一党独裁は、体制の教義に対するいかなる懐疑も許そうとしない圧政であり、ラスキはそれを思想の画一性を強いる現代のカルヴァン主義と見ていた。このような画一性は、サッコとヴァンゼッティの処刑に見られるアメリカ社会の不寛容や、社会主義的異端を許さないイギリス政治の磁場など英米も含めた一九三〇年代の趨勢であった[60]。

ミルの『自由論（*On Liberty*）』を踏まえながら、現代社会におけるラスキの自由論が展開されたのが、一九三〇年に出版された『近代国家における自由』であり、クラミック&シェーマンの言葉を借りれば、同書はラスキの「最も熱烈なリバタリアン的主張[61]」を代表するものであった。ラスキはここにおいて、世論による同調化圧力や、個人の奇矯や独創性に対する国家統制を批判し、それに抗する個性の存在を力強く主張する。ラスキにとって、意見の画一性を打破し、タブーや常識を逆なでする実験的精神によって社会に活力を与える個性の持ち主こそ「アタナシウス的個人」であり、その復活が強調された。

その条件としてラスキが求めたのは、端的にも、勇気であった。ラスキはいう。「自由は自己表現であり、自由の秘訣は勇気である[62]」。ラスキにとって、「自由の代価はどこまでも抵抗する勇気」であり、その必要性は、相手が国家や教会であれ大衆社会であれ変わることはなかった。ミリバンドはこれらの点をもって、「ラスキは骨の髄までリバタリアンであった[63]」としている。

2 「平等への願い」

個人の自由と個性の熱烈な擁護においてミルを継承したラスキであったが、同時に、ミルは最晩年にある種の社会主義への独自の接近を見せており、ラスキの平等論はこの方向性を発展させるものであったといえる。

晩年のミルは『自伝』において、哲学的急進派による議会改革の先に導かれる究極の理想として、「労働の生産物の分配が……すべての人の認める公正の原理に基づく協定によってなされる時代、人間がせっせと働いてあげた利益が、他を排して自分たちだけの所有物になるのではなく、自分たちの属する社会全体と共有されるということが、もはや不可能でもなくまた不可能と考えられもしない時代」を待望するようになったと述べている。そのような理想はすなわち、「はるかにデモクラシーの域を越えて、はっきりと社会主義という一般的呼称のなかにわれわれをおくもの」であり、そこにおける課題とは、「どうすれば個人の行動の最大の自由を、地球上の原料の共有、および共同の労働の利益への万人の平等な参加と一致させえるか[64]」であるとされた。

ミルにとって社会主義とは、いわば個人の自由の最大化と社会的資源の共有化とを整合させる公正の原理であった。そしてミルは、その実現のためには、教育と習慣による「考え方の訓練」を通じて、「現在の労働大衆を構成する無教養な下層階級の側にも、また大多数の雇用者の側にも、相対応する性格の変化が必要」であると主張する。「この両方の階級が、今までのようにただ狭い利害に捉われた目的のためにではなく、もっと高潔な、少なくとも公共的社会的な目的のために、働きかつ協力することを実行によって学ばねばならぬ[65]」。すなわちミルにとっての社会主義とは、人間の性格変容に依拠する長期的展望の下に想定された、人類史の次なる段階なのである。

一九二四年、ラスキはミル『自伝』に寄せた序文で、ミルの最大の関心事は「人間精神の向上（the elevation of the mind of man）」であったと指摘し、それがミルを大衆教育やフェミニズムの擁護へと駆りたてたという。「ミルにとっての重要課題は、市民は誰でも最良の自己になるための最大の機会を保障されるべきだということである[66]」。ラスキはその上で、自己陶冶の機会の万人への保障を求めて、ミルが社会主義へ接近していることに関心を向けている。教育を通じた人間の性格変容によって社会主義を射程に入れたミルの思想は、いわば一九世紀における公共的知識人の軌跡といえる。そしてそれは、知的エリートであることと社会主義者であることの矛盾を労働者の政治的知性の涵養によって克服しようとしたラスキの思想変遷と重なるものであったといえよう。

一九三〇年の小論「平等への願い」は、そのような個性への着目を突きぬけることによって導出されたラスキの平等論であり、ラスキが個性発現のための条件としての平等に強調点を明確に移行した象徴的論考であった。

ここにおいてラスキはまず、平等の実現は個人を凡庸化させ、有能で精力的な人材の発現を妨げるものだとする批判に対して、それを「平等を同一と取り違えた議論」として退けている。ラスキの主張する平等とは、異なったものを等しくあつかう「待遇の同一」を意味するものではなく、人間の差異を無視することでもない。遺伝や教育の結果としての個人間の差異は事実として存在しており、そのような人間を同一に処遇することは、身長の異なる人々に同一の衣服を着させたり、好みの異なる人々に同一の食事を与えるようなものであった。

ラスキが主張する平等とは、むしろ各人の多様な個性や潜在的可能性を引きだす条件の平等であった。ラスキによれば、平等の理念とは、「各人に能力利用の機会をできるだけ一様に提供する試み」であり、その具体的な指針は「一部の不急の要求を特別に承認する前に、万人の切実な要求――たとえば衣食住のような――を承認すること[67]」、換言すれば「万人が等しく必要とするものを最小限度に充足させ、個性の完成を一層増進させるような事態を社会組織に導入すること[68]」であった。

したがって、ラスキにおいて、このように定義された平等は自由と相互依存関係にあった。平等が「各人の能力利用機会の平等」を意味する以上、それは社会的慣習の軛や国家統制の圧力を打ち破る勇気の源泉であり、各人の個性や独自性を発揮する能力の土台となるものであった。ラスキの政治理論において、個性発現の機会の平等と生き方をめぐる自由とは不可分であり、「あらゆる歴史はその相互依存関係を示している[69]」。

そして、ラスキによる社会主義の主張も、このような自由と平等との相互依存関係に対する洞察をへて、それを突きぬけて導出されたものであった。ラスキは一九二五年の小冊子『社会主義と自由（*Socialism and Freedom*）』において、社会主義に対して広く喧伝される批判、すなわち社会主義は鉄の官僚制をもたらし、個人の創意工夫を減退させ、経済の活力を奪い、凡庸と画一性の支配をもたらすという論難を逐一批判し、むしろ社会主義は個人の自発性と創造性の条件であると強調している。

ラスキによれば、現状の社会秩序の下では、個々人の要求を実現させるためには一定の財産が必要であり、自由には「財産の関数」という性格がある。換言すれば、「自由は、本質的な意味において、財産所有者に限られている[70]」。しかしながら、運や相続によって蓄積された財産は倫理的正当性を持たず、そのような正当化されえない財産に基づいた自由は、むしろ「特権」と呼ばれるべきものであった。

他方、ラスキによる自由へのアプローチはこれと異なっている。社会の目的は各人に最良の自己になる条件を保障することであり、自由とはその条件の上に可能になるものである。そしてこれらの条件は、「政治的であれ経済的であれ宗教的であれ、社会的特権を前提としていては実現不可能[71]」なものであった。ラスキはいう。「これらの条件なしで自由はありえないというのが、社会主義者の主張である。すなわち、社会主義者は平等を要求する。彼らの議論は、自由と平等とは切り離せないということである[72]」。

ここからも明らかなように、ラスキによる社会主義は、自由と平等との相互依存関係に対する洞察をへて、それを突きぬけて導出されたものであった。そのような思想回路こそ、ラスキが「本当の社会主義はリバタリアン的であり、権威主義的社会主義ではない[73]」と定義した理由であったといえよう。

第五節　小括

ラスキは、多元的に競合する複数の価値のなかで、自由と個性とを第一義とする意味での「リバタリアン」であったといえる。この前提はラスキの政治理論を通じて不動の基礎であり、その後の思想的展開はこの礎の上になされた。その意味で、ラスキは終生、「常にリバタリアンであり、市民の自由のためのチャンピオン[74]」であった。

ちなみに「リバタリアン」という言葉は、一九七〇年代以降の政治理論の復興とともに、R・ノージックらの主張を示す指標として流通するようになる。しかしながら、ノージックらの「リバタリアニズム」が自由と他の価値とを対立的に位置づけ、時として平等や連帯といった価値の犠牲の上に自由の貫徹を追求するのに対し、ラスキの自由へのこだわりはそれと異なっていた。歴史を踏まえれば、平等なき自由は「高貴な言葉と下劣な現実」にすぎない。それゆえラスキにとって、目的としての自由は、それを実現するためにこそ、手段としての平等を必然的に招きよせる。したがってラスキにおいて、二つの価値は、「自由にもかかわらず平等」ではなく「自由ゆえの平等」という関係性になっていたと見るべきであろう。

ラスキは、個人の自由をあくまで第一義とする「リバタリアン」の立場から、万人にその機会を保障するため、その政治理論の強調点を平等へと大きく移行させていく。そのようなラスキの平等論は、自由と平等の相互依存性を指摘しつつ、自由の絶対的優位の上に必然化された平等の主張であり、多元的社会主義は双方の価値を現実の政治体制において整合させるための構想であった。

ラスキに固有のこのような思想経路は、同時代の他の社会主義者とは異なる特徴をラスキに与えたといえる。たとえば、フェビアン協会に参加して以後、ラスキとウェッブ夫妻とは、国民の生活条件に関する「市民的最低限」を求める点で共通していたが、両者がその主張に辿りつく過程は大きく異なっていた。ウェッブ夫妻の構想は、官僚的視点からイギリスの人材資源の活用と国家的繁栄とを求めるものであり、各人の個性や自己実現といった理想はそれに従属する価値にすぎなかった。それゆえその構想は、時に個性の解放を捨象し、人間不在の官僚国家を招きかねないものでもあった。後のウェッブ夫妻による無批判的なソ連体制の讃美はそのような陥穽を示すものであろう。

他方、ラスキの平等論は、あくまで個人の自由や個性の追求の先に国家による社会権や生存権の保証を招きこむという過程をへたものであった。ラスキにとって、生存権は自由のためにあるのであり、生存権のために自由があるのではないからである。このようなラスキの思考過程には、いわば自由が平等を必要とし、平等が自由を可能ならしめるという再帰的循環を見いだすことができる。

『政治学大綱』でその評価を確立したラスキは、一九三〇年代に入ると、それらに著作によって獲得した権威と知名度を活用し、広く民衆の意見形成に働きかけるスタイルを確立していく。次章では、一九三〇年代を中心に、ファシズムと共産主義に対するラスキの思想変遷を考察していきたい。

（1） R. Miliband, "Harold J. Laski", unpublished draft, Hull History Centre, 1958, p. 11.

（2） G. D. Best, *Harold Laski and American Liberalism*, New Brunswick, Transaction Publishers, 2005, p. 4.

（3） A. M. McBriar, *Fabian Socialism and English Politics 1884–1918*, Cambridge, Cambridge University Press, 1962, p. 79.

（4） G. D. H. Cole, *A Short History of the British Working Class Movement 1789–1927*, Vol. Ⅲ, London, Allen and Unwin, 1927, p. 50（林健太郎・河上民雄・嘉治元郎訳『イギリス労働運動史（Ⅲ）』岩波書店、一九五七年、五七―五八頁）.

（5） G. B. Shaw, *The Impossibility of Anarchism*, Fabian Tract, No. 45, 1893, p. 26.

（6） G. B. Shaw, "Transition", G. B. Shaw, et al., *Fabian Essay*, Jublee Edition, London, Allen and Unwin, 1948, pp. 171–175.

（7） S and B. Webb, *A Constitution for the Socialist Commonwealth of Great Britain*, London, Longmans, 1920, p. 13（岡本秀昭訳『大英社会主義社会の構成』木鐸社、一九七九年、二六頁）.

（8） H. J. Laski, *Grammar of Politics*, London and New York, Routledge, 1925=2015, p. 80（日高明三・横越英一訳『政治学大綱（上巻）』法政大学出版局、一九六五年、五九頁）.

（9） H. J. Laski, *Liberty in the Modern State*, London and New York, Routledge, 1930=2015, p. 55（飯坂良明訳『近代国家における自由』岩波書店、一九五一年、四七頁）.

（10） *Ibid.*, p. 55（同右、四七頁）.

（11） H. J. Laski, *Studies in Law and Politics*, London, Allen and Unwin, 1932, p. 133.

（12） H. J. Laski, *Liberty in the Modern State*, p. 58（飯坂良明訳『近代国家における自由』、四九頁）.

（13） *Ibid.*, p. 59（同右、五一頁）.

（14） *Ibid.*, p. 92（同右、八七頁）.

（15） *Ibid.*, p. 90（同右、八五頁）.

(16) H. J. Laski, *The Foundations of Sovereignty and Other Essays*, London and New York, Routledge, 1921=2015, p. 245（辻清明責任編集「主権の基礎」『世界の名著60　バジョット　ラスキ　マッキーヴァー』中央公論社、一九七〇年、四〇六頁）.

(17) H. J. Laski, "The Personality of the State", *The Nation*, 22 July, 1915, p. 116.

(18) H. J. Laski, *The Foundations of Sovereignty and Other Essays*, pp. 244–245（辻清明責任編集「主権の基礎」四〇六頁）.

(19) H. J. Laski, *Studies in the Problem of Sovereignty*, London and New York, Routledge, 1917=2015, p. 14.

(20) *Ibid*., p. 19.

(21) *Ibid*., p. 23.

(22) H. A. Deane, *The Political Ideas of Harold J. Laski*, New York, Columbia University Press, 1955, p. 39–43（野村博訳『ハロルド・ラスキの政治思想』法律文化社、一九七七年、四〇―四三頁）.

(23) H. J. Laski, *Authority in the Modern State*, London and New York, Routledge, 1919=2015, p. 30.

(24) *Ibid*., p. 318.

(25) Laski, *Studies in the Problem of Soverengty*, p. 23.

(26) H. J. Laski, *Grammar of Politics*, p. 263（日高明三・横越英一訳『政治学大綱（上巻）』、三六九頁）.

(27) H. J. Laski, *The Danger of Obedience and Other Essays*, New York and London, Harper and Brothers, 1930, p. 23（関嘉彦・三宅正也訳「服従の危険」『世界大思想全集26・ラスキ』河出書房、一九五六年、二七一頁）.

(28) H. J. Laski, *Authority in the Modern State*, p. 319.

(29) H. J. Laski, *The Foundations of Sovereignty and Other Essays*, p. ix.

(30) H. J. Laski, *Studies in the Problem of Sovereignty,* p. 25.

(31) H. J. Laski, *Grammar of Politics*, p. 100（日高明三・横越英一訳『政治学大綱（上巻）』、一五二頁）.

(32) 従来、先行研究においては、ラスキの初期三部作における秩序再形成的な契機は見落とされる傾向があった。この点、直接にラスキ研究ではないものの、ラスキの多元的国家論における統合の側面を指摘しているものとして以下。早川誠『政治の隘路』創文社、二〇〇一年、四〇―四九頁。

(33) H. J. Laski, “The Crisis in The Theory of The State”, 1937, *A Grammar of Politics*, p. xi（日高明三・横越英一訳「序章 国家論の危機」『政治学大綱（上巻）』、一三頁）.

(34) P. Hirst, “Introduction”, *The Pluralist Theory of The State, Selected Writings of G.D.H. Cole, J. N. Figgis, and H. J. Laski*, London, Routledge, 1989, pp. 14–15.

(35) R. Miliband, “Harold J. Laski”, p. 12.

(36) *Ibid.*, pp. 15–16.

(37) H. J. Laski, *Grammar of Politics*, p. 87（日高明三・横越英一訳『政治学大綱（上巻）』、六八頁）.

(38) *Ibid.*, pp. 69–70（同右、一一〇頁）.

(39) *Ibid.*, p. 70（同右、一一〇頁）.

(40) *Ibid.*, p. 110（同右、一六五頁）.

(41) *Ibid.*, pp. 160–161（同右、二三六頁）.

(42) *Ibid.*, pp. 160–161（同右、二三六頁）.

(43) ラスキの二段階の所得原理とロールズの格差原理の親近性に着目する指摘として、M. Freeden, *Liberalism Divided: A Study in British Political Thought 1914–1939*, Oxford, Clarendon Press, 1986, p. 307、および I. Krammick and B. Sheerman, *Harold Laski: A Life on the Left*, London, The Penguin Press, 1993, pp. 229–230 がある。また、ラスキの「機能による所得原理」において留意すべきは、ラスキにおいて、機能に応じた所得の不平等の容認は、障がい者や老人など機能の提供が不可能な人間を権利から排除するためではなく、貴族や金利生活者などの特権階級を念頭に、機能の提供を欠いたまま相続や利子によって資産が占有されることへの防止策として提起されている点である。

(44) H. J. Laski, *Grammar of Politics*, p. 111（日高明三・横越英一訳『政治学大綱（上巻）』、一六七頁）.

(45) *Ibid.*, p. 111（同右、一六七—一六八頁）.

(46) *Ibid.*, pp. 118–9（同右、一七〇—一七一頁）.

(47) *Ibid.*, p. 435（横越英一訳『政治学大綱（下巻）』、一九二頁）.

(48) *Ibid.*, pp. 138–139（日高明三・横越英一訳『政治学大綱（上巻）』、二〇三頁）.

(49) *Ibid.*, p. 436（横越英一訳『政治学大綱（下巻）』、一九三頁）.

(50) *Ibid.*, pp. 436–437（同右、一九三―一九四頁）.

(51) *Ibid.*, p. 439（同右、一九七頁）.

(52) *Ibid.*, p. 436（同右、一九三頁）.

(53) *Ibid.*, p. 79（日高明三・横越英一訳『政治学大綱（上巻）』、一二一頁）.

(54) *Ibid.*, p. 284（同右、三九七頁）.

(55) *Ibid.*, p. 289（同右、四〇二―四〇三頁）.

(56) *Ibid.*, p. 282（同右、三九四頁）.

(57) R. H. Soltau, "Professor Laski and Political Science", *The Political Quarterly*, July/September, 1950, Vol. 21, No. 3, p. 304.

(58) H. J. Laski, "Alexis de Tocqueville and Democracy", F. J. C. Hearnshaw ed., *The Social and Political Ideas of Some Representative Thinkers of the Victorian Age*, London, Harrap, 1933, p. 104.

(59) *Ibid.*, p. 107.

(60) H. J. Laski, *The Danger of Obedience and Other Essays*, pp. 1–7（関嘉彦・三宅正也訳「服従の危険」、二六一―二六三頁）.

(61) I. Krammick and B. Sheerman, *Harold Laski: A Life on the Left*, p. 285.

(62) H. J. Laski, *The Danger of Obedience and Other Essays*, p. 7（関嘉彦・三宅正也訳「服従の危険」、二六三頁）.

(63) R. Miliband, "Harold J. Laski", p. 47.

(64) J. S. Mill, *Autobiography*, London, Oxford University Press, 1873=1924, p. 196（朱牟田夏雄訳『ミル自伝』岩波書店、一九六〇年、二〇二頁）.

(65) *Ibid.*, p. 197（同右、二〇三頁）.

(66) H. J. Laski, "Introduction", J. S. Mill, *Autobiography*, London, Oxford University Press, 1924, p. xix.

(67) H. J. Laski, *Liberty in the Modern State*, p. 53（飯坂良明訳『近代国家における自由』、四四頁）.

(68) H. J. Laski, *Reflections on the Revolution of Our Time*, London and New York, Routledge, 1943=2015, p. 187（笠原美子訳『現代革命の考察』みすず書房、一九五三年、二六四頁）.

(69) H. J. Laski, *The Danger of Obedience and Other Essays*, p. 212（関嘉彦・三宅正也訳「平等への願い」『世界大思想全集26・ラスキ』河出書房、一九五六年、二九一頁）.

(70) H. J. Laski, *Socialism and Freedom*, London, Fabian Society, 1925, p. 8.

(71) *Ibid*., p. 9.

(72) *Ibid*., p. 9.

(73) *Ibid*., p. 12.

(74) K. Martin, *Harold Laski: A Biographical Memoir*, London, Victor Gollancz, 1953, p. 193（山田文雄訳『ハロルド・ラスキ——一社会主義者の歩み』社会思想研究会出版部、一九五五年、二七〇頁）.

第四章　ファシズムと共産主義

はじめに

本章の目的は、一九二〇年代から四〇年代にかけてのファシズムと共産主義に対するラスキの態度変遷に着目し、ラスキがそれらの思想や体制を識別していく過程に触れながら、ラスキにおける文明の概念を考察することである。行きづまった資本主義文明を超克するオルタナティヴとしてのロシア革命は、同時代の公共的知識人の誰もが態度決定を迫られた二〇世紀の象徴的出来事であり、ラスキもまたソ連体制をめぐる同時代的評価の指針を提供した公共的知識人の代表例となっていった。

一九二〇年代のラスキは、ファシズムと共産主義との共通性を重視するという点で、双方を同質のものと捉える「二つの全体主義」の立場を強く滲ませていた。一九二七年には、イギリスの読者向けにマルクスの思想を解説した啓蒙書『共産主義』を刊行し、ラスキは当時のイギリスにおける共産主義研究の第一人者となった。これらの啓蒙書は常に共産主義に対する一定の批判的立場を堅持するものであったが、一九三〇年代にいたり、ラスキは国家機構の階級的性格を指摘するマルクス主義的国家論を受容し、第二次大戦期には「マルクス主義者」を自称することになる。

共産主義に対するラスキの態度は、これまでのラスキ評価をめぐる最も複雑な論争点であった。英米圏でのラスキ研究は、ディーンのそれに見られるように、初期ラスキのリベラルな権利論と後期のマルクス主義受容との整合性を執拗に批判するものが多かったが、他方、ソ連におけるラスキ評価もまた、クーシネンに見られるように、ラスキを「右翼社会民主主義者」として否定的に位置づけるものであった。

この点、日本においては、終戦直後の丸山眞男によるラスキ研究、すなわち「西欧文化と共産主義の対決」（一九四六年）と「ラスキのロシア革命観とその推移」（一九四九年）の二論文が、「自由で自立的な個人」を理想とする時期の丸山がラスキの共産主義接近を肯定的に論じるという点で特殊な位置を占めているものの、体系的なラスキ研究とはいい難い。

しかし、ラスキが「二つの全体主義」の立場から距離をとり、ファシズムと共産主義との文明的差異を識別した上で、後者を「新しい文明」と位置づける過程は、ラスキ固有の自由への着眼によって導かれたものであった。そして、自由に依拠したソ連評価基準こそ、ソ連への期待を同時代のイギリスに向けた同意革命として反転させる、公共的知識人としてのラスキの政治参加を呼びおこすものであった。

以下では、一九三〇年代以降のファシズムと共産主義に対する欧米の知識人の態度決定のパターンを分類した上で、共産主義に対するラスキの思想変遷を通時的に考察し、ラスキがソ連体制に見いだした希望と、それが既存の西欧諸国の政治体制に対する厳しい問い直しへと転化されていく過程を考察したい。

第一節　問題の背景

ラスキの思想変遷を位置づける背景として、ファシズムと共産主義に対する一九三〇年代の知識人の対応について簡潔に概観しておきたい。

戦間期におけるヨーロッパの政治的特徴は、ロシア革命によるソ連の誕生と独伊におけるファシズム体制の成立にあったといえよう。この二つの体制は、異なるイデオロギーに基づくものの、いずれも広範な民衆的支持に依拠しながら既存の立憲的諸制度を放棄し、その権力行使は前例のないほど包括的であった。それゆえ、両体制の本質は「専制（despotism）」や「圧政（tyranny）」といった既存の政治学の範疇とは質的に異なるものとされ、「全体主義（totalitarianism）」という新しい概念が用意されることになった。一九三〇年前後になると、ファシズム統治下の独伊とスターリン体制下のソ連の共通点を指摘し、これらの体制を同列にあつかう「二つの全体主義」論が生じることになる。

このような「二つの全体主義」の台頭に対して、ヨーロッパの知識人や政治家の同時代的対応は少なからぬ混乱を示すものであった。しかしそれらをあえて図式化すれば、以下の三類型を指摘することができよう。第一にファシズムと共産主義の思想と体制はいずれも「全体主義」であり、それらを同根とする立場である。その代表的なものとして、元来の反権威的資質から独ソ両体制への不信を把持したラッセルなどの知識人、あるいはハイエク、ポパー、J・タルモン、アレントなど、独ソ両体制を経験し戦後に英語圏で活躍した亡命ユダヤ系学者による一連の議論などが挙げられよう。ラッセルは、一九二〇年代、自身のソ連訪問記『ボルシェヴィズムの実践と理論（*The Practice and Theory of Bolshevism*）』において、ソ連体制における独裁と教条的な正統主義とを鋭く指摘している。また、亡命ユダヤ人による戦後の政治哲学の基調は、集産主義、「左翼全体主義」、多元性の否定といった点においてファシズムと共産主義の共通性を示唆するものであった。

第二にファシズムと共産主義を差異化し、反共の立場からファシズムに賛同ないしは受忍する立場である。これは英仏の現実政治家に最も典型的に見られた態度であり、彼らは、スペイン戦争に見られるように、一九三〇年代を通じほぼ一貫してファシズムを容認し、時には反共のために同盟さえしていたといえる。たとえば「筋金入りのソ連嫌い」で通っていたチャーチルは、一九二〇年代には共産主義に代わる新しい可能性としてイタリアのファシズムに深い共感を示していた。同様の態度は保守党のタカ派勢力にも広く共有されており、彼らの多くはO・モズレーが主導したイギリスにおけるファシズム運動にも部分的に共鳴していた。

そして第三にファシズムと共産主義を明確に区別し、反ファシズムの立場から共産主義を積極的に評価する立場であり、イギリスの世論やジャーナリズムの左傾化が顕著だった一九三〇年代の左翼知識人に典型的に現れたものである。この時期にソ連やマルクス主義に接近した人物としては、各人に温度差はあれ、ウェッブ夫妻、J・ストレイチー、コールなどを挙げることができよう。このような左翼知識人による、反ファシズムの主張と表裏となったソ連への期待は、ヨーロッパ全域やアメリカにおいても広く見られたものであった。

このような背景図式において、ラスキは往々にして第三の立場の代表的人物として位置づけられてきた。たとえば、ディーンは後期ラスキを「マルクス主義への屈服」と位置づけており、一九九四年の水谷三公『ラスキとその仲間』もまた、ソ連への過度な期待を抱いた一九三〇年代のイギリス左翼知識人の棟梁としてラスキを描くものであった。総じて、ラスキは単なるソ連の「同伴者知識人（fellow traveler）」の一人として数えられることが多かったといえる。

しかしながら、ラスキの態度を時系列的に追跡すれば、そのソ連接近が、ウェッブ夫妻やストレイチーなど同時代の社会主義者たちとは異なる独自の評価基準からなされていたことが明らかになるだろう。すなわち、ラスキのソ連評価は、ソ連における生存権や社会福祉の達成そのものよりも、むしろそれによって個人の自律や個性がより確実に保障されるという認識に依拠したものであり、そこには常に個人の自由に舞い戻る再帰的な視点が貫かれていた。以下では、一九二〇年代から四〇年代にかけてのラスキの思想変遷を考察し、その内在的理解と現代的意義の抽出を試みたい。

第二節　共産主義理解

1　マルクス主義解釈

ロシアでは一九一七年の十月革命によってソヴィエトによる行政権力の掌握が達成される。しかし、その後の憲法制定会議で社会革命党が多数を占めると、V・レーニンは実力でこれを閉鎖する。革命後初期のソ連は戦時共産主義からネップへと試行錯誤を続けながら、反革命を封じる強権的な取り締まりも遂行していく。総じて一九二〇年代のソ連は、「革命のロマンティシズム」から「体制のリアリズム」へと移行する時期にあったといえる。

マルクス主義に関するラスキの理解は、一九二二年の『カール・マルクス』や一九二七年の『共産主義』といった著作に示されている。これらの著作はマルクスに対する深い共鳴と根本的な批判とを巧みに一体化させた啓蒙書であり、とりわけ『共産主義』は幅広い読者層を獲得し、ラスキを共産主義に関する同時代のイギリスにおける第一人者とした(1)。

ラスキの共産主義理解には二つの特徴を指摘することができる。第一にマルクスの思想をルソーやF・バブーフなどフランス革命との強い関連において捉える視点である。ラスキは、不平等批判、人間本性を歪曲する文明への告発といったルソーの主張に、すでに「倫理的な言葉でマルクスの主張が述べられている」という。『社会契約論』と『共産党宣言』はともに不平等という桎梏からの人間解放を謳い、その実現を一般意思や前衛政党の「真の意思」といったアプリオリな意思に求め、社会変革とそれを通じて可能となる「人間の作り変え」を希求した点で共通であった。

しかしながら、フランス革命においてジャコバン派は実質的な社会主義理論とはなりえず、むしろそれに貢献したのはバブーフであった。バブーフには産業の社会化と普遍的強制的労働といった政治綱領に加え、革命部隊の組織化や権力掌握後の暫時的独裁構想などの具体的な戦術が示されており、ラスキはこれを高く評価している。ラスキによれば、バブーフ主義の活動方式はボルシェヴィキの霊感の根源であり、「レーニンはいわば大写しにしたバブーフ主義者」であった(2)。

ラスキの共産主義理解の第二の特徴は、共産主義における宗教的契機の強調であり、ラスキは常にそれをキリスト教との対比において説明している。初期キリスト教の熱情は偉大な精神的達成を可能にすると同時に、独善や残酷を生みだした。ボルシェヴィキの実践にもまた、不正への憎悪や社会変革への献身と同時に、敵対者への不寛容や独善、過剰な自己確信があった。共産主義とカトリック教会はいずれも布教者、信徒、詩人、軍人そして殉教者を生みだし、制度においても中央集権的で上意下達式の官僚機構を持ち、その信仰やイデオロギーが国際性や普遍性を帯びている点にも共通性があった。

これら共産主義の特徴はいずれも宗教的感情に固有の性質であり、「共産主義は、その現実主義によってではなくその理想主義によって、その唯物論的期待によってではなくその精神的約束によって栄えてきた(3)」という。ラスキにとって、マルクスは来るべき社会の到来を告げる「霊感と予言の源泉」であり、ソ連体制とは「新しい宗教(new religion)」の福音なのであった(4)。

このような理解に基づいたラスキのマルクス主義評価は、一定の同意と留保を繰り返すものであった。たとえばラスキは、史的唯物論の妥当性を認めつつ、歴史における宗教やナショナリズムの力を対峙させてその相対化を図っている。また階級闘争が社会の根本的対立であることを認めながらも、革命を「必然」ではなく「傾向」と位置づけることで革命回避のための人為的努力の余地を残している。総じてこの時期のラスキは、マルクス主義の内在的理解に努めながらその相対化をも意図した、マルクス主義の「批判的紹介者」であったといえよう[5]。

2　ソ連体制認識

ラスキによれば、フランス革命が「時宜の革命（revolution of occasion）」であったのに対し、体系的信条に導かれたロシア革命は「原理の革命（revolution of theory）」であった。では、革命後のソ連体制に対するラスキの理解はどのようなものだったろうか。その点で興味深いのは、B・ムッソリーニの権力掌握直後、一九二三年に発表された論文「レーニンとムッソリーニ（"Lenin and Mussolini"）」である。ここにおいてラスキは、西欧の政治的遺産を否定するものとしてレーニンとムッソリーニの共通性を指摘しており、この時期のラスキの認識を窺うことができる。

ラスキは、第一にボルシェヴィズムとファシズムはいずれも暴力革命を正当化していると批判する。ボルシェヴィキによれば、既存の司法や議会制度は資本主義国家の本質を糊塗するものにすぎず、それらは革命目的の優越性に従属する。ムッソリーニもまた武装進軍による示威行動によって権力奪取を果たしており、いずれの体制においても自らの政治目的のみが無条件に至上規範化され、競合する他の目的がそれまで踏襲してきた立憲的手段は放棄された。

第二に、両体制はいずれも非立憲的に奪取した権力の維持を独裁によって正当化した。レーニンにとって権力確立のための過渡期は常に鉄の独裁であり、民主的統治の部分的許容は幻想として厳しく放棄された。イタリアにおいてもまた、ムッソリーニは選挙法改正や司法機関への介入を通じて独裁的権力を樹立していった。「レーニン主義は一党の独裁であり、ファシズムは一人の独裁である[6]」。ラスキは、両者の権力維持形式に類似性を見いだしており、独裁を正当化する点において両者は同根であった。

第三に、両体制ともにアプリオリな根拠に基づいて自らの意思を共同体の意思と同一視し、そのような同一化に対する批判的吟味を退けたという。ラスキによれば、レーニンとムッソリーニはいずれも西欧文明が蓄積してきた立憲的な政治制度の遺産を放棄し、革命目的の崇高さはそれらに対するいかなる理性的吟味をも超越すると主張したのである。

もちろん、ソ連体制とファシズム体制には、所有権に対する態度や外国干渉の有無など顕著な違いも存在しており、ラスキはそれら識別するニュアンスも滲ませている。またラスキは、人権や既存デモクラシーの形式性に対する共産主義からの批判は重く受けとめてもいた。しかし総じていえば、一九二三年の論文「レーニンとムッソリーニ」は両者の共通性に比重をおいたものであり、ラスキが最終的に強調するのは、「レーニンとムッソリーニは同様に、法ではなく人の政府を打ちたて、文明的な思想交換が唯一可能であるような条件を拒絶することによって公共道徳心を低下させた(7)」点であった。両者は、程度において差異があるにもかかわらず、「レーニンとムッソリーニによって追及された手段においてはいかなる相違もない(8)」のである。

3 文明概念

資本主義社会における抜本的変革の必要性を認識しながらも、他方で一九二〇年代のラスキは、先進国における革命についてはその困難さを指摘し、それに対しては終始懐疑的であった。レーニンは革命成功の一般的条件として、労働者の間の階級意識の浸透、強力な共産党の存在、機敏と才略を備えた指導者を挙げるが、ラスキによれば、「それらの仮定はロシアの情勢の感嘆すべき要約であることは明白(9)」であった。たとえばイギリスでは、行政機構の巨大化と複雑化が革命を技術的に困難にしており、またアメリカにおいては広大な国土と複雑な幹線道路網、民族構成の多様さ、宗教信仰の反共的機能などが革命をほぼ不可能にしている(10)。先進国における現代革命の成功条件は極めて限られており、ロシア革命型の権力奪取方法はすでにほぼ不可能であった。

しかし、ラスキに革命を拒否させた最大の要因は、一九世紀イギリスの思想家からラスキが継承した「文明（civilization）」の概念であったといえよう。元来、ヨーロッパにおける文明概念とは、習俗の温和化、激情と実力の抑制、穏健な心性と洗練された振る舞いといった非暴力的要素からなるものであった。そして一九世紀イギリスにおいて文明とは、端的にいって、産業発展と中産階級の出現、およびそれに支えられた漸次的議会改革と大衆デモクラシーの達成という、当時のイギリスの肯定的自己認識となっていった。

たとえばJ・S・ミルは一八三六年の論文「文明論（"Civilization"）」において、トクヴィルがアメリカに見いだした「境遇の平等化（equality of conditions）」を文明という言葉で位置づけ直している。ミルによれば、商業発達による中産階級の成長が「境遇の平等化」という文明状態を生みだしたのであり、この文明を特徴づける政治体制が大衆デモクラシーであった。

そのような文明概念の含意は、ミルの同時代人であるW・バジョットにも窺える。バジョットは一八七二年の著書『物理学と政治学（*Physics and Politics*）』において、文明の本質を感情や暴力の抑制としつつ、そのような文明状態こそ政治社会における説得と妥協の慣習、ひいては代議政体を可能にするものであると論じている。

ラスキの文明認識も基本的にミルやバジョットの伝統を受け継ぐものといえる。それは、経済発展を背景とした合憲的で漸次的な議会制デモクラシーの実質化であった。ラスキによれば、「現に活動しつつある組織体としてのヨーロッパ文明の妥当性は、それが民衆を満足させ、かつ常に彼らの生活を向上させていく能力に依存して」[11]おり、それこそが意見と利害の「文明的な思想交換」を可能にする条件であった。

そしてラスキに共産主義革命を思いとどまらせたのは、まさしくこのような文明の概念であったといえよう。ラスキは、革命成功の条件の探求と、その条件が不備であるにもかかわらず革命が生じて内乱にいたる危険との間で逡巡しつつ、先進国における現代革命の失敗が、そのまま議会制や立憲主義といった西欧の文明的遺産を破滅させることを恐れていた。「現代の反乱者が用いえる武器は、いかなる前時代におけるそれよりも破壊的であり、その破壊はとりわけ永久的である。われわれが革命的手段に訴える資格があるのは、説得の方法が暴力で挑戦された時だけである。文明の手段は最後の段階でのみ放棄さるべきであるからだ[12]」。ラスキは、共産主義による資本主義批判に迫りながらも、最終的にはイギリスが蓄積してきた政治慣習、すなわち文明の立場を固守したといえよう。

4 文明の擁護と改革

一九二〇年代のラスキは、ヨーロッパの政治的デモクラシーに対する共産主義からの批判を受けとめ、その限界を克服しえなければ革命は不可避であると警鐘しながらも、端的にいってそれを社会改革によって回避していこうとする立場にあった。

一九二九年の総選挙で労働党はかろうじて第一党となり、第二次マクドナルド内閣が成立。選挙結果から有権者の意思が判然と読みとれない状況において、労働党は後に「マクドナルディズム」といわれる漸進主義を採用し、慎重に政権運営を進める。

ラスキも当初はこの方向を基本的には容認し、肯定していたといえる。ラスキによれば、労働党への支持は「ボールドウィン政権の内政における無策と、外交における、反動とはいわないが停滞に対する明確な不満の表明[13]」に基づくものであり、労働党の勝利は「社会主義（socialism）」の勝利ではなく、「社会主義的方針（socialistic principles）」の勝利である。したがって、投票結果に従えば、マクドナルドは「社会主義者（socialist）」となるべきではない。しかし、「社会主義的（be socialistic）」になる権限は与えられている。それゆえ、「その絶妙な識別に照らして彼がなす調整にこそ、今後数年のイギリスの帰趨がかけられているのである[14]」。

結果として、一九二〇年代のラスキの主張は、革命回避と文明擁護のための抜本的改革の要求であった。この時期のラスキは、経済的支配層の大幅な譲歩と社会改革を要求し、それらは具体的には義務教育の拡充、主要産業の国有化と自主管理、失業保険の拡充、住宅と医療の無料化、労働時間の短縮といった要求にまとめられた[15]。

そしてこのような主張を展開する際にラスキが依拠したのは、「保存のための改革」を目指したバークやT・マコーレイなどのホイッグ的伝統に他ならなかった。ラスキは当時の講演で聴衆に次のように述べている。「共産主義への返答は、選挙法改正案に反対する議員に対して、マコーレイが一八三二年に下院で行った警告である。『保存したければ改良すべし』。これこそが偉大な事柄における合言葉である」[16]。ここには、革命発生の条件を鋭く睨みながら、あくまで「革命の代替物」を探ろうとするこの時期のラスキの意識を窺うことができる。

第三節　ファシズム認識

1　イギリス政治危機

一九三〇年代のヨーロッパでは、世界大恐慌以後の不況を背景に、独伊のファシズム体制、ソ連、そして英仏など西欧諸国による三つ巴の緊張対立関係が構築されていった。またこの時代のイギリスは、かつてB・ディズレーリがイギリス国民を「二つの国民」と表現したように、富裕なジェントルマン層と大多数の大衆層との格差が広がり、そのような社会不安を背景に多くの知識人が「左傾化」した時期でもあった。この間の政治的変化は、ファシズムと共産主義に対するラスキの認識に大きな変化をもたらすものであり、以下、一九三〇年代の状況に即応した形でその変遷を考察したい。

ラスキの認識を大きく変えた第一の契機は、労働党分裂と挙国内閣の成立を招いた一九三一年のイギリス政治危機であった。イギリスでは一九二九年以降、マルクドナルド労働党内閣が続いていたが、一九三一年、失業手当の削減をめぐり労働党は分裂する。労働党の大半は下野するも、党首マクドナルドら少数派は保守・自由両党と提携して挙国内閣を作る。これはマクドナルドの「決定的背信（Great Betrayal）」と呼ばれ、労働党は即座にマクドナルドの除名を決定する。挙国内閣は、労働党を除名されたマルクドナルドを首相に祭りあげる形で作られた、実質上の保守党内閣であった。このようにして形成された挙国内閣は、一九三一年と三五年の総選挙で続けて大勝を収めることになる。

挙国内閣は一九三一年一〇月に総選挙を実施し、この選挙で労働党は壊滅的打撃を受けることになる。選挙戦が進むにつれ、労働党の新党首ヘンダーソンはマクドナルドを裏切者と痛罵し、マクドナルド派もそれまで自分たちが作りあげてきた労働党の政策を「発狂したボルシェヴィズム」と攻撃した。労働党の内紛を横目にしながら、その間隙を縫うように、保守党が経済危機克服のための「医者への白紙委任（Doctor's Mandate）」を掲げて大勝する。労働党は党首ヘンダーソンも落選する惨敗となった。ラスキはこの結果を受け、「マクドナルドが新政府の頂点にいたことが、多くの選挙民の眼をくらまして、新政府が実際には保守党を基盤としている事実を隠蔽することに大いに役立った」[17]として、マクドナルドの傀儡性を強調している。

一九三一年の政治危機は、議会が主として慣習に委ねてきた準則の「政治性」が強く意識化された局面であり、それは総じて、ラスキにとって、イギリスの既存支配権力の根深さと合憲的社会改革の困難さを強く印象づけるものであった。ラスキは一九三一年の小著『危機と憲法（*The Crisis and the Constitution*）』において、この政治危機をもたらした複数の力を指摘している。

第一は金融資本の力である。彼らは世界大恐慌に際して、労働党政権の継続によってイギリス財政が不安定化し、海外の投資家たちのイギリス財政への信頼は失われ、ポンドの海外逃避が生じると盛んに宣伝した。ラスキは、金融資本による脅迫が民主的に選ばれた労働党政権の存続を突き崩したと見ている。

第二に国王と宮廷の政治的介入である。国王は憲法慣習を無視して、下院第一党の党首ではなく、労働党を除名されて一介の平議員にすぎないマクドナルドを引き続き首相に指名したからである。ラスキの認識では、マクドナルドの首相再任は「国王の個人的な指名」と解釈せざるをえず、「現代において、国王の影響がこれほど深刻な影響をあたえた例は稀である」[18]。その意味で挙国内閣は、いわば「宮廷革命（Palace Revolution）」の落し子であった[19]。

第三に貴族院の反動的性格である。ラスキは、かねてから貴族院を「時代錯誤な存在」、「富の防衛のための共同要塞」と強く批判しており、法案の延期権限といったその「抑制の機能」は社会主義政権に対してのみ向けられると指摘してきたが、一九三一年政治危機以後、貴族院を「端的にいって保守党の付加物」[20]と断じ、貴族院の廃止と一院制への移行を主張するようになる。

総じて、政治危機がラスキに残した教訓は、階級的利害に基づく激しい政治対立は議会制デモクラシーを挫折させるという恐れであった。社会主義政権に対し、金融資本や国家機構の一部が議会政治の準則を承認しないのであれば、「議会制の方法によっては社会主義政策は実現できない」[21]。このことは、ラスキにとって、非立憲的な武装闘争を容認する共産党の妥当性を傍証しかねないものであった。ラスキはいう。「マクドナルドおよび彼の支持者たちは、レーニンとマルクスの主張を無意識に容認し、それを通じてイギリスの議会政治に激しい不利益を与えたものと私は考えている」[22]。

政治危機の直後、ラスキはフランクフルターに向けて、自分自身が労働党の「最左派（the extreme left）」に行く用意があると書き送っているように[23]、以後のラスキは、一方でホイッグ的改革主義を把持しつつも、他方、情勢を睨みながら、より革命的で危機警告的なレトリックをも多用していくようになる。一九三一年の著書『危機に立つデモクラシー』は、ラスキが明確に「著述における学問性と党派性のバランスを反転させたもの」であり、「彼の最初の扇動的書物[24]」とされるものであった。

2　ファシズムの台頭

ラスキの認識を変化させた第二の契機は、ドイツにおけるファシズムの興隆である。ドイツでは一九三三年にA・ヒトラーが首相に任命され、ナチスの権力掌握が進んだ。政権獲得以降、ナチスは社会の多元的構造を解体するとともに、一元的なナチス秩序を徹底させる「強制的同質化」を強行していくことになる。

同時代のファシズム認識としては、代表的なものとしてファシズムを基本的に「金融資本のテロ支配」と定義するマルクス主義のファシズム観、いわゆるディミトロフ・テーゼがあった。これによれば、ファシズムはテロを手段とした独占資本の代理的従僕であり、資本主義の最終局面において現れるものであった。

ラスキのファシズム解釈も、基本的にはマルクス主義のそれを踏襲したものであり、ファシズムを資本主義の延命的形態として捉えている。ラスキによれば、ファシズムの政治権力は資本家権力という本質的規定要素の上に立っており、ムッソリーニは大企業、王家、貴族、軍隊などの「傭兵隊長」であった[25]。

しかしラスキは同時に、「ファシズムの権力行使は、ファシズムをして、独占資本主義の単なる道具以上のものたらしめた[26]」とも述べており、マルクス主義の論者が十分に関心を払ってこなかったファシズムの三つの側面を指摘している。

第一に、ファシズムが持つ一定の政治的自律性である。すなわち権力掌握後のファシズムとは、単に資本の代理人としてのみでなく、自律的に運動しはじめる独立した政治現象であった。「特権階級もファシズムを受けいれるに際しては、ファシズムを支持した大衆と同様、ひどく騙されてしまった[27]」。既成政治を超越した「民意」の代表者として自己を演出したヒトラーは、ある時期以降は「代理」たることを拒否して自ら「主役」として自律的に行動することになったのである。

第二に、ヒトラーもムッソリーニも広汎な大衆運動を組織化した事実である。ファシズムには、資本家のみならず、農民、小店主、失業者、軍人、青年層などを国家主義的感情によってまとめあげ、相互に同床異夢でありながらも、これまでに例を見ない大衆運動を生みだすというダイナミックな要素があった。

第三に、資本主義経済への部分的介入である。ファシズムは、権力掌握後、失業問題に対処するために投資の国家統制や公共事業計画を実施しなくてはならず、その意味で経済活動を一定管理した。これによってナチスは、世界大恐慌以降の社会不安に対して、まがりなりにも解決策を提示したかのように捉えられた。同時期に誕生したアメリカのルーズヴェルト政権がナチスと近似のものとして捉えられた理由もここにあった。

その上でラスキは、ファシズムの発生を「資本制デモクラシー（capitalist democracy）」が孕む根本矛盾として再措定する。ラスキによれば、資本主義は富と経済的支配権の少数者への集中をもたらし、デモクラシーは政治権力の可能な限り広範な分散化として機能する。一方における富の集中と他方における政治権力の拡散という矛盾は、経済的発展が続いている期間は意識されないが、収縮期に入ると顕在化する。ラスキによれば、「ファシズムとは、このディレンマから資本主義を救うため」、すなわちデモクラシーを放棄することによってこの矛盾を解消するために生じた現象であった(28)。

3　イギリス挙国内閣の「セミ・ファシズム化」

ラスキの同時代認識における第三の変化は、イギリス挙国内閣の継続とその「セミ・ファシズム化」である。世界大恐慌に伴う暫時的連立とされた挙国内閣はその後も継続され、一九三〇年代半ばには新しい正当性を模索していた。そこで唱えられたのが、これまでの政党間対立の超克であり、挙国内閣が既存の差異を統合した新しい民意を代表しているという主張であった。それに基づき、挙国政府は有権者からの全権委託、いわゆる「医者への白紙委任」を得ていると主張した。

このような挙国内閣の論理は、同時期のドイツにおいて、デモクラシーを「異議のない状態」と捉え、「指導者原理(Führertum)」を唱えることによって政党政治を否定したシュミットの議論と相似するものであった。一九二〇年代にベルリン商科大学でシュミットの下で学位を取得し、ナチス台頭後にLSEに移りラスキの指導を受けたF・ノイマンは、このようなシュミットの立論をナチスの法律イデオロギーの典型として見ている。ラスキもまた、イギリス挙国内閣の自己正当化論理のなかに、シュミット的な独裁論の萌芽を見たといえよう。

ラスキは一九三四年の論文「挙国政府の基本的理念("Underlying Assumptions of the National Government")」において、このような挙国内閣がすでに「セミ・ファシズム化」していると指摘し、ここにおいてイギリスの挙国内閣はヒトラー政権との連続上に捉えられることとなった[29]。ラスキにとって、挙国内閣は、国内政治においてナチス同様の権力正当化を行い、ヨーロッパ国際政治においてはイタリアとドイツの領土的野心を黙認し、ソ連との関係においてはむしろナチスを受けいれていた。「根本的な事実は、ヒトラーは挙国内閣にとっての明らかな親友だということである」[30]。

挙国内閣の「セミ・ファシズム化」と共振するように、一九三〇年代中葉は、労働党を離党した政治家モズレーによるイギリスでのファシスト運動が最も高揚した時期でもあった。モズレーは貴族出身の社会主義者であり、一時は労働党内で将来の首相候補と目されるほどの人気を得たが、一九三一年、自身の失業対策案をまとめた「モズレー・メモ」が党内で否決されると労働党を離党する。その後、モズレーは新たに「新党(The New Party)」を結成し、一九三二年にはそれをイギリス・ファシスト連合に発展させ、一九三〇年代のイギリスにおけるファシズム運動を担った。

モズレーはムッソリーニと提携の上、黒シャツ制服などイタリアのファシスト運動を模倣した「新運動(New Movement)」を実践するとともに、他方、議会政治に対するイギリス人の愛着や独裁を嫌う感情に考慮しながら、ファシズムの「イギリス的なあり方」をしきりに強調し、イギリス国民の心理的危惧の払拭にも努めた。モズレーらの運動は実質的な支持者層を欠き、一九三〇年代後半には衰退していったものの、ラスキにとって、イギリスの「セミ・ファシズム化」を側面から補完するものと映ったと考えてよいだろう。

このようなイギリスにおける「セミ・ファシズム」に対してラスキが対峙させるのが、バジョットなどイギリス議会政治の伝統である。挙国政府の論理は、政党間の競合を排した架空の全員一致を措定し、それを自らの正当性とするものであり、このような論理はバジョットが絶妙に描きだしたイギリス憲政の秘訣を自己否定することに他ならなかった。「政党政治こそ議会政治の根本原則なのだ。選挙民がこの根本原則に対する確信を失いはじめるやいなや、議会政治を抑圧するファシズムに途を開くことになる」[31]。

このような情勢のなか、一九三五年の総選挙では、新党首アトリーによって率いられた労働党は一定の議席回復を見せたものの、結果的に保守党中心の挙国内閣が信任されることになり、イギリスはこのまま第二次大戦に突入していくことになる。ラスキは総選挙後、労働党に対する批判的忠告を明言する。一九三〇年代を通じ、労働党は党の基本的性格をめぐり「社会主義政党（socialist party）」と「社会改革政党（social reform party）」との間で逡巡してきたが、ラスキは、労働党が社会主義に基づいた「一貫した統合的な哲学」を持ち、資本主義に対する正面攻撃を行うことを要求している[32]。

第四節　共産主義認識の変化

1　ヨーロッパ政治の変動

一九三〇年代後半には、ラスキのソ連観を変化させる政治的変化も生じた。第一に、一九三五年のコミンテルンによる人民戦線路線への方針転換である。元来、一九二〇年代を通じて、コミンテルンにおける社会民主主義勢力の位置づけには、一方でクーシネンのような「左派」による硬直した社会民主主義主敵論、いわゆる社会ファシズム論と、社会民主主義よりもファシズムの脅威を重視するP・トリアッティらの立場が並存していた[33]。しかしコミンテルンは、一九二八年以降、社会ファシズム論に傾斜し、ドイツ社会民主党やイギリス労働党をファシズムの「共犯者」として、また「プロレタリア革命に対する防波堤」として執拗に批判し続けることになった。

ラスキは、一九三五年の『国家——理論と現実』において、コミンテルンの社会ファシズム論を批判している。「このような見解が不適切であることを証明する最も明白な例は、疑いもなくドイツの経験に見られる。なぜなら、そこでは共産党が社会民主主義を社会ファシズムとして捉え、それをドイツの労働者階級の統一を破壊する理由に用いたからである」[34]。ラスキによれば、共産党と社会民主党との対立は、「彼らの論争によってどちらも信頼に値しないと思いこんだ多数の労働者が両者を見棄てるという結果をも生み」、ファシズムとの関係では「いまだ交戦しないうちに敗北を確実ならしめるのである」[35]。

しかし一九三四年にフランスで社共統一戦線が形成されると、コミンテルンもようやく態度転換の兆しを示し、一九三五年のコミンテルン第七回大会では社会ファシズム論から人民戦線戦術への「大転換」が図られることとなった。統一戦線を求める広範な世論に押される形で、コミンテルンはナチスに対して「共産党がブルジョア・デモクラシーの遺産の一時的継承者」になると決議する。このようなコミンテルンの方針転換はイギリスにおける統一戦線形成を促すものであり、イギリス共産党の理論的支柱ダットは、一九三六年一〇月にはそれまでの方針を転換し、共産党の労働党への加盟と提携を再び掲げるにいたる[36]。

ラスキのソ連観に影響を与えた第二の契機はスペイン戦争であった。「スペインで展開されている内乱ほど現代の気風を象徴しているものはない」[37]というように、ラスキにとって、スペイン戦争は一九三〇年代ヨーロッパのイデオロギー対立を典型的に示すものであった。当時の左翼知識人にとってスペイン戦争は「来るべき戦争」の前哨戦と位置づけられたものの、それは英仏とファシズムとのそれではなく、むしろファシズムと共産主義の全面対決、すなわち

「左右のインターナショナルが対決する舞台」と考えられたのであった。

ラスキは、英仏政府にとって「本当の敵が、ベルリンあるいはローマにではなくモスクワにあったこと」を指摘し、N・チェンバレンについては、「彼はその偽善的な不干渉政策……の下で、近代デモクラシーが直面した最も冷酷な敵の意識的な同盟者であり続けている」[38]と強く批判している。他方、コミンテルンの方針転換とスペイン戦争はソ連の言行一致を示し、ヨーロッパ左翼に対して確実にその存在感と優位性を高めることになった。

第三の契機は一九三八年のミュンヘン会談であり、これは英仏によるファシズム協調をさらに裏打ちするものであった。ミュンヘン会談は一般に宥和外交の失敗とされるが、ラスキによれば、それはむしろ英仏の反共的態度と帝国主義的意図に起因する失敗であった。チェンバレン内閣の外交政策はソ連に対する偏見と憎悪を基盤としていたため、ドイツによるソ連攻撃という期待に固執し、致命的な時点までヒトラーを許容したのである。またその背後には、イギリスがドイツにも一定の植民地を認めることによって帝国主義的共存を図ろうとする意図も存在した。ラスキにとって、ミュンヘン会談は宥和外交の失敗というより反共意識と帝国主義外交による失敗なのであった[39]。

以上のように、一九三〇年代を通じてイギリスの挙国内閣は、ファシズムを終始黙認し、ソ連を前にしてヒトラーに一貫して協調的であった。ラスキは英仏の政権担当者とファシズムとの「共犯関係」を強く指摘し、「ファシストに勝利をもたらした原因は、一連の不運な出来事ではなく、われわれの社会に深く根ざしたものである」[40]とする。それゆえラスキにとって、ファシズムの打倒は、英仏など帝国主義国家の根本的自己変革を伴わなければならないと認識されるようになった。

2 イギリス統一戦線

一九三〇年代の労働党は、穏健派と戦闘的左派との、第二次大戦後まで続く党内勢力構図が形成された時期でもあった。ドールトン、モリソンらに率いられた穏健派は党内の主要な権限を担う一方、左派はクリップスを中心に党内の研究サークルである「社会主義者連盟（Socialist League）」に結集し、ラスキはその理論的支柱となった。

他方、一九二〇年に結成されたイギリス共産党は、一九三〇年代を通じてその政治実務を書記長のH・ポリットが、理論活動をダットが主導していた。共産党は議会参加路線をとっていたが、その教条的な主張が受けいれられず、下院に当選者を持つことは稀であった。とはいえダットやC・ヒルなど優れた知識人を有しており、また労働党と共産党との連携によるイギリス統一戦線の構想は反ファシズムの象徴的意味を持つものでもあった。

一九三四年以降、フランスとスペインでの統一戦線政府の成立を受けて、イギリスでも同様の動きを求める声が高まる。共産党からはダットが、「ブルジョア的政治制度を詐欺とする古い共産主義的見解」を否定し、労働者階級の広範な団結を模索しはじめる[41]。他方、労働党からは党内最左派に位置するラスキが、共産主義の最大限にリベラルな解釈を提示して労働党との親和性を強調しつつ、左派主要政党による統一戦線樹立を繰り返し要求するようになる。ラスキはダットの著作を評して、「彼の著作から生じる本質的教訓は、統一戦線の必要性であり……、私は彼とその認識において共通している[42]」と述べている。

これに対し労働党幹部は、長年の共産党側の労働党乗っ取り政策やプロレタリア独裁に対する不信を理由に、一貫して共産党との提携に消極的であった。一九三六年の党大会においてラスキは、イギリスの条件においては共産党に議会主義遵守を説得しえる可能性があることなどを理由に反論を試みるが、党の大勢を覆すことはできず、共産党との反ファシズム統一戦線は否決されるにいたった。ラスキは、ナチスの前で自滅していったドイツの労働者階級に言及しながら、ホームズに次のように書き送っている。「イギリス労働党がドイツ社民の道をあまりにも一直線に進んでいるので、私の髪の毛は白くなっていきます。……私は、政治に関心を持ちはじめて以来、指導者たちのそのような無分別を見たことがありません。何とも情けないことです[43]」。

しかしながら、イギリスにおける反ファシズム統一戦線は、むしろレフト・ブック・クラブという文化運動として現れたといってよい。レフト・ブック・クラブは、一九三六年、フランス統一戦線成立に刺激を受けた編集者のV・ゴランツがストレイチーとラスキに呼びかけて結成されたもので、毎月三人で書籍を選定し、会員に廉価配布する左翼的文化運動であった。創立後二年目を迎えると、レフト・ブック・クラブはイギリス屈指の文化運動団体へと成長し、一九三九年のピークには約六万人の会員、一〇〇〇以上の地域読書グループを擁するに達する。

レフト・ブック・クラブの活動には、大きく二つの目的があったといえる。第一の目的は、ゴランツの言葉を借りれば、何よりもイギリスにおける「『統一戦線(Popular Front)』のために必要不可欠な大衆的基盤の形成[44]」であり、具体的には反ファシズムのための英仏ソ三国同盟の締結が掲げられた。レフト・ブック・クラブは、組織面では労働党を中心としていたが、選定図書第一号はフランス共産党の指導者M・トレーズ、翌々月はイギリス共産党のダットの著作であったように、その主張内容においては共産党の統一戦線路線を代表するものが多かったといえる。結果としてその存在は、「イギリス史上特筆大書してもよいほどずばぬけて規模の大きい実践的な反ファッショ左翼文化運動[45]」となり、イギリス型の人民戦線を示すものとなったといえよう。

レフト・ブック・クラブは定期的に大規模な政治集会を開催し、特に一九三七年二月にロンドンのアルバート・ホールで開かれた集会には七〇〇〇人が参加している。当時の議事録によれば、ラスキは演壇で同席した共産党のポリットに連帯を表明して会場から拍手を受けつつ、次のように述べている。「私が二五年間党員であり続けてきた労働党、これまで自己奉仕の機会以外の何物も要求したことがなかった労働党に対して、これだけは告げておきたい。ハリー・ポリットが尽くす目的が私の目的である限り、彼の目標がわれわれ共通の偉大な理想を固守する限り、全国執行委員であろうとなかろうと、私は彼の側に立つと[46]」。

同時にラスキは、共産党の硬直した教条主義に対する批判も一貫して維持しており、自身が共産党に入党することも拒否し続けた。いかに統一戦線形成に尽力しようとも、ラスキは、共産党における「意見の外見的で機会的な一致」と労働党における「党員の精神と良心のなかに自由に得られた意見の一致」とを峻別すべきことを説いてもいる。またコールは、ラスキは「共産党の盟友の一人であったが、相変わらず共産党の戦術の激しい批判者」であり、「事実、労働党執行部は非常に巧妙に、彼をしばしば共産党筋から出た決議案に反対する党大会のスポークスマンに指名した」(47)と証言している。

しかしながら、人民戦線路線を主張するレフト・ブック・クラブと労働党の幹部たちとの関係は終始微妙なものであった。アトリーは統一戦線の大義には共鳴していたものの、共産党との連携は政治的には不可能という立場であった。労働党執行部内の右派はより明確にレフト・ブック・クラブの主張に嫌悪を示しており、他方、共産党の側からも、いくつかの地域読書グループを実質的に共産党支部にしようとする動きも現れ、ゴランツらは対応に追われることになった。

共産党との統一戦線が労働党内で否決された後、一九三七年一月、今度は英仏ソ三国同盟に関する方針をめぐり労働党内で社会主義者連盟と執行部の対立が決定的となる。執行部は、社会主義者連盟の労働党からの追放を決定し、一九三九年にはクリップスやベヴァンに除名処分を下す。ラスキはかろうじて除名を免れたものの、その結果、第二次大戦期を通じてラスキは文字通り唯一の党内最左派を守ることになった。

レフト・ブック・クラブが担った第二の役割は、「戦争とファシズムに反対するためにイギリス人民を啓蒙する教育・文化団体」(48)であった。統一戦線の形成という政治目的を契機として、レフト・ブック・クラブは、啓蒙書やパンフレットの出版流通、会報において展開された読者を交えての活発な議論によって、イギリスの民衆や労働者の政治的主体化を促していった。その活動は、サルトルの言葉を借りれば、「自分からは知識の技術者を生みだすことのできない恵まれない階級の内部に、知識の技術者を育成すること、労働者階級の内部に、有機的知識人を創造しようとすること、それを援助すること」[49]に相当するものであったといえる。

ラスキもレフト・ブック・クラブの要請に応じて集会参加や地方への出張講義を頻繁に行っており、クラミック＆シェーマンによれば、「ラスキは、労働者教育の組織者であり代弁者である以上に、その実践者であった」[50]。知識をめぐる知識人と労働者との非対称性を労働者教育によって打開しようとしたラスキにとって、レフト・ブック・クラブへの参加は、知的資本を民衆や労働者に引き渡そうとする公共的知識人の営為の一環であったといえる。ラスキの労働者教育への尽力は、「教育が労働者にもたらす力能化の側面」に最大限の可能性を見いだしながら、「コモン・ピープル」に依拠して下からの「左翼の文化」を形成する実践、すなわち労働者階級のヘゲモニーを構築するための同意革命論へとつながっていく。

3　ファシズムと共産主義との識別

一九三〇年代の政治変化は、ラスキにとって、ファシズムの脅威およびそれと英仏政府との共犯依存関係を認識させるものであり、またその認識が深まるにつれ、共産主義の相対的優位性を認識させるものであった。

一九三〇年代後半には、ショー、H・G・ウェルズ、トーニー、ウェッブ夫妻、M・マガリッジなど多くのイギリス左翼知識人がソ連を訪問しているが、ラスキもまた、一九三四年に約一ヵ月間にわたりソ連を訪問している。ラスキはその際の様子を二回にわたりアメリカの雑誌『ネイション』に「レニングラードからの手紙」と題して報告する。ここでラスキは、ソ連の生活水準の低さ、衛生状態の悪さ、政治における独裁体制の実際などを指摘しつつも、「個性の開花は、比較可能な歴史上のいかなる時代よりも、ソ連においてよりよく実現している」[51]と賞賛している。また、とりわけ一九三六年のスターリン憲法の公布は、ナチスに対するソ連体制の優位を如実に印象づけるものであった。

たしかに、ファシズム体制と同様、ソ連体制もまた独裁である事実は変わりない。「この事実が全世界にわたって自由に心を寄せる人々の失望と落胆を招いたことは実にもっともなことである」[52]。しかしラスキによれば、ソ連において体制の正統性は個人の自己実現におかれており、独裁の目的も直接に国民福祉に向けられている。それゆえラスキは、ソ連体制には「自由の原理を再生させる能力」が含まれているという。他方、ヒトラーの独裁は権力のための独裁であり、それは独裁である以外の仕方で存在することはできない。したがって、ファシズムの独裁には、「人民を抑圧する過程を人民を納得させる過程へと転化させる回路が閉ざされている」[53]。

ラスキはこのような認識から、ソ連体制とファシズム体制を峻別するとともに、ソ連の実験に新しい希望を見いだし、その期待は第二次大戦が近づくにつれ高まっていった。

第五節　文明概念と共産主義

1　第二次世界大戦

独伊、ソ連、英仏による三つ巴構図で推移した一九三〇年代後半のヨーロッパ外交は、戦争必至の前提で軍備拡張を進めるナチス・ドイツを東西いずれに向けて暴発させるかという、イギリスとソ連との駆け引きに収斂していった。英仏の政府首脳たちは、願わくばドイツとソ連が衝突し、ドイツの軍事的疲弊とソ連の敗北を期待していた。他方、英仏政府の宥和政策を受けてソ連ではイギリス不信が高まっており、スターリンは英仏に先んじてさらなる対ナチ宥和を示す必要に迫られる。ドイツもまた、東西両面での軍事衝突を避けるため、一方を攻撃する場合は他方との当座の「つぎはぎ」をあてる必要があった。

一九三九年八月の独ソ不可侵条約は、このような状況で突如発表された。同条約は英仏の反共主義とソ連の国家理性が生みだした不幸の賜物であると同時に、ソ連によるヨーロッパ左翼に対する裏切りであった。また、ヨーロッパ各国の共産党がその国の統一戦線に対して、この時ほど権威を失墜したこともなかった。同条約が発表された直後の一九三九年九月、ナチス・ドイツはポーランドを侵攻し、第二次大戦が始まる。

イギリスにおいては、独ソ不可侵条約への対応をめぐりレフト・ブック・クラブは深刻な混乱に陥り、同条約は「クラブの終わりの始まり」となった。イギリス共産党とストレイチーはソ連の方針転換を踏襲し、英仏とファシズムの闘いを「帝国主義戦争」と位置づけ、戦争反対の立場をとった。これに対しラスキは、独ソ不可侵条約をソ連による「破廉恥な背信行為、社会主義的原則への裏切り」と非難し、第二次大戦の本質を「対ファシズム戦争」と捉えた上で、イギリス政府の対ナチ勝利を社会主義者として支持する[54]。結局、レフト・ブック・クラブは第二次大戦の性格規定に関する統一見解を出すことができなくなり、一九三九年一二月、ラスキとストレイチー双方の論文を同時掲載して、単なる公開討論の場となってしまう。

一九三九年九月の第二次大戦勃発から一九四一年六月の独ソ戦開始にいたるまで、ラスキの言論は複雑な二面性を持つものとなった。ラスキは、一方では独ソ不可侵条約をイギリスの反共外交の帰結と位置づけ、「ファシスト国家に対するソヴィエトとの共同戦線計画の瓦解は、それにしてもなお本質的には、英仏の側に責任がある[55]」とする。ミュンヘン会談によってソ連はナチスという厄介者を押しつけられた形となり、それゆえ、ラスキによれば、「スターリンは、一九三九年、いわばミュンヘン会談の二の舞を演じたともいうべき屈辱的協定を結ばねばならなかった[56]」のである。

他方でソ連に対しても、「ソ連の中立は、いかなる意味においても西欧デモクラシーに対するヒトラーの力の進出に同意を与えるものである[57]」と批判し、社会主義者が統一してヒトラーを「主要敵」と位置づけ、早期に対独参戦すべきだという批判的説得を展開する。その間、イギリスが宥和政策を転換してドイツとの全面対決に突入していったため、かつてイギリスの支配層に向けられていたラスキの反ファシズム統一戦線要求は、皮肉にもここにおいてイギリス共産党に向けられることになった。

長らくファシズム打倒のための十字軍を自認してきたイギリス共産党は、ソ連の方針転換を受け、第二次大戦が始まるとそれを強国間の「帝国主義戦争」と定義し、チャーチルとヒトラーを同罪としながら、イギリスの労働者はまずチャーチル打倒に全力を尽くさなければならないという「公式見解」を発表した。ラスキによれば、イギリス共産党の方針は徹頭徹尾「モスクワ無謬説の立場[58]」であり、そのようなソ連の指令に翻弄されたイギリスの共産主義者たちは「この戦争がもたらした大きな知的悲劇」であった。

共産党の「革命的敗北主義」に対し、ラスキは、一九四〇年、小論「これは帝国主義戦争か?」（"Is This An Imperialist War?"）を発表し、共産党との一時的な論争が生じている。ラスキは、言葉の抽象的定義からすれば英独はいずれも帝国主義であるとしながら、両国を「縮小しつつある帝国主義と拡大しつつある帝国主義」とし、イギリス帝国主義の歴史的蛮行を認めながら、ナチズムと呼ばれる眼前の帝国主義は「ヨーロッパが三〇年戦争以来経験したことのない野蛮」であり、その歴史的特異性を強調する。その上でラスキは、具体的な状況において二つの悪を比較衡量する政治的認識の必要性を強調し、コミンテルンの支持によってそれをいとも機械的に放棄した共産党の態度を批判している[59]。

一九四一年には、ゴランツらレフト・ブック・クラブの理論家が中心となり、独ソ不可侵条約以降のイギリス共産党をめぐる論説集『左翼の裏切り（*The Betrayal of The Left*）』が刊行され、ラスキは序文を寄せている。元来、イギリス共産党による第二次大戦下でのチャーチル政権打倒の主張は、それがドイツとイタリアにおいて労働者がファシズムを自力打倒する契機となり、したがって「ヨーロッパ革命」を招くという「見通し」に基づいていた。これに対してラスキは、チャーチルの下で団結しているイギリス国民の現状を踏まえれば、そのような推測は楽観的にすぎ、「仮にレーニンが正しいならば」、イギリスでの革命の条件は存在しないはずだと反論している[60]。

しかしながら、この時期のラスキは、「革命的敗北主義」に転じたイギリス共産党を正面から批判しながらも、同時にドイツとソ連との「来るべき破裂」を予期しつつ、イギリスがソ連との「暫定協定（*modus vivendi*）」を締結する可能性を模索し続けるものであった。[61] ラスキにとって、イギリスの対ナチス戦勝のためにも、また戦後のイギリスの社会主義改革のためにも、ソ連と完全に和解しえる政治環境は不可欠であり、ソ連に対する批判には一定の留保を加えるものであったということができる。

イギリスでは一九四〇年五月にチャーチルが首相に就任する。以後、独ソ戦が始まるまで一年以上にわたり、ヨーロッパにおいてはイギリスが単独でナチス・ドイツと戦う情勢となった。一九四〇年のラスキの著作『われわれはどこへ向かうか（*Where Do We Go From Here?*）』は、戦局に対する悲壮感を強く反映しながら、イギリス国民にファシズムに対する徹底抗戦を呼びかける熱情に満ちたものであった。ラスキは、ファシズムの拡張によって危機に瀕しているのは法の支配、国際協調といった「文明の基本原理」であるとし、それゆえ「ヨーロッパにおける文明の最後の避難所」となったイギリスがナチス・ドイツを打倒すること、またアメリカが伝統的孤立主義を捨てて参戦することを熱心に訴えている。

しかし同時に、ラスキにとってファシズムはドイツに固有の現象ではなく、むしろ西欧社会に深く根ざしたものであった。ラスキは一九四三年、『現代革命の考察』を出版する。この書名は当然、ラスキの敬愛するバークの名著にちなんだものであったが、バークにとってのフランス革命が自国の名誉革命体制の優越性を自覚させる契機であったのに対し、ラスキにとっての現代革命は、「資本制デモクラシー」という西欧の社会原理の根本的欠陥を自覚させる危機に他ならず、そこには痛切な自己反省的契機が含まれていた。

また興味深いのは、激しいナチス・ドイツ批判と並行して、ファシズム発生の原因をドイツの「国民性」に帰する本質主義的な議論に対してもラスキが的確な批判を向けていることである。ラスキは一九四一年のパンフレット『ドイツ人——彼らは人間か？（*The German: Are They Human?*）』において、ヒトラーを批判しながらもドイツの「国家的行動」と「国民的性格」とを区別しつつ、ナチズムの野蛮をドイツ人固有の暴力性へ投影させる議論を「決定的に誤った態度」として退けている。ラスキはいう。「ファシズムが打倒されなければヨーロッパの協力はありえない。しかし、ファシズムの打倒が、ドイツ人はその原罪のために容赦なく罰せられるべき犯罪国民であるという結論を導きだすならば、同様にヨーロッパの協力はありえない[62]」。

一九四一年六月、独ソ戦が始まると両軍はスターリングラードで激く衝突し、東部戦線は第二次大戦の主戦場となっていく。イギリス共産党は再度方針を転換させ、目下の戦争をファシストを殲滅する「聖戦」と位置づけるようになった。他方、アメリカのルーズヴェルト政権もまた、一九四一年一二月の真珠湾攻撃を契機に第二次大戦に参戦する。東部戦線でソ連がナチスと熾烈な戦争を繰り広げるなか、一九四四年、ノルマンディー上陸作戦によってようやく対ドイツの第二戦線が開かれ、英米ソの連合国が形成されることになった。

2　「新しい文明」

大戦末期に出版された『信仰・理性・文明』（一九四四年）には、ソ連に対するラスキの賞賛が最も熱情的な形で表れることになる。同書においてラスキは、ロシア革命の意義をキリスト教の出現とのアナロジーで強調し、貧困に対する解決として「来世の救済」を提示してきたキリスト教が衰退するにつれ、今や共産主義が現代世界での精神的指導性を代替しているという。ソ連のすべての過誤や醜悪を考慮に入れた上でなお、「ロシア革命そのものは、あたかも原始キリスト教がそうであったように、時代の想像と良心とを揺り動かし、未来に対して希望に満ちた新しい見通しを与えたのだった[63]」。その上でラスキは、共産主義を「新しい文明」として位置づけるにいたる。

ここにおいて、文明という鍵概念に即して、ファシズムと共産主義をめぐるラスキの思想変遷を整理しておきたい。

ラスキにおいて文明という言葉は、大まかに次の二つを意味していたといえる。第一に、産業発達と中産階級の出現であり、それは同時に最低限の物質的基盤保証の広がりを意味するものであった。「私は文明という言葉で、人々が高貴な目的のための十分な余暇を持つような社会生活の条件を意味する[64]」。それはすなわち、産業化に伴う生活水準の上昇とほぼ同義であったといえよう。

文明とは第二に、そのような生活水準の上昇に支えられた代議制デモクラシーの実質化である。このような文明の側面は非暴力的な政治運営、とりわけ法の支配、合意による政治、平和的な権力移譲などを含むものであった。ラスキによれば、「精神が暴力的手段に慣らされたとするならば、われわれは文明の伝統を維持することはできない[65]」のであり、「寛容の習慣は……社会的遺産に由来するものであり、文明の進歩に伴い繰り返しその価値を学び直してこそ維持されるものである[66]」。総じてラスキにおける文明概念とは、資本主義を背景とした産業発展と代議デモクラシーを中核とする西欧の社会形成であったといえよう。

しかしながら、ラスキが同時代において直面した問いは、資本主義と代議制デモクラシーとの相克であり、両立不可能性であった。資本主義は中産階級の拡大をもたらしたが、縮小期には圧倒的な貧富の格差をも強いる。代議制デモクラシーは政治権力の拡散をもたらすが、資本主義が必然的に包含する格差を克服する機能はない。「分析と検討を加えると、資本主義下のデモクラシーにおいて行われた原理は、民主的というよりもむしろ資本主義的に傾いたものであり、資本主義の原動力は常にデモクラシーの原動力と矛盾するものであった[67]」。ここに、資本主義と代議デモクラシーによって形成されてきた西欧の文明概念が自己矛盾に陥り、深刻な閉塞を生みだすこととなったのである。

ファシズムと共産主義とはいずれも、このような西洋文明に対する挑戦として現れたが、その性格には無視しえない差異があった。ラスキによれば、「ファシストの運動の根源は、ルネサンス以来、われわれが文明という言葉で意味してきたものすべてに対する憎しみなのであり[68]」、それはすなわち文明の破壊者に尽きるものであった。それゆえラスキは、第二次大戦において、「イギリスの勝利は民衆の解放にとって不可欠の条件であり、われわれの敗北は文明にとって取り返しのつかない打撃になると信じる[69]」として、イギリス政府を支持したのであった。

ボルシェヴィキの実践もまた、議会制や立憲主義の軽視などの点で文明破壊の側面を共有しており、ラスキはそのような共産主義の実践が理性や寛容の習慣を妨げ、時に「それらは文明の維持さえも不可能にしてしまうかもしれない[70]」と警鐘する。しかしながら、単に文明の破壊者たるにすぎないファシズムに対し、共産主義は、古い文明が孕む矛盾を的確に告発し、それによって文明の限界それ自体を顕在化させた、文明の内在的批判者という側面も有していた。

その上でラスキは、共産主義による西欧文明の批判の先に、文明の矛盾を克服し、文明の本来の理想を実現する「新しい文明」としての性格を見いだすにいたる。「われわれがロシア革命を理解しえる場合はただ一つ、われわれがこの革命を西欧文明の社会原理の根本的変革における第一段階として認識する場合のみである[71]」。それはあたかも、古代キリスト教の出現が世俗社会に「価値の転倒」をもたらし、律法の破滅ではなく成就、道徳の否定ではなく完成を目指したのと相似であったといえよう。ラスキは、一九三〇年代以降のソ連における農民や労働者の主体的政治参加、個人の自己実現の機会の拡充を指摘し、「これらの点でソヴィエト連邦は今日文明の最前線に位置する[72]」と結論づけている。

第六節　小括

ラスキは最終的にファシズムと共産主義を明確に区別し、前者を文明の破壊者、後者を「新しい文明」と位置づけることとなった。同時に、このような認識は一九三〇年代のイギリス知識人に広く共有されたものでもあった。長らく辺境の専制国家であったロシアが、ロシア革命を契機にヨーロッパに対する模範として現れ、かつてフランス革命に認められたような普遍性を帯びるという「突然の逆転現象」が、当時の社会主義者や左翼知識人のなかで広く説得力を持つにいたったのである。[73]

ラスキの同時代において、この「突然の逆転現象」を最も象徴的に表現したのは、一九三五年に大著『ソヴィエト共産主義――新しい文明？（*Soviet Communism: New Civilization?*）』を記したウェッブ夫妻である。同書は、一九三六年のスターリン憲法の公布を受け、一九三七年の第二版では副題の「？」は取り除かれ、「新しい文明」は肯定的な断言となった。同書の最終章は文字通り「新しい文明」と題され、そこではソ連社会における経済政策の管理運営や充実した社会保障などが強調されつつ、西欧文明とは異なる「新しい文明」の出現が指摘されている。[74]

しかし、ウェッブ夫妻がソ連に見いだした「新しい文明」は、現実の社会制度よりはむしろそれを支える原理に求められた。第一に、ウェッブ夫妻は、「西欧の社会秩序の主因力である利潤追求という動機が、生産の動因として完全に放棄されたことの大きな重要性」[75]を強調する。ソ連社会では、西欧文明における矛盾と闘争の原因である利潤追求動機が止揚され、生産の場での利己的思考や他者との敵対的競合が消滅しているという。

第二に、ソ連における宗教の否定と新たな共産主義的良心の登場である。ソ連では教条的無神論によって伝統的キリスト教は否定され、それに代わり社会規範を担保するのが、共同体への帰依を絶対化する共産主義的道徳、すなわち「いかなる個人にも普遍的に存在する社会的負債の承認」であった。ソ連において各人は自身が生まれ育った共同体に対し「大きな社会的負債」を負っており、各人はその負債を「その健康な心身の人生を通じて、彼が共同体から受けとった能力を共同体への奉仕よって」払い返す義務を負っている。[76]ウェッブ夫妻によれば、「ソヴィエト共産主義を他のすべての文明から区別させるものは、ソ連において出現しているこの傑出した道徳観」[77]であった。

これまで往々にしてラスキは、ウェッブ夫妻と同様、無批判にソ連を賞揚した左翼知識人と捉えられてきた。歴史家のD・コートは、ウェッブ夫妻と並んでラスキをイギリスの最も典型的な「同伴知識人」に位置づけ、その一九三〇年代のソ連賛美を描出しつつ、次のように指摘する。「教訓は明瞭である。聡明な知識人で一定の見識のある学者でありながら、ラスキは明らかに、希望と現実とを、家の面構えと背後の実態とを区別する能力を欠いていたのである」[78]。たしかに、ソ連の現実を実態以上に肯定的に捉えたという点において、ラスキとウェッブ夫妻のソ連評価に共通性を見いだすことは可能である。

しかし、ラスキとウェッブ夫妻のソ連評価には、無視しえない差異も存在する。第一に、ソ連体制における政治的自由に対する敏感さであり、この点において、ラスキのソ連認識は、ウェッブ夫妻のような無批判的賛美とは一定の距離をとるものではあった。ラスキは、『ソヴィエト共産主義』の第二版（一九三七年）に対する書評において、スターリン憲法をソ連体制における政治的自由の一定の前進とする点でウェッブ夫妻に同意しながらも、「ウェッブ夫妻は、たとえば恣意的な逮捕からの自由が保障されていることに注目するが、その保障が実行されているかどうかは議論しない」[79]と指摘している。ラスキによれば、ウェッブ夫妻は「スターリンが追求している偉大な目的に圧倒されてしまい、その目的実現のために採用されている手段に注意を払っていない」[80]のであった。

第二に、ラスキとウェッブ夫妻の最大の相違点は、ソ連を「新しい文明」と捉えるその理由にあったといえる。すなわち、ラスキによる共産主義の「新しい文明」としての再定位は、単に社会福祉や物質的基礎の保証という点のみを捉えたものではなく、常にその先に個人の自律や個性という価値へ回帰する道筋を伴ったものであった。たとえばラスキは、ソ連における失業からの解放や生活苦の解消に言及しているが、それらは必ず「自由な人間の根本条件」としてその価値が認められるものであった。ラスキはまた、ソ連における無償教育の実現を高く位置づけているが、その達成も常に「自己発表の能力、すなわち自己の持つ欲求を説明する能力という自由の本質から発するところの能力[81]」を涵養するものとして意義づけられている。

ラスキにとってソ連体制の本当の意義は、社会権の達成や教育制度の充実にあるのではなく、どこまでいっても、それを通じてソ連の民衆が「個性の完成をますます増進させるような状況」を享受し、「自らの運命の主人である実感を得ていること」に見いだされるべきものであった。「個性の開花は、比較可能な歴史上のいかなる時代よりも、ソ連においてよりよく実現している」[82]というラスキのソ連評価には、教育や医療、福祉の充実といったソ連の達成の向こうに、常に個人へ舞い戻ってくる再帰的な回路が留保されていたのである。

もちろん、ラスキのこのような認識が当時のソ連に対する認識として妥当であったかどうかは一つの論点であろう。しかし本書がより重視したいのは、ラスキが個人の自律や個性といった一貫した評価基準から西欧とソ連との政治体制を比較している点である。そして、ソ連体制が西欧のリベラリズムの目的をより十全な形で実現しえるという論理こそ、ラスキにとって、ソ連がイギリスやフランスよりもさらに大きな体制上の優位性を持つ、「新しい文明」たりうる証左であった。

このようなラスキの共産主義評価は、それが個人の自由と自律に着目してなされたものであったがゆえ、むしろ西欧文明に対する批判へと転化され、第二次大戦中には同意革命論という形でイギリスの社会体制の自己変革を迫る論理へと変換されていった。その意味でソ連に対する「幻想的期待」は、西欧に対する「実在的批判」へと転化されたといえる。ファシズムがなんら建設的価値を持たなかったのに対し、共産主義は、体制としては「幻想」であったとしても、その思想に示された資本主義批判、西欧文明批判という消極的意義が歴然として存在していたのである。

「新しい文明」としての共産主義と並び、一九三〇年代のラスキが期待をかけたもう一つのプロジェクトが、アメリカにおけるニューディールであった。次章では、ソ連の実験に大きな希望をかけたそのラスキが、同時代のアメリカをどのように捉えていたかを考察したい。

（1） ちなみにラスキの『共産主義』に対しては、イギリス共産党のR・フォックスという著者が反論を出版し、ラスキによる共産主義への賛辞と批判の入り混じった解説に戸惑い手こずりながらも、最終的に、ラスキの共産主義理解を「共産主義と共産党の目的に関する途方もなく驚くべき歪曲」として批判する公式見解を発表している（R. Fox, *A Defence of Communism: In Reply to H. J. Laski*, London, Communist Party of Great Britain, 1927, p. 9）。

（2） H. J. Laski, "The Socialist Tradition in the French Revolution", *Studies in Law and Politics*, London, Allen and Unwin, 1932, p. 99（関嘉彦訳「フランス革命における社会主義的伝承」『世界大思想全集26・ラスキ』河出書房、一九五六年、二四〇頁）.

（3） H. J. Laski, *Communism*, London and New York, Routledge, 1927=2015, p. 250（関嘉彦・吉田忠雄訳「共産主義論」『世界大思想全集26・ラスキ』、一四一頁）.

（4） 共産主義に対するラスキのこのような思想史的理解は、共産主義を「全体主義的デモクラシー」という概念のなかに位置づけるJ・L・タルモンによってさらに展開されていったといえる。LSEで学びヘブライ大学で教鞭をとったタルモンはラスキの弟子にあたる。

（5） 同時に、マルクスの経済学や国家論に対するラスキの理解は時に一面的、機械的であり、過度に単純化されたマルクス主義のドグマを繰り返す著述も頻繁に見られる。この点、「一九三〇年代のラスキのマルクス主義は、たとえ厚く情熱的な外皮に覆われていようとも、皮相なものにすぎなかった」というB・クリックの指摘は妥当であろう（B. Crick, "Book Reviews: Two Laskis", *The Political Quarterly*, Oxford, Blackwell, Vol. 64, Nos. 4, 1993, p. 467）。

（6） H. J. Laski, "Lenin and Mussolini", *Foreign Affairs*, September, 1923, p. 48.

（7） *Ibid*., p. 54.

（8） *Ibid*., p. 53.

（9） H. J. Laski, *Communism*, p. 235（関嘉彦・吉田忠雄訳「共産主義論」『世界大思想全集26・ラスキ』、一三一頁）.

（10） *Ibid*., pp. 170–172（同右、九五―九六頁）.

（11） H. J. Laski, *Reflections on the Revolution of Our Time*, London and New York, Routledge, 1943=2015, p. 125（笠原美子訳『現代革命の考察』みすず書房、一九五三年、一七四頁）.

(12) H. J. Laski, *Grammar of Politics*, London and New York, Routledge, 1925=2015, p. 208（日高明三・横越英一訳『政治学大綱（上巻）』法政大学出版局、一九五二年、二九七頁）.
(13) H. J. Laski, "The New Test for British Labor", *Foreign Affairs*, Vol. 8, 1929, p. 68.
(14) *Ibid.*, p. 69.
(15) H. J. Laski, *The State in the New Social Order*, London, Fabian Society, 1922.
(16) H. J. Laski, "Communism as a World Force", *International Affairs*, January, 1931, p. 29.
(17) H. J. Laski, *The Crisis and the Constitution: 1931 and After*, London, Hogarth Press and Fabian Society, 1932, p. 35（岡田良夫訳「危機と憲法」『危機のなかの議会政治』法律文化社、一九六四年、一三八頁）.
(18) *Ibid.*, p. 35（同右、一三八頁）.
(19) *Ibid.*, p. 34（同右、一三六頁）.
(20) H. J. Laski, *The Labour Party and The Constitution*, London, The Socialist League, 1933, p. 1.
(21) H. J. Laski, "On Some Implications of the Crisis", *The Political Quarterly*, London, Macmillan, Vol. 2, No. 4, 1931, p. 467（岡田良夫訳「一九三一年の政治的危機について」『危機のなかの議会政治』、八九頁）.
(22) *Ibid.*, p. 468（同右、九〇頁）.
(23) Letter from H. J. Laski to F. Frankfurter, 6 September, 1931（I. Kramnick and B. Sheerman, *Harold Laski: A Life on the Left*, London, The Penguin Press, 1993, p. 291）.
(24) I. Kramnick and B. Sheerman, *Harold Laski: A Life on the Left*, London, The Penguin Press, 1993, p. 309.
(25) H. J. Laski, *Faith, Reason and Civilization*, New York, The Viking Press, 1944, p. 155（中野好夫訳『信仰・理性・文明』岩波書店、一九五一年、二一四―二一五頁）.
(26) H. J. Laski, *Reflections on the Revolution of Our Time*, p. 91（笠原美子訳『現代革命の考察』、一二五頁）.
(27) H. J. Laski, *Where Do We Go From Here?*, New York, The Viking Press, 1940, p. 95（堀真清訳『ファシズムを超えて』早稲田大学出版部、二〇〇〇年、六三頁）.

（28） H. J. Laski, *The State in Theory and Practice*, London, Allen and Unwin, 1935, p. 131（石上良平訳『国家——理論と現実』岩波書店、一九五二年、九七—九八頁）.
（29） イギリス挙国内閣を「セミ・ファシズム」ないし「疑似ファシズム（crypto-fascism）」とする認識は、決してラスキの極論ではなく、一九三〇年代後半にはコールやクリップスなど労働党左派に広く共有されたものであった（P. Corthorn, *In the Shadow of the Dictators*, London and New York, Tauris Academic Studies, 2006, pp. 35–36）。
（30） H. J. Laski, “Hitler over England”, *The Nation*, June, 1935, p. 653.
（31） H. J. Laski, “Introduction to the Pelican Edition”, *Liberty in the Modern State*, Harmondsworth, Penguin Books, 1937, p. 34（岡田良夫訳「自由の危機とファシズム」『危機のなかの議会政治』法律文化社、一九六四年、二三三頁）.
（32） H. J. Laski, “The General Election, 1935”, *The Political Quarterly*, January/March, 1936, Vol. 7, No. 1, p. 15.
（33） 富永幸生・鹿毛達雄・下村由一・西川正雄『ファシズムとコミンテルン』東京大学出版会、一九七八年、一七五—一七六頁。
（34） H. J. Laski, *The State in Theory and Practice*, pp. 301–302（石上良平訳『国家——理論と現実』、二三五頁）.
（35） *Ibid.*, p. 303（同右、二三六頁）.
（36） D. Caute, *The Fellow-Travelers: A Postscript to the Enlightenment*, London, The Macmillan Company, 1973, p. 157.
（37） H. J. Laski, “Introduction to the Pelican Edition”, *Liberty in the Modern State*, Harmondsworth, p. 15（岡田良夫訳「自由の危機とファシズム」『危機のなかの議会政治』、二〇四頁）.
（38） H. J. Laski, “Review of *The ‘Twopenny’ Spain*”, *The Left News*, Left Book Club, September, 1938, p. 973.
（39） H. J. Laski, “Topic of The Month: Reflections on The ‘White’ War’”, *The Left News*, August, 1939, p. 1356.
（40） H. J. Laski, *Where Do We Go From Here?*, pp. 18–19（堀真清訳『ファシズムを超えて』、七頁）.
（41） J. Fyrth, ed., *Britain, Fascism and the Popular Front*, London, Lawrence and Wishart, 1985, p. 13.
（42） H. J. Laski, “The Review of *World Politics, 1918–1936*”, *Left Book News*, July, 1936, p. 42.
（43） Letter from H. J. Laski to F. Frankfurter, 18 October, 1936（小笠原欣幸『ハロルド・ラスキ——政治に挑んだ政治学者』勁

草書房、一九八七年、一一七頁).

(44) V. Gollancz, "Albert Hall Rally: Verbatim Report", *The Left News*, March, 1937, p. 287. レフト・ブック・クラブについての研究には、J. Lewis, *The Left Book Club: A Historical Record*, London, Littlehampton Book Services Ltd., 1970 (鈴木建三訳『出版と読書——レフト・ブック・クラブの歴史』晶文社、一九九一年)、富岡次郎『イギリス社会主義運動と知識人』三一書房、一九八〇年を参照。

(45) 富岡次郎『イギリス社会主義運動と知識人』三一書房、一九八〇年、二四七—二四八頁。

(46) H. J. Laski, "Albert Hall Rally: Verbatim Report", *The Left News*, March, 1937, p. 293.

(47) G. D.H. Cole, *Socialism and Fascism: 1931–1939*, London, Macmillan, 1960, p. 83 (臼井久和訳『社会主義とファシズム』ダイヤモンド社、一九七四年、八四頁).

(48) 富岡次郎『イギリス社会主義運動と知識人』、二四九頁、強調引用者。

(49) J. P. Sartre, *Plaidoyer pour les intellectuels*, Gallimard, 1972, pp. 73–74 (佐藤朔・岩崎力・松浪信三郎・平岡篤頼・古屋健三訳『知識人の擁護』人文書院、一九六七年、八四頁).

(50) I. Kramnick and B. Sheerman, *Harold Laski: A Life on the Left*, p. 181.

(51) H. J. Laski, "A Leningrad Letter: II", *The Nation*, 25 July, 1934, p. 101. もちろん、ラスキのソ連解釈は、同時代的な情報の制約もあり、限界を孕んでいた。たとえば、ソ連における粛正や政治抑圧は対外的脅威のゆえであるとするラスキに対して、G・オーウェルはそれを批判し、「ソ連における独裁制は、ソ連体制が軍事的にも経済的にも強固になればなるほど、明らかに強化されている」と反論している (G. Orwell, "Review of *Reflections on the Revolution of Our Time* by Harold J. Laski", *Observer*, 10 October, 1943)。

(52) H. J. Laski, *Liberty in the Modern State*, London and New York, Routlege, 1930=2015, p. 41 (飯坂良明訳『近代国家における自由』岩波書店、一九五一年、三〇頁).

(53) H. J. Laski, "Introduction to the Pelican Edition", *Liberty in the Modern State*, p. 47 (岡田良夫訳「自由の危機とファシズム」『危機のなかの議会政治』、二五三頁).

(54) H. J. Laski, *I Speak to You as a Socialist*, Alabaster, Passmore and Sons, 1941, p. 3.

(55) H. J. Laski, *Where Do We Go From Here?*, p. 48（堀真清訳『ファシズムを超えて』、二八頁）.

(56) H. J. Laski, *Reflections on the Revolution of Our Time*, p. 66（笠原美子訳『現代革命の考察』、八九頁）.

(57) H. J. Laski, "British Labor's War Aims", *The Nation*, 30 September, 1939, p. 341.

(58) H. J. Laski, "On Britain's Left and Right", *The Nation*, 11 November, 1939, p. 521.

(59) このようなラスキの批判に対して、イギリス共産党は目下の大戦を第一次大戦と同様の「帝国主義戦争」であるとして、ラスキに反論している。それによれば、英独二つの帝国主義を比較した上でドイツの打倒を優先させるラスキの議論は、イギリス帝国主義を免罪し、イギリスの労働者にイギリス政府を打倒する義務を失念させるものであるという（R. Groves, *It Is an Imperialist War: A Reply to Laski's Defence of the War*, London, Maybank Press, 1940, p. 7）。

(60) H. J. Laski, "Preface", V. Gollancz, ed., *The Betrayal of the Left: An Examination and Refutation of Communist Policy From October 1939 to January 1941: With Suggestions for an Alternative and an Epilogue on Political Morality*, London, Victor Gollancz, 1941, p. xiv.

(61) H. J. Laski, et al., *The Economic Revolution*, London, Peace Aim Pamphlet, No. 5, 1941, p. 23.

(62) H. J. Laski, *The German: Are They Human?: A Reply to Sir Robert Vansittart*, The Left Book Club, 1941, p. 8.

(63) H. J. Laski, *Faith, Reason and Civilization*, p. 144（中野好夫訳『信仰・理性・文明』、一九九頁）.

(64) H. J. Laski, *The Dangers of Obedience and Other Essays*, New York, Harper and Brothers, 1930, p. 273.

(65) H. J. Laski, "Lenin and Mussolini", p. 54.

(66) H. J. Laski, *Liberty in the Modern State*, pp. 80–81（飯坂良明訳『近代国家における自由』、七五頁）.

(67) H. J. Laski, *Reflections on the Revolution of Our Time*, p. 126（笠原美子訳『現代革命の考察』、一七七頁）.

(68) H. J. Laski, "Review of *Spanish Testament* by Arthur Koestler", *The Left Book News*, December, 1937, p. 608.

(69) H. J. Laski, et al., *The Economic Revolution*, p. 24.

(70) H. J. Laski, "The Value and Defects of the Marxist Philosophy", *Current History*, October, 1928, p. 27.

（71） H. J. Laski, *Reflections on the Revolution of Our Time*, p. 42（笠原美子訳『現代革命の考察』、五三頁）.

（72） H. J. Laski, *Liberty in the Modern State*, p. 40（飯坂良明訳『近代国家における自由』、三〇頁）.

（73） F. Furet, *Le passé d'une illusion: essai sur l'idée communiste au* XXe *siècle*, Paris, Laffont, 1995, p. 121（楠瀬正浩訳『幻想の過去——二〇世紀の全体主義』バジリコ、二〇〇七年、一五六頁）.

（74） S and B. Webb, *Soviet Communism: A New Civilization?*, Vol. 2, London, Longmans, 1935, p. 1137.

（75） *Ibid*., p. 1122.

（76） *Ibid*., p. 1136.

（77） *Ibid*., p. 1137.

（78） D. Caute, *The Fellow-Travelers: A Postscript to the Enlightenment*, p. 112.

（79） H. J. Laski, 'Book Review', *Political Quarterly*, January/March, 1938, Vol. 9, No. 1, pp. 130–131, emphasis added.

（80） *Ibid*., pp. 132–133.

（81） H. J. Laski, *Reflections on the Revolution of Our Time*, p. 48（笠原美子訳『現代革命の考察』、六二頁）.

（82） H. J. Laski, 'A Leningrad Letter: II', *The Nation*, 25 July, 1934, p. 101.

第五章　ニューディールと「政治の自律性」

はじめに

本章では、一九三〇年代から四〇年代にかけてのアメリカ政治、とりわけルーズヴェルトのリーダーシップに関するラスキの著作に着目しながら、「政治の自律性」に対するラスキの一貫した期待を提示したい。そのような考察を通じて、言論や象徴を駆使した知識人の政治参画が現実政治の方向性を左右し、同時代の運命を決しうるというラスキの信念が浮き彫りになるだろう。

ラスキにとってのアメリカ時代の最も大きな遺産は、ホームズ、ブランダイス、フランクフルターなどアメリカのリベラルな学者や知識人との生涯にわたる親交関係であった。(1) ラスキは頻繁に『ニューリパブリック』などアメリカの論壇誌に寄稿し、フランクフルターによれば、一九二〇年のイギリス帰国後もほぼ隔年でアメリカに渡航し、講演活動や有力者との面会を行っていたという。(2) とりわけ、一九三〇年代以降のニューディールの展開は、アメリカ政治に対するラスキの関心を劇的に高めるものであり、ラスキは評論やエッセイを通じてニューディールに対する同時代的観察を活発にする。

そのようなラスキのアメリカ政治観察は、一九四〇年の『アメリカの大統領制』、一九四八年の大著『アメリカのデモクラシー』、そして一九五〇年の『新しい社会における労働組合』などに結実し、これらはいわばラスキのアメリカ三部作をなすものであった。

そのアメリカにおける第二次大戦後のラスキ評価は、冷戦構造の影響を最も色濃く反映したものであった。アメリカの政治学者ディーンによるラスキ研究はその代表であり、そこでは、一九三〇年代にマルクス主義を受容して以降、「ラスキの分析では、あらゆる点において、政治は独立変数として実質的には消滅してしまっている」[3]とされる。また冷戦後に刊行されたアメリカ人ベストのラスキ研究は、ラスキのアメリカでの交遊関係の地理的および人脈的偏りを指摘し、東海岸のユダヤ系リベラル知識人のみと交流したラスキは、ニューディール期の政治観察においてもそれを攻撃する保守派の勢力を過大視したとするものであった。総じてアメリカでのラスキの記憶のされ方は、大西洋の向こうから社会主義の福音を伝播させる「マルクス主義者ラスキ」としてのそれが主流であったといえよう。

しかしながら、ラスキのアメリカ論、とりわけ一九三〇年代のニューディールに対するラスキの着目を考察する時、そのような「マルクス主義者ラスキ」にとって政治やリーダーシップという概念がいかに大きな意味を持ち、その潜在的力に期待が寄せられていたかを窺うことができる。一九三〇年代アメリカは、ラスキにとって、いわば「政治の復権」の可能性が試された舞台であったとさえいうことができよう。

以下、ラスキによる一九三〇年代のアメリカ政治分析を考察することで、「マルクス主義者ラスキ」がいかにしてリーダーシップや「政治の自律性」という観点に期待をかけていたかを考察したい。

第一節　問題の背景

本章の考察の前提として、ヨーロッパの政治思想史にとってのアメリカの位置について簡潔に触れておきたい。ヨーロッパの政治思想家にとってアメリカは長らく、ヨーロッパとは異質でありながら、同時にヨーロッパで失われた理念や目的を実現しうる政治実践の場でもあった。森政稔の整理に従えば、アメリカはそれ自体で偉大な「政治思想のテキスト」を生みだすことはなかったが、それにもかかわらず、「アメリカはその実践において『政治』の営みがなお生きている特権的な地域として幾人もの政治思想の著述家によって高く評価されてきた[4]」という経緯がある。たとえば、政治思想史上のアメリカ論の古典である『アメリカのデモクラシー』は、フランス人であるトクヴィルによって書かれたものである。もとよりトクヴィルにとってアメリカは「額縁」にすぎず、主題はデモクラシーすなわち「神意としての平等の漸次的進展」であったが、それはアメリカに投影されたヨーロッパの将来であった。

また、アレントは『革命について（*On Revolution*）』のなかで、アメリカ革命における政治実践をフランス革命と対比させて高く評価している。アレントにとって革命の試金石は、平等な市民たちが言語を媒介にして活動する「自由の空間」を樹立しえるかどうかであり、タウンミーティングや区制を通じて「小共和国」を実現したアメリカ革命は、いわば古代のポリスの再現であり、「政治の復権」であった。そのようなアレントによる「自由の空間」としてのアメリカ理解はまた、古典古代の共和主義的徳に着目して建国期アメリカを捉えるJ・G・A・ポーコックの『マキャベリアン・モメント（*Machiavellian Moment*）』とも共振するものであったといえよう。

第二次大戦後のアメリカでは、S・ウォーリンが『政治とヴィジョン（*Politics and Vision*）』を出版し、「リベラル」な福祉国家がもたらした「非政治性」を批判しながら、政治の価値をめぐる議論を活性化させ、極めてダイナミックなデモクラシー観を提示してきた。ウォーリンにとって政治とは、単に政治過程への参加のみならず、民衆が日々、自分たちで権力を構成していくための能動的なヴィジョンを伴ったものであった。

このようにアメリカとは、ヨーロッパの政治理論家にとって「自ら擁護しようとする政治のあり方」を実現させる舞台であり、いかなる方向性やイデオロギーに向かうのであれ、その目的を実現する政治実践の躍動が大きな力を持つ政治社会、いわば「政治的なもの」の実践の場所であり続けたといえる。(5)

そのようなアメリカ認識は、ラスキにおいても同様であった。とりわけ、ヨーロッパにおけるナチス興隆を見た一九三〇年代以降、ラスキはアメリカのニューディールに希望を見いだし、それによってデモクラシーへの期待をつなぐことができた。マーティンが述べるように、「ヨーロッパにおいてハロルドがデモクラシーにほとんど絶望した民主主義者であったとしても、アメリカにおいて彼は、デモクラシーが奇跡を行いえると依然として信じている民主主義者であった(6)」。その意味でラスキもまた、ヨーロッパに失望した政治理論家が、自身の夢をアメリカの実験に託すというパターンを踏襲しているといえる。

第二節　第一期ニューディール

1　一九二〇年代のアメリカ政治

ボストン警官ストライキの経験を反映しつつ、一九二〇年代のアメリカに対するラスキの認識は極めて否定的なものであった。この時期のラスキのアメリカ認識は「利己主義的なビジネス文明」としてのそれであり、ラスキはアメリカ人を、ビジネスに専心して公共意識や政治的関心を忘却した存在として捉えている。(7)

またこのような否定的アメリカ観は、同時代のアメリカ政治の閉塞とも重なっていた。ラスキは長期化する共和党政権に対して軽蔑を抱いていたが、同時に二大政党の政治的同質性も深く認識し、民主党にも強い不満を持っていた。ラスキは「〔民主と共和の〕両政党の要求にはなんら本質的な差異が見受けられず」、「両政党の利害が実際には一致しているという基本的な事実」を見逃してはならないという。[8] ラスキは、一九二四年の大統領選に際し、民主党の党内抗争の果てに消去法で選出された妥協候補J・W・デイヴィスに強い幻滅を示し、一九二八年の大統領選挙では、アイルランド系カトリック教徒で進歩的とされたA・スミスに対してもまったく期待を抱いていなかった。

このようなラスキの立場は、一九三二年に民主党のルーズヴェルトが大統領に当選しても変わらなかった。ルーズヴェルト当選の報を受け、ラスキはホームズに対し、「フーヴァーが負けたのにほっとしていますが、ルーズヴェルトの勝利に感激する気分にもなれません」[9] と書き送っている。ラスキはルーズヴェルト当選を歓迎しながらも、その利点はフーヴァー時代の終焉をもたらした一点に尽きるとし、またその当選も可能な限り社会党の大統領候補N・トマスの善戦の末にそうなることを望んでいた。

ルーズヴェルト当選直後、ラスキはアメリカの雑誌論文において、当選大統領ルーズヴェルトに対する懐疑的な態度を堅持し、過度な期待を抑制しながら両義的な評価を表明している。[10] そのような態度の背後には、アメリカにおける政治の力に対するラスキの悲観があったといえよう。アメリカ資本主義の強固さや自由放任のイデオロギーを踏まえれば、「一二年間の共和党施政のゆゆしき習慣と伝統を覆すことは……その本質において革命である」[11]。そしてラスキは、ルーズヴェルトがその革命に取り組むための十分な行政権限や強い政治的意志を備えているのか、慎重に見極めていたといえよう。

以下、ニューディール研究の通例にならい、ニューディールをその第一期（一九三三—三四）と第二期（一九三五—三八）に区分し、それぞれの時期におけるラスキのアメリカ政治認識の変遷を考察していきたい。

2　第一期ニューディールの「百日間」

一九三三年三月、第一期目の就任式に挑んだルーズヴェルトは、その就任演説で「恐れなければならないのはただ恐れのみである」と宣言し、直面する危機を乗り越える唯一の方法として、交戦時に認められるのと同等の強く広範な行政権を要求し、その強大な権力を梃子に改革を進めようとした。

強力な権力を備えた、ある意味で独裁的な指導者によって経済混乱に終止符を打ってほしいという声は、アメリカの有権者のなかに強く存在した願望でもあった。ルーズヴェルトの妻エレノアは、大統領就任式を回想して、「フランクリンの就任演説が戦時下の大統領に与えられている特別権限の行使が必要とされるかもしれないというくだりに来ると、一番大きな拍手がわいた(12)」としている。

ルーズヴェルトはこのような国民世論を背景に、大統領就任後の「百日間」で数多くの法律を通過させる。就任直後のルーズヴェルトは、まず緊急銀行法によって全銀行を閉鎖させて取りつけ騒ぎを収束させるとともに、ラジオ演説を通じて直接国民に銀行預金の安全を訴えつつ、政府の監督と援助の下に健全な銀行から取引を再開させた。このようなラジオ演説は「炉辺談話（fireside chat）」と呼ばれ、ルーズヴェルトの重要な政治手法の一つとなる。

また、ニューディールの中核を担う農業調整法（ＡＡＡ）と全国産業復興法（ＮＩＲＡ）はいずれも、生産制限と価格支持および高賃金を通して購買力を付与し、それによって経済回復を図るという共通の性格を持つものであった。その他にもルーズヴェルトは、失業対策と地域開発、電力供給を兼ねたテネシー河流域開発公社法（ＴＶＡ）、青年失業者を募集して自然資源の保全作業に従事させる民間資源保存団（ＣＣＣ）など、多くの斬新で意欲的な復興計画を短期間のうちに矢継ぎ早に実行し、ニューディールを加速させていく。

一九三〇年代初頭のラスキは、イギリス政治危機やドイツでのナチスの台頭に直面し、ヨーロッパ世界の展望について大変悲観的になっている時期であった。そこにおいてニューディールの力強い躍動は、ラスキにとって、アメリカへの関心を再活性化させるとともに、政治の力に対する期待を甦らせるものであった。

ラスキは一九三四年、アメリカの雑誌『アトランティック・マンスリー』に論考「ルーズヴェルトの実験（"The Roosevelt Experiment"）」を寄せる。ラスキによれば、ルーズヴェルトが一九三三年に引き継いだアメリカは、失業者と社会不安のアメリカであり、人々は「彼らが暮らす社会制度の善意（*bona fides*）に対する信頼を失っていた」[13]。しかし、ニューディールの試みにより、アメリカでは、少なくとも大恐慌以降の危機を克服するために、国家が主導権をとり、国民には「常に何かが行なわれている」という実感があったという。そしてルーズヴェルトは、まさにその信頼と期待のために、政治体制に対するアメリカ国民の忠誠心や帰属心を回帰させ、「既存体制の秩序に対する人々の信頼を維持させることができた」[14]。ニューディールの「百日間」をへて、ルーズヴェルトに対するラスキの評価は劇的に好転していく。

3　ニューディールをめぐる運動的要素

ニューディールは元来、一連の「政策」であると同時に、自らその実現圧力を生みだす「運動」でもあった。一九三三年七月、ルーズヴェルトは、全国復興庁（ＮＲＡ）の長官に陸軍軍人のＨ・ジョンソンを任命する。ジョンソンは即座に、ニューディールを大規模な大衆運動にまで発展させるべきだとルーズヴェルトに進言した。直情径行なジョンソンは、ワシントンの官僚や財界を毒舌で攻撃しながら、陸軍の飛行機を徴用してアメリカ全土にわたる大規模な国民運動、「青鷲運動（Blue Eagle）」を繰り広げていった。

ジョンソンは、不況克服のための政治運動への国民参加を呼びかけ、「われわれは職分を果たす（We Do Our Part）」と銘記された青鷲の標章を全国復興局の呼びかけに対する応諾のシンボルとして広く頒布する。青鷲の標章は、工場や商店のショーウィンドーへの掲示や製品への刻印を通して、アメリカ国民の生活に入りこんでいった。またジョンソンは、大衆集会、街頭宣伝、ブラスバンドの行進などあらゆるアピール手段を総動員して民衆の支持を喚起し、「運動の心理学」を作りあげていった。ルーズヴェルトはジョンソンに大規模な国民運動の組織化を委ねながら、自身はラジオを通じた「炉辺談話」によって、全国規模での国民の協力を要請した。

このような青鷲運動の政治手法は、同時期に興隆したナチスのプロパガンダと酷似しているという批判を左右両翼から受けながらも、確実に国民の生活に浸透していく。一九三三年九月にはニューヨークで大規模な青鷲パレードが開催され、その運動は最高潮に達した。一九三四年の中間選挙では民主党ニューディール派が大勝し、国民の支持が確認される結果となった。

しかし、ニューディールがもたらした政治運動の機運は、じきにニューディールの専売特許を離れ、むしろニューディールを批判する対抗運動をも覚醒させ、アメリカ政治はそのダイナミックな運動的局面を迎えることになる。

ニューディールに対する批判運動としては、一九三四年、民主共和両党を横断した保守派の重鎮政治家たちが、北部財界の資金的支援を受けて結成したアメリカ自由連盟があり、「ルーズヴェルト独裁反対」と「自由企業の擁護」を主張した。さらには、元ウォール街の金融家のL・デニスが率いるアメリカ・ファシスト党が、「白人プロテスタントのアメリカ」を黒人やユダヤ人から守ると主張してニューディールを攻撃した。

しかし、ルーズヴェルトにとってより深刻な脅威は、アメリカ特有の反知性主義に依拠しながら伝統的ポピュリズムに訴えた、ニューディールに対する「左」からの批判運動であった。このような対抗運動としては、カリフォルニア州を中心にデマゴーグ的色彩の強い大胆な老齢年金計画を掲げたF・タウンゼントの「老人の十字軍」運動、中西部での「人民党運動（Populist）」の記憶に訴えながら、ラジオ説教を武器に侮辱的言辞でルーズヴェルトを攻撃したC・コグリン神父の社会正義全国同盟、そしてルイジアナ州を中心に大企業批判と貧民救済で民衆の支持を得ながらルーズヴェルトを脅かしたH・ロングの運動などがあった。

とりわけルーズヴェルトを脅かしたのは、ロングであった。一九二八年にルイジアナ州知事に当選以降、専制的な政治手法によって医療整備や道路建設を進めたロングは、一九三二年に上院議員として国政へ進出する。その後、ロングは大企業を攻撃するポピュリスト的手法で「富の共有運動(Share Our Wealth)」を組織し、ルーズヴェルト批判を明確に打ちだすことによって一九三六年の大統領選への立候補を模索するようになる。仮にロングを中心にしてタウンゼント、コグリンの三者が提携すれば、それはルーズヴェルト再選を阻止する第三の有望な候補者となると見られてきた。

これらの左右の反ニューディール運動に対して、ルーズヴェルトはさらなる「左旋回」を鮮明にした第二期ニューディールによって応え、国民的支持を背景に「右」からの批判をはねのけつつ、「左」からの対抗運動の要求を巧みに取りこみ、運動の圧力を吸収包摂していくことになる。

4　ソ連とアメリカという「二つの希望」

一九三〇年代初頭のラスキは、ナチスが台頭するヨーロッパ情勢に極めて悲観を強めていただけに、ニューディールの力強い躍動は、ラスキにとってアメリカへの関心を再活性化させるとともに、政治への期待を甦らせるものであった。

ラスキは一九三四年の論考「ルーズヴェルトの実験」において、ルーズヴェルトを、「先進資本主義社会において、意図的かつ体系的に、国家権力をその社会の基本的前提を統御するために利用しようとする最初の政治家」、「国家の政治的権力を用いて、経済政策の全領域にわたり、重要な所得の再配分を敢行しようとする最初の政治家」であると位置づけ、強い期待を表明する。ラスキによれば、「ルーズヴェルト大統領は、実際、彼自身の社会実験に適合するよう、アメリカ資本主義にその形態変容を要求する試みを行っている[15]」のである。

その上でラスキは、ニューディールの試みを同時代のソ連共産主義と比肩する二〇世紀の社会実験と捉え、両者を並列的なプロジェクトとして捉えている。「私には、希望を託せるようなことが実行されているのは、世界のなかでルーズヴェルトとロシアの二ヵ国だけのように思われます」[16]。一九三〇年代のラスキにとって、ニューディールとソ連の実験は、資本主義からの解放という共通の目的を目指す二つの方法であり、その意味でニューディールもまた「新しい信仰（new faith）」なのであった[17]。

それと同時にラスキは、ニューディールに固有の困難をも指摘している。資本主義からの解放運動を貫徹する上で、ロシア革命という方法は残忍かつ野蛮で、そして疑いもなく実効的であった。これに対してルーズヴェルトが試みる方法は合憲的なものであり、あるいはそれゆえ、社会を資本主義原理から解放させる実効性は未知数であった。ラスキはいう。「ルーズヴェルトの試みを評価する際に重要なことは、彼が提示した目的だけではなく、この目的達成を導く精神と気質である」。ルーズヴェルトは、ロシア革命と同じ目的を追求しながら、ロシア革命とは別の方法を模索している、すなわち「彼は『同意革命（revolution by consent）』を試みている」[18]のである。

しかしながら、第一期ニューディールの一連の政策をへて、ルーズヴェルトに対する経済界、司法、議会からの抵抗はますます激しくなり、ニューディールは試練を迎える。ラスキは、ニューディールが待ち受けるジレンマを次のように表現している。「ビジネスマンや資産家は、ルーズヴェルトの政策が彼らにも見返りや繁栄をもたらすことが証明されない限り、大統領の政策に同意を提供しないであろう。しかし、大統領がビジネスマンや資産家の支持や同意を獲得しない限り、繁栄は彼らを報いはしないであろう。これこそ現政権が直面しているジレンマである」[19]。そして、ニューディールの実験が成功するかどうかの核心もここに存していたのである。

第三節　第二期ニューディール

1　第二期ニューディールの「左旋回」

一九三五年の夏以降、ルーズヴェルトは巧みに政権の統一を維持しながら、第二期ニューディールの「百日間」に乗りだしていく。第二期ニューディールは、ロングなどのポピュリスト的な格差是正要求を吸収してその運動の芽を摘むために、労働長官のF・パーキンスが述べるように、政権の姿勢を明確に「中道やや左」に旋回させたものであった。

第二期ニューディールでは、事業促進局などを通じて引き続き失業対策が継続されるとともに、全国労働関係法（ワグナー法）によって労働者の最低賃金や団結権が強化され、労働者側への援助が明確化された。しかし、第二期ニューディールの目玉は何より、年金、失業保険、身体障害者に対する生活扶助などを定めた社会保障法であり、この全国的な整備の発表はドイツやイギリスに先立つものでさえあった。

このような社会保障制度の確立を踏まえ、一九三八年の年次教書で、ルーズヴェルトは次のように述べている。「政府はついに自国民の福祉に責任を持つようになった。もし私的な協力の努力をしても、働く意欲のある人々に職を与えられない場合には、その人たちの困難は自分の責任ではないのであるから、彼らは政府に援助を求める権利がある。そしてその政府が政府の名にふさわしい政府ならば、適切な応答を与えなければならない」[20]。

元来、一九一〇年代に革新主義を進めたのはT・ルーズヴェルトの共和党であり、経済に対する国家介入政策は民主共和両党に存在していた。しかし一九三〇年代のニューディールにいたり、国家介入政策は民主党の専売特許となり、共和党はそれへのコミットメントを著しく希薄化させたといえる。ルーズヴェルトはこの点において両党の差異を強調し、「近代史上、アメリカの二大政党が今日ほど対照的な立場に立ち、際立った相違を示したことはない」と述べている。

一九三五年以降の第二期ニューディールの「左旋回」は、ニューディールをめぐる賛否をさらに先鋭化させ、世論を大きく二分し、政治を流動化させた。そしてルーズヴェルトは、その巧みな政治感覚によってこの流動的状況における対立軸を整理し、自身に有利なように演出して国民の前に提示した。同時代のリップマンは、ルーズヴェルトによる「左旋回」を、保守派に対しては政権が全国産業復興法の違憲判決からの立ち直りを示し、ロングらポピュリストに対してはそのルーズヴェルト批判を無効化させるものであり、「FDR一流の策動」であると捉えている。「ルーズヴェルトは驚くほど自信に満ちており、その政治的洞察力は薄気味悪いほど的確です[21]」(リップマン)。一九三六年の大統領選挙は、このような情勢のなかで行われた。

2 ルーズヴェルトとラスキの親交

一九三六年一一月の大統領選は、明確にニューディールの是非をめぐり争われることになる。ルーズヴェルトは実情以上に実業界や共和党との敵対関係を演出し、自身が労働者と農民の代弁者であるという構図を浮かびあがらせた。大統領選の最中、ルーズヴェルトは有名なマディソン広場演説で、独占資本を「経済的王党派」、「わが内部の敵」と決めつけ、それらに果敢に対峙する自らの姿を鮮明に印象づけている。「今日、ビジネス界は私への憎悪だけで団結しており、わが国の歴史上、一人の候補にこれほど包囲網が形成されたことはない。彼らは私への憎悪において完全に一致している――私は彼らの憎悪を歓迎し、その憎しみを受けて今ここに立ちあがる」。

一九三六年大統領選挙におけるキャンペーンは、ルーズヴェルトの政治的才覚がいかんなく発揮された好例であり、ルーズヴェルトは共和党のA・ランドンをかつてない大差で破り二選を果たした。またこの勝利は、選挙に先立ち、一九三五年九月、司法人事をめぐる私怨からロングが暗殺されるという数奇な運命によっても、さらに確実なものにされた。一九三六年の大統領選におけるルーズヴェルトの支持基盤は旧来の民主党支持層を大きく拡大させたものであり、これ以降、労働者、失業者、女性、移民、黒人および東部のリベラル知識人層などが民主党の固定的な支持基盤、いわゆる「ルーズヴェルト連合（Roosevelt Coalition）」を形成し、その後のアメリカ政治を大きく規定していくことになる。

この大統領選の直前、ラスキの親友でルーズヴェルトの「ブレイン・トラスト」の一人であったフランクフルターが、ヨーロッパの政治情勢についての助言者にふさわしい人物として、ラスキをルーズヴェルトに紹介している[22]。ラスキとルーズヴェルトは一九三五年四月、ホワイトハウスで初めて面会する。両者の思想的また性格的な相性は明らかに合致し、それ以降、両者は書簡のやりとりを通じて緊密な関係を構築し、ラスキは渡米の折はたいていルーズヴェルトを表敬訪問するようになる。

第二期ニューディール以降、ラスキは、フランクフルターと並んでルーズヴェルトの非公式の政治アドヴァイザーの位置にいたといっても過言ではない。とりわけ、全国産業復興法に対する最高裁の違憲判決など、ルーズヴェルトが窮地に陥るたびに、ラスキは大統領を励まし、事態打開のための戦略について助言し、アメリカにおけるニューディールの前進がヨーロッパの社会主義にもたらす影響の大きさを力説する役割を担った。

このような個人的関係を通して、ラスキはニューディールへの全幅の支持を表明するとともに、むしろルーズヴェルトに影響を与えてニューディールを方向づけていこうとさえするようになる。他方、ルーズヴェルトとフランクフルターはラスキの急進的社会主義に対してしばしば反対の意を示したが、彼らとラスキの書簡が示すところでは、「しかしルーズヴェルトはラスキを敬愛しており、フランクフルターはラスキを愛していた[23]」。ラスキがルーズヴェルトの意思決定にどれだけ実質的な影響を与えたのかは不明だが、ルーズヴェルトの返信はたいてい温かく感謝に満ちたものであった。

しかしながら、ラスキとルーズヴェルトとの関係の親密化に伴い、ラスキの影響力は実情以上に過大視され、保守派からの批判を招くことにもなった。元来、アメリカのマルクス主義者の著作があまりに教条的であったため、むしろイギリス人ラスキの著作がそれに代替し、「彼は合衆国で、アメリカ国内のマルクス主義者の誰よりもはるかに強い影響力を持った[24]」人物であった。共和党の保守派にとって、このイギリス労働党のブレーンは大西洋の向こうからやってくる「不吉な知らせの鳥」であり、アメリカの民主党左派に対して社会主義政策と政治戦術を伝承するフィクサーとして映るようになっていった。彼らにとってラスキは、ブランダイスやフランクフルターといったユダヤ系知識人と同様、典型的な「都市型インテリ左翼ユダヤ人」を代表する人物であり、ラスキは保守派のメディアからしばしばニューディールを陰であやつる「ジューディール（Jew Deal）」と攻撃されることとなる[25]。

3 ニューディールへの攻撃

一九三三年以降のルーズヴェルトの施政は、かつてないほど強化された大統領権限と、それを支持する国民人気という基盤に支えられたものであった。しかし他方、アメリカの政治制度は元来、行政権の突出を許さない三権分立、連邦権力の肥大化を規制する州権力など、多元的な権力抑制原理を含むものであった。行政権を積極的に行使するルーズヴェルトのリーダーシップは、このような対抗的制約の度重なる挑戦を受けながら、政治のダイナミズムを生みだしていった。

第一にニューディール批判の声を挙げたのは、経済界であった。大恐慌に直面した経済界は、それが経済の自律的メカニズムによって克服できないと悟ると、当初は政府の景気回復策を期待したが、景気が持ち直しはじめると、転じてニューディールによる経済規制を企業活動の桎梏と捉えるようになる。もちろん、ニューディールの主要立法に対するビジネス界の関与はニューディール史研究において大きな論争点の一つであり、北部の企業家たちがニューディール立法を部分的に容認あるいは推進したという見方も可能である。しかし少なくともラスキの同時代認識は、経済界はニューディールを「しのびよる社会主義（creeping socialism）」として排撃する抵抗勢力であるとするものであった。

事実、第一期ニューディールに際して、ルーズヴェルトの進める経済改革は「ケレンスキー型の社会主義的経済政策」であるという批判が定義も曖昧なまま流布され、ニューディールの危険性を印象づける心理的影響を残した。またニューディールは、強力な行政権を発動する指導者によって、広範な政治運動の基盤の上に遂行されたという点において、同時代のドイツやイタリアで進行していたファシズムの一種であるという批判も盛んに論じられた。

ニューディール批判の第二は、司法である。連邦最高裁判所は、当初リベラル派と保守派がほぼ拮抗し、非常時対策としてニューディール政策を静観していた。しかし一九三五年以降、中間派の判事が保守派に合流しはじめ、最高裁判事の全員一致でニューディール政策の中心である全国産業復興法に、次いで農業調整法に違憲判決が出される。最高裁判決の根拠は、行政部の権限の肥大化が三権分立原則を逸脱しているという点、および連邦政府の権力拡大が州政府の権限を侵蝕しているという点にあった。

ラスキはこのような最高裁判所の法理を「ビジネスマンの哲学」を反映したものと捉え、最高裁のアメリカ憲法解釈に潜むイデオロギー性を強く指摘している。アメリカでは、大統領による経済政策は裁判所の見解によって制限されており、その裁判所の見解は財産権を死活的利益とする一階級の影響力によって決定されている。「立憲制度の枠内で、政治力の経済力への従属についてのこれ以上に顕著な例はない[26]」。ラスキは、アメリカにおける最高裁判所の階級的役割をイギリスにおける上院のそれと同等視している。

ニューディールに立ちはだかる第三の障壁は、議会である。ラスキによれば、「反大統領的であることがアメリカ議会の本能的かつ生まれつきの傾向」であり、「議会の歴史、とりわけ上院のそれは、ある視点からすれば、大統領を傀儡化させようとする不断の試みであると要約することができよう[27]」としている。

このような議会と大統領との制度的対立は、一九二〇年代の共和党政権期にはそれほど表面化しなかった。W・ハーディング、C・クーリッジ、H・フーヴァーは、行政権の肥大化を自制するという建前の下、その行使には極めて抑制的であり、共和党政権期は「大統領の側の意識的な権力放棄の時代であった[28]」からである。しかしながら、「自身の職権についてのフランクリン・ルーズヴェルトの解釈は極めて積極的であり、外交であれ内政であれ、議会が審議を強いられる課題はことごとく、大統領が審議を要求した課題である[29]」。そして、大統領と意見の違いを見いだした時ほど議会が活躍することはなく、したがって大統領にとって、「議会は彼の施政の信用を傷つけるためにのみ存在するものであることを確信してよい[30]」のである。

ラスキは、ニューディールに対して加えられる様々な制約、攻撃、対抗運動といった趨勢のうちに、アメリカ社会における政治と経済の拮抗関係、民主的基盤に基づく行政権の行使とそれに反発する強固な経済構造とが織りなすダイナミズムを見てとっている。

4　ルーズヴェルト三選

一九三九年、ラスキは七ヵ月間にわたるアメリカ長期滞在を行い、その感想を『ニューリパブリック』誌に二回にわたり掲載する。そこにおいてラスキは、ソ連と同様、アメリカでは経済危機や自然災害など個人の責任を超えた苦難が生じた時、必ず政府という保障が存在するという感覚が醸成されているという。「その限界が何であれニューディールによって、路頭にあふれる人々は、よかれ悪しかれ国家とはその活動が彼らの人生を変えることができる肯定的な道具なのだと実感できるようになった[31]」。

またラスキは、同年、ルーズヴェルトの演説や政府白書を集めた政治資料集に序文を寄せ、「連邦政府は……アメリカの歴史に前例のないほど、大衆の物質的福利厚生に対して巨大な責任を負うように迫られて」おり、ニューディールがその要求に応えることによって、「とりわけ労働者階級のなかに……『国家の実感（the sense of the state）』が醸成された」と述べている[32]。

しかしながら、アメリカではG・ワシントン以来大統領任期は二期八年が慣例化しており、ルーズヴェルトにとって三選出馬はデリケートな問題であった。ここにおいてアメリカの政局の推移を決定づけたのは、一九三九年九月、ドイツのポーランド侵攻によって勃発した第二次大戦であった。ルーズヴェルトは当初は伝統的モンロー主義の立場からヨーロッパ情勢を中立的に静観していたが、「すべてのアメリカ人がその考えにおいても中立であることを期待するものではない」とする談話を発表し、連合国側の勝利を求めるというメッセージは明確であった。

自らの三選出馬については慎重に世論の動向や党内情勢を見極めていたルーズヴェルトだが、一九四〇年夏のフランス降伏などヨーロッパ戦線の危機的状況を受け、結局、A・リンカンの格言「川の途中で馬を乗りかえるな」という世論に押される形で、一九四〇年の大統領選挙に三選出馬する。アメリカの知識人はおおむねこの決断に好意的であり、ラスキもまた二期八年という慣行はワシントンに固有の偶然的事情にすぎないとして、ルーズヴェルト三選出馬を支持している。

一九四〇年の大統領選の争点は、これまでのニューディールに対する一大審判である以上に、ナチスのヨーロッパ席巻を前に、第二次大戦の連合国指導者としてのルーズヴェルトに対する信任投票であったといえる。共和党の有力議員は「ルーズヴェルトはウェンデル・ウィルキーを相手にしていない、アドルフ・ヒトラーが相手なのだ」と漏らし、ラスキもまたルーズヴェルト大統領に三選をもたらした立役者は、ヒトラーでありムッソリーニであると見ていた。

ルーズヴェルトが三選を果たすと、ラスキはアメリカからの新聞を「飢えるように読み」、フランクフルターには、ファシズムが席巻する世界において、ホワイトハウスにルーズヴェルトがいることは、「恐ろしい砂漠のなかのオアシスである」と書き送っている。ルーズヴェルトに宛てたラスキの熱い祝電には、三選によってようやくニューディールで進められた労働者保護や社会保障が「アメリカの国民的伝統の一部」として確立されたとし、次のように書かれている。「大統領選の勝利はあなたの個人的運命の問題ではなく、アメリカ国民の問題だけでもありません。それはより大きな問題、すなわち、来たるべき時代に自由世界における創造的なアメリカが生き残るか、ならず者が人間の尊厳を押し黙らせる鉄拳支配の時代となるか、という問題を左右します[33]」。

第四節　ルーズヴェルト論

1　『アメリカの大統領制』

一九四〇年の大統領選の最中、ラスキはインディアナ大学での出張講義を基に『アメリカの大統領制』を出版する。同書の主旋律は、民主的基盤に依拠しながら拡大されていく大統領権限に着目し、その大胆な権力行使を正当化するものであった。同書はそのタイムリーな出版時期から、学術論文の体裁を纏ったルーズヴェルトへの援護射撃といえるものであり、事実、ラスキはルーズヴェルトへの私信で次のように述べている。「いわゆる教授たちがいうところの適切な『客観性』を保たせたつもりですが、内容はあなたの敵対者たちをひどく激怒させるでしょう。学術的な装いの下で時事的な本を書くことほど面白いことはありません[34]」。同書はアメリカの読者層に広く受けいれられ、アメリカにおけるラスキの著作のなかでは最も販売部数の多いものとなった[35]。

元来、ラスキの歴史叙述や社会認識には、大別して三つの方法論的特徴があったといえる。第一にマルクス主義的な下部構造重視論で、生産関係や階級構造などから現象を捉えるこの視点は、唯物史観を受容したとされる一九三〇年代の著作、とりわけ『国家——理論と現実』や『ヨーロッパ・リベラリズムの発達』などに明瞭に示されている。

第二に文化や伝統、宗教、メディア、人種、国民性などの人類学的考察から社会の権力構造を分析する、いわば上部構造からの視点であり、この分析視角は一九四八年の大著『アメリカのデモクラシー』に代表されるといえよう。ラスキにとって、政治制度の機能は常にその社会の文化、宗教、伝統、人種構成によって影響を受け、したがってそれらの要因とともに考察されなければならないものであった。

そして第三に、偉大な思想家や卓越した政治家個人の意志や決断力、リーダーシップなど属人的要素への着目であり、ここにおいて一九四〇年の『アメリカの大統領制』は、ラスキの政治認識における属人的要素への着目が最も明瞭に浮きあがった著作といえる。一九三〇年代以降はマルクス主義を受容したとされるラスキだが、その後も、歴史において「偉大な個人」が果たす類まれなリーダーシップや現状変革能力への着眼は常に留保されており、そのような属人的要素への関心は、ラスキのなかで下部構造重視論と矛盾なく並存していたといえる。

ラスキのアメリカ論における属人的要素への着目は、いうまでもなくルーズヴェルトのパーソナリティやリーダーシップの分析として現れる。ラスキはルーズヴェルトを、「いかなる角度から見ても、第一次大戦後の世界の最も重要な政治家」とし、そのパーソナリティを精査することは「民主的な政府のダイナミズムが孕む卓越した重要性」への洞察、さらには「リーダーシップとは何か、それが政治システムを利用して国家を有意義なものにする可能性、経済権力と政治権力との相互作用、目的に対する正しい手段の選択、顕著な世論を喚起する政治的能力などの問題についての洞察を与えてくれる」[36]と述べている。

一九三〇年代のラスキは、一方において下部構造を重視するマルクス主義の社会認識に最も接近しながら、他方においては、アメリカ政治分析においては政治家ルーズヴェルトのパーソナリティに着目し、そのリーダーシップが現実を変革していく事実を、下部構造とは別の領域において捉えていたのである。

2 ルーズヴェルトの思想

ラスキは、ルーズヴェルトの思想や政治的理念は決して「社会主義者（socialist）」ではなく、「言葉の肯定的な意味でリベラルである」とする。そして、そのようなルーズヴェルトのリベラリズムとは、「自分では統御できない巨大な経済的運命に抗う市井の人々に対する貴族的な同情」と、「アメリカが安寧を維持するためには、時代が急速に変化する時は、それに対する制度も急速に順応しなければならないという彼の信念」から構築されているという[37]。

事実、ルーズヴェルトは、一九三二年大統領選に際し、文明を一本の老木にたとえながら、「ラディカルは『切り倒せ』といい、保守は『手を触れるな』というが、リベラルは中間をとって『古い幹と新しい枝を育てるために剪定しよう』という[38]」と述べている。ここには、伝統の墨守と破壊との双方を否定し、フロンティア消滅後のアメリカの変化を正確に捉える時代認識と、それにあわせて連邦政府の機能を変化させていこうとするルーズヴェルトの立場が示されているといえよう。

しかし、ルーズヴェルトには体系的な思想や主義があったわけではなく、ニューディールもそのような哲学や信念とは無縁であった。事実、ルーズヴェルト政権の労働長官であったパーキンスは、ルーズヴェルトがある新聞記者から自身の政治哲学を問われ、ぶっきらぼうに、「哲学ですか。私はキリスト教徒で、民主党員です。それだけだな」と答えた逸話を紹介している[39]。

このように、ルーズヴェルトには原理的な主義というものはなく、政局と政策の双方において「日和見主義者（opportunist）としての貴族」（R・ホフスタッター）とでもいうべきものであったが、むしろそのような折衷主義的性格は、状況に応じた臨機応変な政権対応を可能にさせたといえる。ラスキはいう。「彼は命令し、説得し、懐柔し、警告し、脅迫する。状況の複雑さに応じた彼の巧みな対応は多様である。しかしその多様さは、人間の内面の不安定さからに由来するものではなく、困難で海図のない大海を航行する巨大な船をつかさどるキャプテンの必要性に由来するものである[40]」。

また、ルーズヴェルトの発想に学問的根拠がなかったことは、ケインズと面会した際に、ルーズヴェルトが経済学の基本事項をほとんど知らないことにケインズが驚いたという逸話でもよく知られている。ホフスタッターによれば、ルーズヴェルトの経済的知識は聞きかじり程度で、「一度、関税問題に関する選挙演説原稿の準備中、二つのまったく対立する考え方が出された際、ルーズヴェルトは気軽に、『両方をつき混ぜたらよかろう』といってR・モーレイに二の句をつげさせなかった[41]」という。ルーズヴェルトの思考スタイルは、徹頭徹尾、実験的、実際的、そして印象本位であった。

しかし、ニューディールを牽引したのは、まさにそのような即興的で実験的なルーズヴェルトのパーソナリティであり、ホフスタッターが述べるように、「ニューディールの奥底にあったものは、哲学ではなく『気質（temperament）』であった[42]」。そしてそのような実験的気質が、先入観にとらわれず、ドグマを排し、試行錯誤の中からプラグマティックに方針を打ちたて、アメリカ経済の活性化のためなら何でも斬新に実験してみる問題解決的思考方式を可能にしたといえる[43]。その意味で、ニューディールとは「偉大な即興」（リップマン）であり、十年以上にわたりその「即興」を率いぬいた実験的気質こそ、ルーズヴェルトの「政治的天才の秘密」（モーレイ）なのであった。

3　ルーズヴェルトのリーダーシップ

ではルーズヴェルトの政治的リーダーシップにはどのような特徴があっただろうか。ルーズヴェルトの政治手法で特筆すべき第一は、様々に異なる立場や傾向を持った人材を一〇年以上にわたりまとめあげた、その統率力である。

ルーズヴェルトを支えた「ブレイン・トラスト」は、もしルーズヴェルトがいなければ分散していたような多様な個人や集団からなっていたが、ルーズヴェルトは巧みな政治手腕でこれらの人々をつなぎあわせた。

一九三〇年代初頭、リップマンは、ルーズヴェルトが多様な集団に八方美人を貫くことは不可能なので、ルーズヴェルトの支持者は遅かれ早かれ失望を味わうだろうと踏んでいた[44]。しかしその後も、ルーズヴェルトは相互に異なる政治勢力をニューディールの目的の下に結びつける扇の要の役割を通したのであり、それはひとえに「ルーズヴェルトの特別な個人的性格」によるものであった[45]。

ルーズヴェルトの政治手法の第二の特徴は、自身への反対勢力をわかりやすく刺激的な言葉で定義し、自らがそのような巨大な反対勢力に果敢に挑んでいるという印象を国民に強く印象づける、敵対関係の巧みな演出である。それは、「ビジネス界は一致して私を憎んでおり、私はその憎悪を糧にますます力強く立ち上がる」と宣言した、一九三六年大統領選におけるマディソン広場演説にも示されている。このような政治戦術によって、一九三六年の大統領選では、ルーズヴェルトは民主共和両党の対立図式になって以来未曾有の大勝利を収めることになった。

しかし同時に、ルーズヴェルトによる政敵批判は、その苛烈で刺激的な言辞とは裏腹にどこか茶目っ気があり、演説の調子は全体として陽気であった。また経済界やウォール街を批判する際も、「溺れているのを助けてもらったのに帽子が流されたと救助者に怒る老人」、「医者を呪うことしか知らない退院したばかりの患者」などと、わかりやすくユーモアのあるたとえを忘れなかった。ルーズヴェルトの対人関係におけるその調子がまた、単に相手を批判するだけでなく、批判のなかにも人間味を醸しだし、聴衆を楽しませ、いつの間にか政敵それ自体をも懐柔していくルーズヴェルトの政治的手腕であったといえよう。

ルーズヴェルトの政治手法の第三の特徴は、自身に味方する世論を喚起し、政治運動を盛りあげる手腕の巧みさであった。ラスキによれば、大統領の権力をとりまく多元的制約のなかで大統領が依拠しえる最大の政治的資源は国民世論であり、それは大統領が自身のために動員しえる最も重要な政治的基盤であった[46]。国民は大統領に統合の象徴と政治的リーダーシップを求め、逆に大統領は権力分立による政治的均衡のなかで直接に国民世論に支持調達を求める。そして、就任直後からラジオを通じた「炉辺談義」によって大衆の生活のなかに入りこんだルーズヴェルトは、政治の課題と民衆生活とを結びつけ、国民世論を自らの政治的な「切り札（trump）」として味方につけるという点において巧みであった[47]。自分に有利な世論を喚起し、それを作りあげていくルーズヴェルトの手腕は、ニューディールを単に一連の「政策」とするだけでなく、持続的なキャンペーンを通じた「運動」へと展開させる動因となっていく。

このようなラスキのルーズヴェルト評価は、多くの場合、ラスキによる「理想の政治家像」の詳述でもあったといえる。ラスキにとって理想的な大統領像とは、有権者との親近性と異質性の双方をあわせ持つ存在、すなわち、「彼は民衆との接点を決して失ってはならず」、「彼は普通の民衆の胸のなかに漠然とある渇望をはっきりと表現してやるようでなければならない」が、それと同時に、「彼は決して民衆に支配されてはならない[48]」ような人物であった。それはまさに、R・ピールが述べるような「意見は衆と同じく、人間は衆と異なる人間」、バジョットが述べるような「凡庸な意見を持った非凡な人物（uncommon man of common opinions）」であった。

そしてルーズヴェルトこそ、大衆デモクラシーの時代におけるある種の理想的なリーダーシップ像を体現する存在であったといえる。ルーズヴェルトという稀代の政治家のリーダーシップに導かれながら、大衆的基盤に依拠したニューディールという運動が、アメリカの巨大な経済的規定力を打破しえるかどうかこそ、ラスキが着目した一九三〇年代アメリカ政治のダイナミズムであった。

第五節　ニューディールへの評価

一九四四年、第二次大戦の長期化を受け、ルーズヴェルトはほぼ無風で四選される。しかし、この時すでにルーズヴェルトは体力の衰えは明らかであり、一九四五年二月のヤルタ会談に出席した後、ルーズヴェルトは同年四月に死去する。

戦後、ラスキは一九四八年の『アメリカのデモクラシー』、一九五〇年の『新しい社会における労働組合』などの著作でニューディールへの最終的評価を下している。ニューディールは後に、アメリカのニューレフトの立場から、「資本主義体制を救済するための国家権力と独占資本との結合」として批判されることになるが、それは同時に、まさにその結合によって国家機構と資本主義の双方の性格変容を招くものでもあった。そしてラスキのニューディール評価も、この点にかかわるものであった。

ラスキは、ニューディールの肯定的遺産として、第一にそれがもたらしたアメリカ国家の性格変容を挙げる。ニューディールは、一九二〇年代末から徐々に拡大しつつあった国家機構を失業救済のための道具へと転化し、それは国家の使用目的の転換とそれに伴う性格変容を招いたといえる。このような国家機構の性格変容は、失業者や労働者、黒人層など「忘れられた人々(forgotten people)」に「国家の感覚」を実感させ、彼らを体制の疎外者から体制の受益者へと包摂し、体制への信頼回復と国民統合を可能にするものであった。

第二に、ニューディールを通した連邦政府の機能拡大と大統領の権力増加は、それによって資本主義にも一定の体質改善をもたらしたといえる。景気回復や市場動向に対する連邦政府の影響が自明視され、銀行に対する政府規制も強化された。農民の利益保障や労働者保護、社会防衛の必要も政府の任務であるという意識が一般化した。これは、民主的正当性を帯びた政治による、行政や国家機構を通じた資本主義の経済原理に対する抑制といえるであろう。

しかし、ラスキは、ニューディールの限界もまた指摘している。第一に、ニューディールとは結局、失業の「撲滅」ではなく「緩和」を目指したものであり、「社会福祉国家の限定版」[49]にすぎないものでもあった。ラスキはルーズヴェルトの社会政策を「T・H・グリーンやホブハウスが根本的に考慮すべき原則と考えたような、リベラルな立法を示すいくつかの例」と同等視し、一九三〇年代のニューディール政治について「一九〇六年から一九一四年にかけてのイギリスにおける自由党政権を連想させるようなもの[50]」とも述べている。ルーズヴェルトは、「ビジネス文明」を本質とするアメリカニズムの根本原理は許容しつつ、そこから派生する不都合に果敢に対応したにすぎないのであり、それゆえアメリカニズムの「復興（restoration）」こそがニューディールの目的であった。

ニューディールの第二の限界は、それがまさにルーズヴェルトの属人的要素によって推進された事実の裏返しとして、ルーズヴェルト死後、それがまとまった政治勢力としては著しく弱体化した点であった。ルーズヴェルトは、自分の下に集まる雑多な人々に共通点を見つけだし、結果的にアメリカにおける最広義のリベラル勢力を政治的に統合することができた。しかし、ニューディールの持続的展開は「ルーズヴェルトの特別な個人的性格[51]」に大きく依存し、それゆえ、結果的にルーズヴェルトの死後急速に分散していく。もちろん、ルーズヴェルト死後も妻のエレノアやH・ウォレス、モーレイといった政治家や著名人がニューディールを継承しようと努めた。しかしながらこれらの勢力は政治的実権においては脆弱であり、広範に統合された政治勢力として権力の中枢を担うということはもはやなかった。[52]

戦後のラスキは、南部民主党員と共和党との間の事実上の同盟によってルーズヴェルトの政治は消滅し、アメリカ政治は一九三三年以前の風景に戻りつつあるとしている。[53] 一九三〇年代のニューディールは、結果的にルーズヴェルトの個人的運命とその道程をともにしていたのであった。

第六節　小括

以上を踏まえながら、最後に、ラスキのニューディール論の意味を再考しておきたい。冒頭に触れたように、第二次大戦後のラスキ解釈を規定してきたディーンによれば、「マルクス主義信仰への帰依」を示した一九三〇年代以降のラスキにおいては、その経済決定論の主張によってもはや現実の正確な認識は不可能になり、「政治は独立変数として実質的には消滅してしまった[54]」とされてきた。しかし、ラスキのニューディール論を考察することは、一九三〇年代のラスキを通俗図式的なマルクス主義者と位置づけるこのような解釈の一面性、イデオロギー性を最も如実に暴露することになるであろう。ラスキのアメリカ論ほど、リーダーシップと政治運動に対するラスキの期待、ラスキにおける政治の契機が前景化される主題はないからである。

たしかに一九三〇年代のラスキは、政治に対する経済的権力の強い影響力を誰よりも深く認識し強調もしていた。しかし同時に、そのような経済的権力の重視は、はたして政治が経済構造を打破する力を持ちえているのかという同時代的関心の裏返しであったといえる。さらにいえば、政治的現実を規定する経済構造に対するラスキの悲観主義的なまでの強調は、逆説的にも、それを覆い返す「政治の自律性」を探究するための準備作業に他ならなかったとさえいえよう。

そのような視点からラスキのニューディール論を見る時、政治に関する経済決定論的発想ほどラスキと無縁なものはなく、したがって、マルクス主義を受容して以降、ラスキにおいて「独立変数としての政治」は消滅してしまったという切り捨て方ほどラスキの政治学が持つ豊饒さを捨象してしまう解釈はない。ラスキによる一九三〇年代アメリカ政治論は、政治が規定されている構造的条件を認識しつつ、他方で政治がそれ独自のダイナミズムによって経済構造に影響を与える、その自律性に対する着眼であった。ニューディールを追うラスキの視点は何よりも「独立変数としての政治」に向けられているのであり、ラスキは「政治の自律性」を誰よりも強く希求した論者であったといえよう。

このような「政治の自律性」の確認は、政治変革に向けて知識人の言論闘争が持つ独自の意義を認めることでもあり、したがって、労働者階級のヘゲモニーの構築に対するラスキの積極的関与の前提となるものであった。元来、マルクス主義におけるヘゲモニー概念とは、経済発展法則によって説明不可能な事態が生じた場合の「補完的必要」から導入された説明原理であった(55)。しかし、革命に際しての「政治の自律性」が意識化されるにつれ、ヘゲモニーは単に補完的カテゴリーではなく、むしろ社会変革における主戦場の一つと見なされることになる。そして、このようなヘゲモニー闘争の磁場こそ、観念を操り、思想を組みかえることによって社会変革を導く「イデオロギーの張本人」(コーザー)としての知識人が活躍する領域であった。

一九三〇年代のアメリカを舞台にしてラスキが探究した「政治の自律性」は、第二次大戦期のイギリスにおいて、「民主的な政治圧力が行政権力を通じて下部構造を変革しえるか」という同意革命論の試みへとつながることになる。次章では、晩年のラスキが最も力を注いだ政治実践である同意革命論について考察したい。

(1) 一九一九年、ラスキは『ニューリパブリック』の同僚たちとともに、LSEをモデルとした研究教育機関としてニューヨークの「ニュースクール (New School for Social Research)」の設立にも尽力しており、創立初期の「非常勤講師 (lecturer)」として講義を行っている (*New School Bulletin*, Vol. 7, No. 36, 8 May, 1950)。

(2) BBC, "Justice Felix Frankfurter's Contribution to The BBC's Harold Laski Programme" 15, November, 1961, p. 4.

(3) H. A. Deane, *The Political Ideas of Harold J. Laski*, New York, Columbia University Press, 1955, p. 192 (野村博訳『ハロル

ド・ラスキの政治思想』法律文化社、一九七七年、一九三頁)。

(4) 森政稔「現代アメリカと『政治的なもの』の危機」(二〇〇二年)、『〈政治的なもの〉の遍歴と帰結——新自由主義以後の「政治理論」のために』青土社、二〇一四年、二七二頁。

(5) 同右、二七三頁。

(6) K. Martin, *Harold Laski: A Biographical Memoir*, London, Victor Gollancz, 1953, p. 93(山田文雄訳『ハロルド・ラスキ——一社会主義者の歩み』社会思想研究会出版部、一九五五年、一二七頁)。

(7) H. J. Laski, "American Scene", *New Republic*, 18 January, 1928.

(8) H. J. Laski, *Democracy in Crisis*, London and New York, Routledge, 1933=2015, p. 44(岡田良夫訳『危機にたつ民主主義』ミネルヴァ書房、一九五七年、三一頁)。

(9) Letter from H. J. Laski to O. W. Holmes, 12 November, 1932 (M. D. Howe, ed., *Holmes–Laski Letters: The Correspondence of Mr. Justice Holmes and Harold J. Laski 1916–1935*, Vol. II, Cambridge, Harvard University Press, 1953, p. 1416).

(10) H. J. Laski, "What Will Mr. Roosevelt Mean to Europe", *Labour Magazine*, Vol. 11, No. 8, 1932.

(11) H. J. Laski, "President Roosevelt and Foreign Opinion", *The Yale Review*, Vol. 22, 1933, p. 712.

(12) A. M. Schlesinger Jr., *The Age of Roosevelt: The Coming of the New Deal*, The Riberside Press, 1960, p. 1(佐々木専三郎訳『ローズヴェルトの時代Ⅱ——ニューディール登場』論争社、一九六三年、三頁)。

(13) H. J. Laski, "The Roosevelt Experiment", *The Atlantic Monthly*, Vol. 153, No. 2, February, 1934, p. 144.

(14) *Ibid.*, p. 149.

(15) *Ibid.*, p. 143.

(16) Letter from H. J. Laski to O. W. Holmes, 28 January, 1934. (M. D. Howe, ed., *Holmes–Laski Letters: The Correspondence of Mr. Justice Holmes and Harold J. Laski 1916–1935*, Vol. II, p. 1466). ニューディールとソ連の実験を並列視するラスキの意図は、米ソ両国が二つの異なった地点から出発しながらも、二つの体制が根本的に異質なものではないと示すことによって、ニューディールを「社会主義のアメリカ」へいたるための体系的改革として位置づけるとともに、他方でスターリン体制の政治的自由化、民主化を促すという側面があったともいえる。

(17) H. J. Laski, "The Roosevelt Experiment", *The Atlantic Monthly*, p. 150. ちなみに、R・H・ソルトウは、ラスキのアメリカ認識について次の傾向を指摘している。「イギリスに関するラスキの見解が時に過度に絶望的になりがちだったのに対し、アメリカに対する見解は過度に楽観的になる傾向があった」(R. H. Soltau, "Professor Laski and Political Science", *The Political Quarterly*, Vol. 21, No. 3, July/September, 1950, p. 309)。

(18) *Ibid*., p. 144.

(19) *Ibid*., p. 149.

(20) W. E. Leuchtenburg and the Editors of LIFE, *New Deal and Global War*, New York, Time, 1964, p. 37(清水博司訳『ニューディールと世界戦争』時事通信社、一九六四年、三七頁).

(21) R. Steel, *Walter Lippmann and the American Century*, Boston, An Atlantic Monthly Press Book, 1980, p. 311(浅野輔訳『現代史の目撃者――リップマンとアメリカの世紀(下巻)』、TBSブリタニカ、一九八二年、三七頁). リップマンやデューイなどアメリカ知識人によるニューディール評価については、井上弘貴「ニューディールの挑戦、ニューディールへの挑戦――リベラリズムの転機と合衆国の知識人たち」『政治思想研究』風行社、第一二号、二〇一二年を参照。

(22) I. Kramnick and B. Sheerman, *Harold Laski: A Life on the Left*, London, The Penguin Press, 1993, p. 398.

(23) M. Freedman, ed., *Roosevelt and Frankfurter: Their Correspondence 1928–1945*, An Atlantic Monthly Press Book, 1967, p. 23.

(24) A. M. Schlesinger Jr., *The Age of Roosevelt: The Politics of Upheaval*, The Riberside Press, 1960, pp. 173–174(佐々木専三郎訳『ローズヴェルトの時代Ⅲ――大変動期の政治』論争社、一九六三年、一六〇頁).

(25) I. Kramnick and B. Sheerman, *Harold Laski: A Life on the Left*, p. 395.

(26) H. J. Laski, *The Rise of European Liberalism: An Essay in Interpretation*, London and New York, Routledge, 1936=2015, p. 251(石上良平訳『ヨーロッパ自由主義の発達』岩波書店、一九五一年、二五七頁).

(27) H. J. Laski, *American Presidency*, New York, Grosset and Dunlap, 1940, p. 130(尾住秀雄訳『アメリカの大統領』汎洋社、一九四一年、一六七頁).

(28) *Ibid.*, p. 137（同右、一七五頁）.

(29) *Ibid.*, p. 140（同右、一七八頁）.

(30) *Ibid.*, p. 119（同右、一五二頁）.

(31) H. J. Laski, "America Revisited: I", *The New Republic*, 12 July, 1939, p. 268.

(32) H. J. Laski, "The Public Papers and Address of Franklin D. Roosevelt", *The University of Chicago Law Review*, 1938, p. 32.

(33) Letter from H. J. Laski to F. D. Roosevelt, 26 August, 1940（Franklin D. Roosevelt Presidential Library）.

(34) Letter from H. J. Laski to F. D. Roosevelt, 19 August, 1939（Franklin D. Roosevelt Presidential Library）.

(35) G. D. Best, *Harold Laski and American Liberalism*, New Brunswick, Transaction Publishers, 2005, p. 110.

(36) H. J. Laski, "America", *The New Statesman and Nation*, 25 June, 1938, p. 1090.

(37) H. J. Laski, "The Public Papers and Address of Franklin D. Roosevelt", p. 24.

(38) W. Safire, *The New Language of Politics: An Anecdotal Dictionary of Catchwords, Slogans, and Political Usage*, New York, Random House, 1968, p. 232.

(39) F. Parkins, *The Roosevelt I knew*, New York, The Viking Press, 1946, p. 330.

(40) H. J. Laski, "The Public Papers and Addresses of Franklin D. Roosevelt", p. 25.

(41) R. Hofstadter, *The American Political Tradition and the Men Who Made It*, New York, Vintage Books, 1948, p. 328（田口富久治・泉昌一訳『アメリカの政治的伝統II――その形成者たち』岩波書店、二〇〇八年、二三〇頁）.

(42) *Ibid.*, p. 315（同右、二〇四頁）.

(43) 同時にH・ジンは、ルーズヴェルトが「プラグマティスト」であったにもかかわらず、マルクス主義的な発想や言辞は決して自身の政策指針として受けいれなかったことを指摘している（H. Zinn, "Introduction", *New Deal Thought*, Indianapolis, Bobbes-Merrill Company, 1966, p. xxviii）。

(44) R. Steel, *Walter Lippmann and the American Century*, p. 291（浅野輔訳『現代史の目撃者――リップマンとアメリカの世紀（下巻）』、一三頁）.

（45） H. J. Laski, "The American Political Scene", *The Nation*, 23 November, 1946, p. 582.

（46） H. J. Laski, *American Presidency*, pp. 150–153（尾住秀雄訳『アメリカの大統領』、一九一―一九五頁）.

（47） H. J. Laski, "The Democratic Convention", *The New Statesman and Nation*, 27 July, 1940, p. 81. このようなリーダーシップへのラスキの関心は、同時代のアメリカの評論家H・クローリーの主張と重なるものであった。クローリーもまた、大統領権力は三権のなかで唯一、政策の方向性を示すものであり、したがって大統領権力は議会や裁判所に対して優越的な地位を占めるべきだと考えていた。ラスキの親友マーティンは次のように述べている。「今日ラスキの著書『アメリカの大統領制』に眼を向けるならば、そして特にフランクリン・ルーズヴェルトやニューディールの分析に眼を向けるならば、そのなかにクローリーの強く主張する声、『リーダシップ、リーダシップ』という声を聞くことができるだろう」（K. Martin, *Harold Laski: A Biographical Memoir*, p. 34＝山田文雄訳『ハロルド・ラスキ――一社会主義者の歩み』、四〇頁）.

（48） H. J. Laski, "The Public Papers and Address of Franklin D. Roosevelt", p. 28.

（49） H. J. Laski, *American Democracy: A Commentary and An Interpretation*, London and New York, Routledge, 1949=2015, p. 69（東宮隆訳『アメリカ・デモクラシー（I）』みすず書房、一九五二年、一三四頁）.

（50） H. J. Laski, *Reflections on The Revolution of Our Time*, London and New York, Routledge, 1943=2015, p. 134（笠原美子訳『現代革命の考察』みすず書房、一九五三年、一八七頁）. ちなみに、ニューディールが体制基盤として確立されたことに対する批判的解釈として、一九六〇年代以降、革新主義からニューディールまでを「国家資本主義」の形成期と見るニューレフトのアメリカ史観が加わることになる。この立場によれば、ニューディールは政治的配慮の濃い「民主化」の側面と、経済的領域における実質的な資本力の補強という二重の性格を有しており、それらが体制の存続を図るために「国家資本主義」を形成したとされる。ラスキもまたニューディールのそのような二面性を部分的に捉えてはいるが、とはいえ、著述の全体のバランスからすればニューディールの肯定点により多くの比重がおかれており、その意味でラスキのニューディール評価は、一九六〇年代以降のニューレフト史学によるニューディール批判とは同一視できないものである。

（51） H. J. Laski, "The American Political Scene", p. 582.

（52） 同時に、ルーズヴェルト死後のニューディール勢力の分散化は、一九三〇年代になされたニューディールの諸改革がいわば

「リベラル・コンセンサス」として、民主共和両党の境界を越えて戦後のアメリカ政治に埋めこまれたことの裏返しであるということもできる。ルーズヴェルト死後、アイゼンハワー政権を中心とする一九五〇年代の共和党政権が、政府による福祉政策が共産主義に対する最大の防護壁となるという理由から、企業への課税や規制、労働者保護、「粗野な個人主義（rugged individualism）」の否定などの点において、むしろニューディールの課題を引き継ぎ、ある程度達成させたという見解について、J. A. Delton, *Rethinking the 1950s: How Anticommunism and the Cold War Made American Liberal*, New York, Cambridge University Press, 2013 を参照。

（53） H. J. Laski, *American Democracy: A Commentary and An Interpretation*, p. 735（東宮隆訳『アメリカ・デモクラシー（I）』、一八一頁）.

（54） H. A. Deane, *The Political Ideas of Harold J. Laski*, p. 192（野村博訳『ハロルド・ラスキの政治思想』、一九三頁）.

（55） 早川誠『政治の隘路——多元主義論の20世紀』創文社、二〇〇一年、一七三頁。

第六章　第二次世界大戦と同意革命

はじめに

本章では、イギリスにおける議会主義と現代革命との相克を論じた一九三〇年代以降のラスキの著作を対象とし、同意革命論と呼ばれる第二次大戦期のラスキの実践を考察したい。同意革命論とは、ニューディールを通じて確信した「政治の自律性」、すなわちデモクラシーを通じた下部構造の変革という課題を総力戦体制下のイギリスで実演しようとしたラスキ晩年のモチーフであった。それはまた、民衆の政治的主体化に依拠して社会主義を引きよせようとする、公共的知識人としてのラスキの総決算的な試みであり、「ラスキの政治思想において真のオルターナティヴ」（小笠原欣幸）であった。

ラスキの著作に「同意革命（revolution by consent）」という発想が示されたのは、一九二九年に遡る。初の本格的な労働党政権の成立に際し、ラスキの見通しは楽観的ではなく、イギリスにおける旧体制の頑強な構造を前に労働党が多くの困難に直面するだろうことを予見していた。したがって、労働党が本当にイギリス国家の本質を変革するためには、貴族階級や上院、金融資本や行政官など支配層の「効果的な同意（effective consent）」を獲得する必要があり、それがイギリス独自の「立憲的革命（constitutional revolution）」への道だとされた。[1] ここに、同意革命というラスキのモチーフの萌芽が現れている。

一九三〇年代アメリカのニューディールもまた、同意革命というラスキの構想を発展させるものであった。ラスキは、ニューディールをロシアの社会実験と比肩するものとしながら、時に野蛮で流血も辞さない「ロシアの方法」に対して、ルーズヴェルトの方法はそれとは異なるもう一つの選択肢であり、すなわち立憲的革命と位置づけている。[2]

このような同意革命をラスキが実際に探究したのが、第二次大戦期のイギリスにおいてであった。一九三〇年代のラスキは、一方において国家機構の階級的性格を強調し、したがって革命的な社会変革の不可避性を強調しながら、他方、イギリス議会主義の歴史的安定の秘訣に期待をかけてもいた。そこにおいて同意革命論は、この二つの問題意識の交錯点に現れ、ファシズムに対する総力戦体制と挙国一致の社会的気運をそのままイギリスの社会主義化へと転回させようとするものであった。

ラスキの同意革命論については、ラスキに批判的な立場の研究者はもとより、ラスキの親友や労働党の政治家からも一般に低い評価が下されている。ディーンによれば、労働党が挙国内閣からの離脱も辞さずにチャーチルに社会主義を迫るべきだとした戦時中のラスキの助言は「政治的には愚の骨頂」であった。[3] マーティンもまた、第二次大戦期のラスキは「見通しを誤った」とし、「書簡や談話や私的覚書では大政党の政策を改変するという芸当はできない」[4]としている。おそらくラスキの言動に最も鬱憤を溜めていたのは労働党の党首アトリーであり、後年、ラスキには「政治的判断」というものがなかったと述懐している。唯一、ミリバンドが、ラスキの政治的画策を「誤った行動」としながらも、「しかしその背後にある意図は完全に高潔なものであった」[5]と擁護するのみであった。

しかしながら、ラスキを公共的知識人として位置づけ直した場合、同意革命論はむしろ「知的道徳的ヘゲモニー」

をめぐる知識人の社会実践として再措定されるべきものであろう。第二次大戦期のイギリスは、労働者階級の利益や価値観が政治における目的として広汎に共有された局面であり、端的にいって左翼的な文化が非常に強固な時期であった。そしてそれは、メディアや教育を通じた知識人のイデオロギー闘争なくしては到来しえなかった社会条件であり、ラスキはその独自のスタイルによってこの闘争を主導してきた。このようなラスキの試みは、後のニューレフトの言葉でいえば、既存の権力装置に挑戦する対抗的言論の展開であり、労働者階級と結びついた有機的知識人による「知的道徳的ヘゲモニー」の醸成であったといえよう。

以下では、一九三〇年代から一九四五年までのラスキの著作に沿って、第二次大戦期における同意革命論の内実を分析していきたい。

第一節　問題の背景

まず本章の考察のための準備作業として、イギリス議会の有用性をめぐるレーニンとラスキの見解を比較しておきたい。

一九世紀において、軍隊や警察といった物理的強制の性格が前面に出ていた近代国家は、二〇世紀に入ると、社会問題の発生を受けて保健や衛生など公的サーヴィス機能を拡充させていくようになる。そのような国家の機能変容の背景には、労働運動や社会主義政党を基盤とした「下からの圧力」があり、二〇世紀初頭には男子普通選挙を通して労働者が国家権力を獲得する可能性が意識されるようになってきた。

共産主義運動において、西欧の「ブルジョア議会」の位置づけは常に一つの鬼門として存在していた。マルクス自身、議会制度の形式性を指摘しながらも男子普通選挙が革命運動に対して一定の肯定的可能性を持ちうることを認めており、それはイギリスでとりわけ大きかった。一八五二年八月、チャーチスト運動の高揚を受け、マルクスは「普通選挙権はイギリスの労働者にとっては政治的権力と同意義のもの」であり、「イギリスにおける普通選挙権の実現は、大陸でのそれよりもはるかに社会主義的な手段となるであろう[6]」と述べている。F・エンゲルスはさらに、『フランスにおける階級闘争（*The Class Struggles in France*）』への一八九五年の序文で、西欧において労働者が民主的議会制度から著しい利益を得ており、それが「解放の武器」となりうることを認めている。

イギリスにおける議会制デモクラシーを通じた社会主義への移行、すなわち「イギリス例外論」は、しかしながら、レーニンにいたって否定される。レーニンによれば、プロレタリアート独裁は強大な軍閥と官僚制度を統御するために必要になるものであったが、マルクスが生きた一九世紀中頃においては、イギリスとアメリカにはこれらの制度は存在しなかった。マルクスがイギリスにおける議会を通じた変革の可能性を留保したのは、このような時代的条件ゆえのことであった[7]。

しかし、レーニンによれば、二〇世紀にいたると軍閥と官僚制度はイギリスとアメリカにおいて歴然と存在し、したがって、「一九一七年の現在、最初の帝国主義戦争の時代には、マルクスのこの限定はなくなる」。「軍部と官僚主義が存在しないという意味で、アングロ・サクソン的『自由』の最も大きな、最後の――全世界で――代表者であるイギリスとアメリカは、すべてを従属させ、すべてを抑圧する官僚および軍事制度の全ヨーロッパ的な、汚い、血なまぐさい泥沼に完全に転落した[8]」。したがってここから、「現在、イギリスでもアメリカでも『あらゆる真の人民革命の前提条件』は、『できあいの』……『国家機構』を打ち砕き、破壊することである[9]」という結論が引きだされることになる。

その一方で、レーニンはまた独特のイギリス議会論を展開している。レーニンは、元来、ヨーロッパの社会主義政党のなかでもイギリス労働党に対しては徹底的に批判的な態度を向けていた。イギリス労働党は、フェビアン協会の妥協的体質、マクドナルドなど指導部の日和見主義的な態度ゆえに、エスエルやメンシェビキ以上に反革命的な「ブルジョア政党」であり、「彼らはむしろブルジョアジーとの連合を望んでいる」とされた。

しかしながら、レーニンはそれにもかかわらず、一九二〇年の時点で、イギリスの共産主義者は議会闘争に参加し、労働党への「議会的援助」を通じて労働党の勢力拡大を支援しなければならないとも主張している。「もしわれわれが革命的グループではなくて革命的階級の党であるなら、もしわれわれが自分の後ろに大衆を引きつけたいなら……、われわれは第一に、ヘンダーソンまたはスノーデンを助けてロイド・ジョージとチャーチルを打ち破らなければならぬ。もっと正しくいうと、前者を強制して、後者を破らせるのである[10]」。

レーニンによれば、労働党に議会内での多数派を構築させ、それによって労働党政権を樹立させることこそ、イギリス革命にとって最善の方法であるという。一九二〇年代のレーニンはこのような見地に基づき、イギリス共産主義運動の主導者であったS・パンクハーストが労働党とのいかなる提携をも否定した際、その態度を「インテリゲンツィアの子どもじみたふるまい」、すなわち「左翼小児病」と指弾している。

では、イギリスの共産主義者に労働党援助を要求するレーニンの意図はどこにあったのだろうか。その理由は明確であった。「なぜなら、労働党は自分の勝利を恐れているのだから！」。すなわちレーニンは、労働党には社会主義を実現する意思も準備もないことを見抜いており、したがって労働党政権の成立は、彼らの社会主義が偽物であること、「ヘンダーソンとスノーデンがまったく役に立たないこと、彼らが小ブルジョア的な、裏切者の性質を持つこと[11]」を、労働者に明瞭に認識させることになるという。

レーニンによれば、このようにして成立した労働党政権は、結局、労働者の期待に応えることはできず、彼らの多くは短期間でそれに失望し、共産党への支持か好意的中立へと変化するであろう。それゆえ、イギリス共産党は、「ヘンダーソン一派に対する大多数の労働者の失望を土台とし、重大な成功の機会を摑んで、ヘンダーソン一派の政府を一挙に倒せる時期を早めなければならない」[12]のである。このように、レーニンが展開したのは、労働党の虚偽性を暴露するための労働党支援、議会主義の無益を証明するための議会闘争という逆説的な政治戦略なのであった[13]。

興味深いことに、一九三〇年代末期のラスキもまた、レーニンと同様、議会主義の欺瞞性を証明する最善の方法は、労働者階級による議会権力の獲得であるという主張を展開している。イギリス議会が階級対立を調停するという楽観主義と、資本主義国家の本質的性格が議会の決定を非立憲的に押しつぶすのではないかという悲観主義との葛藤を抱えながら、ラスキはいう。「もし合憲的手段による勝利が必ず幻想だとすれば、それが幻想であることを証明する一番簡単な方法は、労働階級の選挙の勝利をできるだけ早めることであろう」[14]。ここには、議会主義の有効性をめぐるラスキとレーニンの一面における類似性を指摘することができる。

しかし、ここにおいて留意すべきことは、イギリスの共産主義者に対して議会主義の虚偽性を証明することを目的に唱えられたレーニンの主張を、ラスキはむしろ、イギリスの共産主義者に対してまず議会闘争を行わせることを目的として、転用していることである。ラスキは、議会主義の虚偽性を暴露するための「議会内勝利」が必要であるとし、「イギリスの条件の下で革命の採るべき戦術は……改良主義の限界を証明する最も確実な方法として、改良主義者と統一戦線を張ることである」[15]と落としこんでいる。

ここには、レーニンとラスキとに共有されたレトリックの表面的類似とともに、具体的な政治的現実のなかで、両者がそのレトリックによって追求した目的の本質的差異を指摘することができよう。ラスキの同意革命論は、このような複雑かつ危うい政治的磁場のなかで展開されたものであった。

第二節　マルクス主義的国家論の受容

1『危機に立つデモクラシー』

一九三一年に出版された『危機に立つデモクラシー（*Democracy in Crisis*）』は、同年にアメリカのノースカロライナ大学でなされた講演を基にしたものである。同書は、それまで獲得したアカデミックな権威や知名度をもってラスキが同時代的影響力を行使しようとする契機となる著作であった。そしてそれはまた、資本主義と議会制デモクラシーとの両立可能性という、その後のラスキの政治学を性格づけるテーマが初めて本格的に取りあげられた著作でもあった。

資本主義は経済的支配権の集中をもたらし、デモクラシーは政治権力の可能な限り広汎な分散をもたらす。この矛盾は資本主義の膨張期には顕在化されないが、経済成長の収縮期においては階級対立として現れ、資本主義的デモクラシーの政治枠組を危機に曝すことになる。ラスキによれば、現在、「資本主義とデモクラシーとの結婚」は、前者が後者を「抑圧する（suppress）」か、後者が前者を「変容させる（transform）」かという危機に来ている。このような認識の下、ラスキは同書において自身を「マルクス主義者」と表明することになる。

このような「マルクス主義的国家観」の深化は、同時に、議会の外側に存在する様々な権力装置への意識を高めるものでもあった。一九三一年の政治危機の教訓として、ラスキは、宗教、新聞、教育など「市民社会」の文化装置の反革命的作用を強調するようになる。

そして、権力装置の多重性に対する意識が高まるにつれ、議会政治を通した社会変革へのラスキの認識は悲観的になっていく。議会制デモクラシーによって表出された民意、それによって正当化された行政権限は、「資本主義の外郭」を攻落することはできても、その「内部の城郭」を確実に占拠しえてはいないのではないか。ただ形式的に統治権力を獲得しただけでは、国家の支配権を掌握することができないという問題意識こそ、『危機に立つデモクラシー』以降、ラスキが執拗に問いかけたテーマであった。

2 『ヨーロッパ・リベラリズムの発達』

ラスキは一九三五年に『国家——理論と現実』、一九三六年に『ヨーロッパ・リベラリズムの発達』を刊行する。この二冊は一九三〇年代のラスキの「マルクス主義的国家観」を示すいわば姉妹版であり、前者は近代国家の性格変容をめぐる現状分析、後者はそのような国家の歴史的形成過程を論じた思想史研究といえる。ディーンなどその後のラスキ研究が示すように、これらの著作に示されたラスキのマルクス主義理解は、現在から見るとやや浅薄かつ図式的であり、歴史的評価に耐えうるものではない。しかしここでは、ラスキの思想変遷の考察に必要な限りで、この二著について触れておきたい。

『ヨーロッパ・リベラリズムの発達』は、宗教改革から一七世紀におけるブルジョアジーの伸長、一八世紀における啓蒙主義、一九世紀の帝国主義の勃興にいたるまで、イギリスやフランスの事例を素材としながらリベラリズムの思想史を素描するものである。

ここにおけるラスキの意図は、リベラリズムの「歴史的特殊性」と「普遍的意義」とを峻別しようとするものであった。しかしながら、ラスキの主眼は大幅に「歴史的特殊性」に向けられており、宗教改革や啓蒙思想に起源を発するリベラリズムの政治思想が、ブルジョアジーの経済的利害と結びつくことによってイデオロギー的変質を遂げていく過程が強調されている。ラスキによれば、リベラリズムは産業ブルジョアジーとの結託によってその普遍性を喪失し、財産と所有を正当化する思想、「新しい中等階級が政治支配の地位につくための手段とした思想(16)」へと変容していった。

たとえばラスキは、スミスについて、「安全（security）」の保障を唯一の目的とする自由経済の擁護者としてしか触れておらず、「若干の重要な例外を除き、スミスは当時流行の産業統制の大部分に対する断固たる批判者であった[17]」とする。またベンサムについても、とりわけその『高利の擁護（*Defence of Usury*）』（一七八七年）に触れつつ、スミスの自由競争主義、放任主義を貨幣取引にも応用、貫徹した人物として見ている[18]。

『ヨーロッパ・リベラリズムの発達』の刊行当時、ある書評誌は同書について「リベラリズムの死亡宣告（Obituary for Liberalism）」と小見出しをつけ、次のように論じている。「リベラリズムの名の下に最も高潔なことが語られ、最も悪辣なことが行われてきた。この本は、このようなパラドクスを理解するためのものである[19]」。

3　『国家──理論と現実』

ラスキが自身の「マルクス主義的国家論」を最も明瞭に示すのが、一九三五年の著作『国家──理論と現実』である。同書は現代国家の権力構造を分析したものであるが、その際にラスキが用いる方法論は、生産関係や階級対立などいわゆる下部構造からの視点に依拠したものであった。ラスキによれば、国家権力をめぐる闘争は、「その社会における財産関係と生産組織の潜在力との間の矛盾」を示すものであり、「このような根本的闘争は、常に、主権的権力の支配権を得ようとする経済的階級間の闘争である[20]」。

その上でラスキは、同書において明確に「国家の中立性」を否定する。国家は政治闘争から超越して公平に判断を下す調停者ではない。国家は「その社会で生産手段を所有し、法律的権利を与えられている階級に握られて」おり、政府は「その社会の生活を維持している生産制度を経済的に支配する階級の執行委員会として行動しなければならない」。したがって、国家の強制的権力は「ある階級関係の制度の安定性を保護するために用いられざるをえない[21]」のである。

このような国家認識こそ「ファシズムがもたらした最も重大な教訓」であり、それはまた、これまで労働党に欠落していた視点であった。ラスキによれば、一九二九年の労働党政権は政権運営においてあまりに楽観的であり、「諸外国における苦い経験にもかかわらず、イギリスの司法、官僚制、軍事力、教会、国王がイギリスの資本主義社会においても中立的性格を持つものと思いこんでいた(22)」。それゆえ労働党の指導者たちは、「国家権力が、抽象的な公共の福祉のための中立的機関ではなくて、特定の階級に奉仕する人たちが操作する具体的な武器であるということ(23)」を捉え損なってきたのである。

ラスキにおける「マルクス主義的国家論」の承認は、同時に、初期の多元的国家論の放棄を意味した。一九三七年、ラスキは一九二〇年代の多元的国家論を回顧しつつ、それが「階級関係の表現としての国家の本質をよく理解しなかった」ことを指摘し、国家が経済的支配階級の道具であることが認識されれば、多元的国家論の目的は「より大きな目的のなかに」、すなわち「マルクス主義の国家理論」のなかに吸収統合されるべきであるという。ここにおいて多元的国家論は、「マルクス主義的態度の容認へいたる途上の一段階(24)」として総括され、眼前の国家の分析と今後の国家機能の予測において、マルクス主義の優位が宣言される。

第三節　イギリス議会論の展開

1　『政治学大綱』におけるイギリス議会論

二〇世紀初頭は、男子普通選挙権の導入に加え、新聞やラジオなど新たな情報媒体の普及に伴い、議会政治の機能変容が盛んに論じられた時期であった。たとえばウォーラスはシンボル操作などを通じた有権者の非合理的衝動の影響力を強調し、またM・ウェーバーは合法性の支配に対して卓越した指導者によるカリスマ的支配の類型を提示する一方、シュミットのように独自のデモクラシーの観念に依拠して議会政治を否定する議論も登場してくる。そしてラスキの議会政治論も、このような時代状況のなかで大きく変化し、それはラスキの思想変遷のなかで最も振幅の激しいテーマの一つであったといえる。

国家主権を結社や集団によって相対化しようと試みた多元的国家論は、おしなべて、地域代表に依拠した既存の代議制度に対する批判を伴うものであり、初期三部作におけるラスキも同様であった。特権の廃止と男子普通選挙権が達成されれば、「開明された自己利益（enlightened self-interest）」が自ずと具現されるであろうというベンサム以来の代議政体論はすでに崩れており、国家に反映されている利害は共同体全体の善ではなく、特殊で部分的な利害である。「われわれが、代議政治の歴史において決定的な局面に到達していることは、ほとんど自明である(25)」というのが、初期三部作におけるラスキの同時代認識であった。

しかし、ラスキが統治制度の制度的再編成に関心を寄せたのは、およそ一九二〇年代の前半までであったといえよう。一九二六年のゼネストに示された階級対立の深刻化、そして何より世界大恐慌とファシズムの台頭を受けた一九三〇年代以降の議会制デモクラシーの危機ともいえる状況のなかで、ラスキの主眼は、むしろ地域代表制に基づいた既存のイギリス議会政治の肯定点を確認し、それを擁護する立場に変化していく。

初期三部作で示唆した職能代表制への言及と比較すると、一九三〇年代以降のラスキのイギリス議会論は驚くべきほど楽観的であり、現状維持的であった。ラスキはイギリス議会の制度や慣行を肯定的に捉える点においてバークやバジョットの洞察を意識的に踏襲するようになり、そのような見地から、ウェッブ夫妻やコールによる議会改革要求に対しては明確に反対の立場から論陣を張るようになる。

ラスキは『政治学大綱』において、二大政党、地域代表制、小選挙区制など現行のイギリス議会制度をほぼ包括的に支持し、その円滑な機能を評価している。イギリス政治を基礎づける二大政党は「有権者が政府を得るための唯一の満足すべき方法[26]」であり、それによって政府に明確な権限と責任意識とを自覚させ政府の失策の結果を有権者にわかりやすくさせる。地域代表に基づく完全小選挙区制は、その二大政党を生みだすという点で理想的な制度であった。

他方、ラスキは比例代表制には極めて否定的であった。その理由としてラスキは、議員選出過程の複雑化、候補者名簿の決定権を持つ政党事務局の権限増大、議員と選挙区有権者との親密な関係の破壊などを挙げ、「こうした根拠から、私は、多数支配の原則から生じる欠陥を除くために考えだされた比例代表制度を排斥する[27]」と述べる。

ラスキはまた、比例代表制と並んで、バークの「ブリストル演説」を踏襲しつつ、有権者による議員への「命令委任」を否定している。ラスキによれば、日々新たに生じる専門的課題について議員が有権者と相談することは不可能であり、「この問題についてのバークの古典的な説明は、それが最初ブリストルの心得ちがいな選挙民に対して語られた時と同じく、今日においても正当なものである[28]」と述べている。

これに関連して興味深い事実は、ラスキが「国民投票（referendum）」や「国民の議案提出権（initiative）」に対しても極めて消極的な態度を示し続けた点であろう。ラスキは、現代社会における立法部への不信を認めながらも、近代国家の政治的課題は複雑さを増しており、それに精通した専門家の判断が尊重されるべきという理由から、「集団投票によって一般国民の決定できるような特殊問題の数は非常に少ない[29]」としている。

さらにラスキは、直近の世論動向は補欠選挙によって示される民意を汲みとれば十分であり、有権者の仕事を数年に一度の投票に限定している[30]。有権者の直接的な政治参加に対するラスキの危惧や違和感は、バジョットやミルなどに示された一九世紀のある種の貴族的なリベラリズムと軌を一にするとともに、同時代のファシズムにおける疑似「直接デモクラシー」に対する危惧に由来するものでもあろう。

イギリス議会制度に対するこのようなラスキの高評価は、同時代の社会主義者と比較すると異例であったといえる。二〇世紀初頭、社会主義者はむしろイギリス議会の時代遅れを強調し、それぞれが独自の議会構想を提示するのがより一般的であった。

たとえばウェッブ夫妻は『大英社会主義社会の構成』において、現在の議会は過重な立法負担によって機能不全に陥っているとして、現行の上下両院を、国防や外交を管轄する「政治的議会」と、産業や労働管理をあつかう「社会的議会」という二つの国民議会に分割再編成する議会構想を示している。ラスキはこのようなウェッブ夫妻の憲法構想に対しても、「政治的議会」と「社会的議会」への議会分割は複雑多岐にわたる現代の政治課題を十分に処理しえないこと、また、課税権を持つ「社会的議会」への権力集中を生みだすだろうことを指摘し、「到底実行できない案[31]」として明確に批判的であった。

ギルド社会主義を主導したコールもまた、地域代表に基づく既存の代議政体に加えて、消費者と生産者にそれぞれの代表を割りあてた新議会を作り、両者で意見が異なった場合はそれを裁定する「合同会議（joint session）」を設けるという代表構想を提示している。これに対してもラスキは、『政治学大綱』において、職能代表に基づく新議会は地域代表に基づく既存議会との間で深刻な正統性の危機を招くとして懐疑的な立場を表明する。ラスキにとって、普通選挙に基づく地域代表制こそ、「共同体の内部の意思の衝突に最終決定を下す最良の方法[32]」であり、ラスキは新議会による既存下院の地位低下を恐れているのである。

以上のように、ラスキは、イギリスの統治機構について極めて現状満足的な態度を把持しており、そのようなラスキの議会論はバジョットの『イギリス国制論（*The English Constitution*）』の影響を色濃く受けたものであったといえよう。

2 『イギリスの議会政治』におけるイギリス議会論

ラスキは一九三八年に『イギリスの議会政治』を刊行する。同書は、バジョットの『イギリス国制論』を高く評価しながらも、これまでのイギリス議会政治の歴史的成功の秘訣をイギリスの階級構造から明らかにしつつ、その安定が現在、労働党の議会進出とそれに伴うイデオロギー的遠心力によって大きな試練に立っているとするものであった。

同書は、ラスキの著作のなかでも今なお学術的価値を保っている数少ない著作の一つといってよい。ミリバンドによれば、バジョット以来、イギリス議会成功の原因としては、妥協をもたらす国民的性格、討論の習慣、立憲君主制など様々な説明が提示されてきたが、これらは「物事の原因というより結果」というべきものであった。これに対しラスキの『イギリスの議会政治』の特徴は、「イギリス国制とその諸機能に関する分析を、イギリスの社会経済システムと関連づけて考察しようとした[33]」点にあり、同書は階級対立という枠組のなかでイギリス政治制度の機能を考察した「先駆的著作」であるとされた。

『イギリスの議会政治』において、ラスキは議会内対立の歴史的変遷を階級利害に依拠させて描写していく。ラスキによれば、名誉革命以降、イギリスはトーリー、ホイッグという「二つに分かれた単一の党派」によって統治されてきた。これら二大政党は、「同じ環境の出身者であり、同じ言葉を話し、同じ社会で活躍し、同じ発想をした[34]」。彼らは、「改革の速度や方向のような問題については意見を異にしたが、改革の基本原理については実質的な意見の違いはなく」、その政争は「いわば家庭内の争いであった[35]」。バジョットが『イギリス国制論』で活写したイギリス議会の「自由と秩序とを調和させる秘訣」は、そのような階層的条件に依拠するものであった。

しかしラスキは、「ここで念頭におかなければならないのは、バジョットの記述が労働組合の成熟以前だった点、および一八七〇年の教育法が国民大衆に対して影響をおよぼしはじめる以前だった点である[36]」と強調する。バジョットがその『イギリス国制論』を刊行して以来、二〇世紀に入ると教育の普及、階級対立の顕在化、労働組合の組織化が進み、議会政治をとりまく構造的条件が大きく変化することになる。

一九〇〇年の労働代表委員会結成から一九〇六年の労働党議会進出の時代は、自由党と労働党が議会の内外で提携した「リブ・ラブ協定」の時代として知られる。とはいえ、この時代も依然、政党間対立は議会の政治慣行の枠内に納まる程度であった。ラスキは一九一〇年代の自由党の社会立法を一定評価するものの、「過去四〇年間の『自由党の立法（liberal legislation）』は、社会に寛容さを持ちこんだが、同時に公平さを招きいれることはなかった[37]」とする。また同時期の労働党についても、「基本的な主張においてはロイド・ジョージ氏のような急進派と異なるところがなく、いわば自由党の急進一派のようなものであった[38]」と位置づけている。

しかしながら、第一次大戦後、労働党が自由党に代わる「公的野党」になるとともに、二大政党間の対立は、「かつての量的な違いの間の調整から、今や質的な違いと呼ばれるべきものの間の調整へと変わった[39]」。労働党と保守党との調整は、これまで以上に富や財産に関わる議論を必要とし、その多くはこれまでの議会政治の「妥協の大枠」の外側にあるものであった。新しい二大政党が生みだす深刻な利益対立は、国政上の主要課題に関する「一つの国民（one nation）」の実体性を容易に想定させなくする。それはすなわち、基本的に同質な二政党によってなっていた「ヴィクトリア的妥協（Victorian compromise）」の終焉を意味した。

労働党分裂と挙国内閣成立を招いた一九三一年の政治危機は、政党対立をめぐる「質的な差異」が抜き差しならない形で噴出したという点で、「イギリス政党史における真の転換期」となった。ラスキによれば、「挙国内閣支持者を一致団結させた真の理由は、社会主義政策に関わりたくないという共通の意識である[40]」。以後、挙国政府と労働党とのイデオロギー的差異は、ラスキにとって、「根本的な政治哲学と結びついた、和解しがたい意見の対立[41]」として意識されるようになる。

総じて、一九三一年の政治危機がラスキに残した刻印は、深刻な宗教的、民族的および階級的対立のいずれかは議会制デモクラシーを挫折させうるという教訓であった。「労働党と保守党の対立は、長い間イギリス政治史の顕著な特徴であった社会経済構造の基本に関する政策の継続性を妨げ、それによって統合自体をも妨げる[42]」。その上でラスキは、軍部によって立憲的政治体制が否定されたスペインの例に触れながら、イギリスで再び社会主義政権が誕生した時、議会政治は「決定的な試練」を迎えるだろうと推測する。

しかし、この時期においてなお、イギリス議会に対するラスキの強い信頼と愛着を読みとることは容易である。ラスキは、「およそ代議政治の制度で、イギリスのそれのように永続し、成功した歴史のあるものはない」と述べ、譲歩と妥協の蓄積を通した立憲的権力交替の慣行に言及しながら、「互いに和解しあうイギリスの長い歴史と健全な伝統が、大陸の諸国には見られない希望を与えてくれることは疑いない(43)」とも述べている。『イギリスの議会政治』は、そのようなイギリス議会の問題解決能力を歴史的に振り返ることで、資本と労働という二〇世紀の利害対立を調停するイギリス議会の秘訣を探りだそうとするものでもあった。

ラスキによれば、イギリスの議会政治が階級対立を調和させえないとすれば、これまでの議会政治の成功は単に経済的繁栄の産物にすぎない。「逆に、もし議会がこれに耐えるとすれば、イギリス憲法こそ、社会の階級構造において暴力の手段を用いずに改革をなしえることを立証する嚆矢となるであろう(44)」。そして、第二次大戦の渦中において、ラスキはこの後者の可能性、すなわち「革命なき社会主義(socialism without revolution)」の可能性を追求していくことになる。

第四節　同意革命論

1　戦争から革命へ

一九三九年九月、ドイツ軍がポーランドに侵攻して第二次世界大戦が勃発すると、イギリスでは宥和政策の破綻を受けてチェンバレンが辞任し、一九四〇年五月、チャーチルが首相に就任する。チャーチルは保守党のみならず労働党と自由党からも閣僚を招きいれ、戦時挙国内閣を形成し、労働党からは副首相としてアトリー、労働相ベヴィン、経済福祉相ドールトンなどが閣内に参加する。とりわけ最大労組の書記長ベヴィンを急遽下院議員に当選させて労働相とした人事は、戦時生産力の増強のために労働組合の支持を得るにあたって象徴的な意味を持っていた。

一九四〇年六月、ドイツ軍の電撃戦の前にフランスが降伏し、これによりヨーロッパ大陸は実質的にすべてナチス支配下に入ることになった。ルーズヴェルトをはじめアメリカの政権担当者は、イギリスとフランスがヒトラーを抑えこむことを期待していただけに、フランス降伏はアメリカにも大きな衝撃を与えた。一九四〇年九月からはドイツによるイギリス空爆、いわゆる「ブリッツ（Blitz）」が始まる。戦時下のラスキは、ロンドン空爆の様子をアメリカの雑誌『ネイション』に詳細に報告し、イギリス国民の苦境と国民の士気を伝え、アメリカ世論を喚起しその参戦を求めている[45]。

第二次大戦中、ファシズムへの勝利をイギリスの体制改革につなげようとした同意革命論は、「ラスキの戦時中のマニフェスト[46]」と呼ぶべきものであり、ラスキがイギリスの政治家や民衆に向けて働きかけた公共的知識人の営為であった。同意革命論とは、狭義には、一九四一年三月に雑誌『ネイション』に発表された論考「同意革命論（"Revolution by Consent"）」を指すものであるが、同論考は紙幅も限られ、内容も包括的なものとはいえない。ラスキは一九三九年の論考「なぜ私はマルクス主義者か（"Why I am Marxist"）」以降、戦時下における社会変革の必要性を論じるようになるが、この論考から一九四四年の『信仰・理性・文明』にいたるまでに展開された主張を広義の同意革命論としてよいだろう。以下、これら著作やパンフレットに基づきながら、その内容を再現してみたい。

同意革命の内容をなすのは、まず何より、ファシズムに対する人類史的な対決と西洋文明の死守という決意である。ファシズムはもはや自己の合理的正当化を放棄した「赤裸々な力の支配」、「権力のための権力」、「哲学を持たぬ虚無主義」であった。したがって、「ファシズムとその敵との間には妥協はありえず」、今や「ヨーロッパにおける文明の最後の避難所」となったイギリスが、いかなる代償を払ってもヒトラーとその同盟者を打倒する必要がある。[47]

しかしながらラスキは、「ファシズムの打倒それ自体が直ちにデモクラシーと自由とを保証する条件を作りだすものではないという事実[48]」もまた重ねて強調している。ファシズムの敗北は「ヨーロッパの救済にとって必要不可欠な前提」にすぎない。なぜなら、ファシズムを生んだのは資本主義とデモクラシーとの相克であり、ヨーロッパ文明を維持するためには、この根本的構造を克服しなければならない。枢軸諸国の打倒は単にその機会を提供するにすぎず、その機会が活用されることを保証するものではないのである。

ファシズムと英仏特権階級との「共犯関係」を指摘してきたラスキにとって、第二次大戦の目的は、単に連合国によるナチス打倒ではなく、ファシズムへの軍事的勝利を通したイギリス資本主義構造の根本的変革でなくてはならなかった。ラスキはいう。「戦争に勝利するだけでは不十分なのである。永続的な平和を可能にする仕方で戦争に勝つことが必要不可欠であり、そのような目的は、われわれの社会秩序の再編成を必要とする[49]」。その意味で戦争という危機は好機でもあり、「われわれの課題は、総力戦がもたらした劇的な機会を、新しい社会秩序の土台を確立するために利用しえるかどうか[50]」であった。

同意革命論の基本的な構想は、総力戦体制における強度の産業統制を、議会を通じた民主的正当性を付与した形で、そのまま戦後イギリスの社会主義的制度編成へと連続的に転化させようとするものであった。そしてその際の政治的要求は、次の五原則にまとめることができよう。

第一に、石炭、電力、輸送といった基幹産業の「社会化（socialization）」であり、基幹産業が資本増殖と利潤追求ではなく公共利益を目的として運営されること。第二に、教育制度の抜本的改革であり、教育における階級分岐を廃止し、すべての児童に無償の中等教育を保証すること。第三に、国民の栄養状態に配慮した公共健康保健制度の抜本的拡充。第四に、戦後の住宅難を見越した住宅政策であり、大戦終結後に大多数の人々が地主や投機家の裁量に左右されずに住宅を確保できる法的保障。そして第五に、計画経済によって大量失業の再来を防ぎ、貧困問題を改善する施策である。

ラスキは、このような同意革命論の構想を「計画的デモクラシー（planned democracy）」という言葉で表現している。ラスキによれば、計画的デモクラシーとは、「この体制の成員が同意した目的もしくは価値体系に市場を従属せしめること」[51]であり、戦時にこれらの項目を実現することは、社会問題の解決にあたってデモクラシーの自律性と有効性を世界に向けて証明することであった。

そして、同意革命論の特質は、このような計画的デモクラシーの構想を、暴力革命ではなく「同意（consent）」に基づいて実現することであった。ここにおける同意とは、計画的デモクラシーの要求項目に対するイギリス議会の承認であり、具体的には内閣の政策に対して下院が「憲法上必要な正規の法的同意」を提供することである。「わが国の政治制度の成功は、この登録を獲得する内閣の力にかかっている」[52]。そのため、ラスキの同意革命論の第一工程は、チャーチルを首班とする戦時挙国内閣に計画的デモクラシーの政策体系を受容させ、それを議会に諮って「法的登録」を獲得させることであった。

しかしながら、スペイン人民政府の崩壊に見られるように、議会の決定がクーデタによって挫折させられる例は多く、ラスキは政治闘争における「法的登録」の脆弱性も認識していた。したがって、議会による「法的登録」には、それが実際に実行される社会的保証が必要となる。ここにおいて同意は、議会における「法的登録」とともに、イギリスの社会主義化に対する支配階級の自発的な「寛大さの提示（display of magnanimity）」[53]と同義でもあり、同意革命とは「支配階級の側の立憲的譲歩によるイギリスの社会主義革命」であった。ラスキはいう。「もし資本家勢力が資本主義の原則を侵蝕する動きに同意する場合には、歴史上、最も注目すべき議会制デモクラシーの勝利が実現するだろう」[54]。

そしてこのようなラスキの同意革命は同時に、イギリス社会の再編成のみならず、ヨーロッパ諸国の社会主義化と帝国主義の自己清算を迫る「ヨーロッパ革命」という展望を含むものであった。ラスキにとって、イギリスの体制変革はヨーロッパの革命運動の一局面でなければならず、イギリスには「その先導を切るという歴史的使命[55]」があるのである。

同意革命論の国際的性格を示す第一の特徴として、戦時中のラスキは、「戦争に対する一時的な同盟」にすぎない英米ソの連合国を、対ナチ戦勝を契機として「平和に対する永遠の同盟」へと展開していくことを要求していた。戦後秩序に関するラスキの構想は、ルーズヴェルトの「四つの自由」を基本理念としながら、米英ソによる連合国を恒常的な国際体制へと発展させ、「国際的なニューディール（international New Deal）」を目指すものである。それは同時に、英米の社会主義化によってソ連をとりまく国際環境の好転を作りだし、その先にソ連体制の内発的な政治変革を導きだそうとするものでもあった。

第二に、ヒトラーの「第三帝国」の終焉は、それに代わる脱植民地主義的な国際秩序の再編成を必要とし、それはイギリス帝国主義の自発的清算へと転化されるべきものであった。ラスキによれば、イギリスの植民地統治は本質的にはナチスの東欧支配と区別できず、「ヒトラーとムッソリーニが推進した新しい帝国主義に対しては、植民地を経済的搾取の対象と見なしたわれわれの帝国主義の自己放棄によって応えられなければならない[56]」。そのためにラスキは、イギリスはまずインドに大幅な自治権を認め、戦後の講和会議に「きれいな手（clean hands）」で参加しなければならないと主張している。

このような同意革命が成功する本質的条件は、それがまさに「この戦争の渦中に（*in the midst of war*）[57]」断行されることであった。ラスキはかつて、決定的好機を確実に摑んだロシア革命に比し、覚悟を決しえず時宜を逃したドイツ革命を位置づけ、「潮の満ちる時に好機を摑もうとしないのは、歴史的チャンスを前にした彼らの裏切りである[58]」としていた。そして、歴史上稀な総力戦としての第二次大戦は、社会改革にとっての「決定的機会」であった。「われわれの未来は、われわれの政治指導者がこの機会を活用する勇気を持っているかどうかにかかっている」[59]。そして、ラスキが同意革命の担い手として想定したのは、チャーチル、アトリー、そしてルーズヴェルトであった。

2　チャーチル

一九四〇年五月に首相に就任したチャーチルは、国民世論の全面的支持を受けつつ、ドイツ軍のイギリス空襲という難局を巧みに指導する。またルーズヴェルト大統領と互角にわたりあい、その老練な政治力によってイギリスの大国としての威信の維持に努めた。

当初、同意革命論を実行しうる有力者としてラスキが想定したのは、チャーチルであった。ラスキとチャーチルには一定の知己があった上に、チャーチルは首相としての行政権のみならず、戦時体制に固有の緊急権を手にしており、また保守党の党首として社会主義政策を実行すれば保守勢力の抵抗も抑えられるという目算もあった。

一九四〇年の挙国内閣成立当初、ラスキは、挙国内閣に参加した労働党大臣を通して、階級格差の解消、基幹産業の国有化、帝国主義の清算といった課題についてチャーチルに圧力をかけようとした。しかし、一九四一年以降は、ラスキ自身が頻繁な私信やメモランダムを通してチャーチルを説得しようと試み、一九四一年二月の書簡では次のように書き送っている。「今日このようなプログラムを国民に納得させ実行させる権威を持っているのは、首相をおいて他にはありません。首相が決意すれば、それを拒否しえる立場にある政党はありません。……首相はヨーロッパ史で最も慈悲深い革命の創始者になりえるでしょう[60]」。

しかしながら、チャーチルの関心事は何よりナチスの抑えこみであり、イギリスの社会主義化をめぐるラスキからの呼びかけは雑音でしかなかった。たとえば、一九四一年三月の演説でチャーチルは、ラスキの要望は自身の関心の範疇にないと明言している[61]。

このようなチャーチルの素っ気ない態度を受け、ラスキは、ルーズヴェルトにチャーチルを説得させようと本気で模索するようになる。ラスキは一九四一年、フランクフルターに向けて次のように書いている。「チャーチルは大変偉大な戦争指導者です。しかし、戦後世界の構想に関して、彼は退嬰的であり、決して前進的ではありません。……勝利が確保されれば、彼は、私たちに共通の構想に対する敵対者となるでしょう。彼がこのことを自覚する唯一の方法は、彼がどうしてもその意見を拝聴しなければならないような人物が彼にいって聞かせることであり、そのような人物はアメリカ合衆国大統領の他にいません[62]」。

しかしながら、このようなラスキの試みがチャーチルの言動を変えることは不可能であった。「戦争を勝利に導き、かつ良い講和をもたらすことできる者は稀であるが、良い講和をもたらすことのできる者は、決して戦争に勝つことはできない」。そう述べるチャーチルは、自身の政治的使命を当座の戦勝に定めていた。その上でチャーチルは、勝利が確実視されるまで「論争的な政治課題」の討議を延期する超党派の合意を提案し、国内の「戦時休戦」を取りつける。

一九四二年三月、チャーチルはラスキに書き送っている。「私の見解では、われわれはまず戦争に勝たねばなりません。その後、自由な国制の下で、社会主義と自由企業は立憲的な方法で議論されるでしょう。もし誰かが、議会多数派を欠いたまま、政治休戦の最中に社会主義を実行しようとすれば、それこそ非民主的だと思われます[63]」。

同意革命においてラスキが初めに直面したのは、チャーチルの冷たい態度であった。ラスキは、戦時下に高揚した公共心に促され、英雄的な自己イメージを好むチャーチルが、特権階級に「前例のない譲歩」を承認させると素朴に期待していたといえる。しかし、「ハロルドはチャーチルに向ってチャーチルたることを止めさせることはできなかった[64]」のであり、そのような試みは、「ラスキが自身の政治的影響力について過信した特筆すべき実例[65]」であった。ラスキはチャーチルの説得を諦めるにつれ、一転してチャーチルへ厳しい批判を向けていくことになる。

第二次大戦期を通じ、ラスキのチャーチル評価は明確な二面性を持つものであった。一方で、チャーチルは対ナチ戦争を率いる傑出した指導者であり、「勝利のための必要な手段」であった。「いかなるイギリス人といえども、この国がチャーチル氏に対して負う恩義を忘れる者は一人としていないだろう[66]」。

しかし、チャーチルの偉大さは総力戦という「特別な文脈」においてのみその意義が認められるものであった。ラスキは、「平時の政治家」としてのチャーチルの本質的保守性も捉えつつ、戦況の好転につれ、こちらの側面に対する批判が評価を圧倒していった。一九四三年以後、ラスキはチャーチルに対し、「一八世紀のホイッグ貴族」、「伝統あるイギリス帝国を追い求める時代遅れの老人」として手厳しい批判を繰り返している。

ラスキは、ナチスとの軍事対決においてチャーチルの戦争指導に政治的な全面支持を与えながら、戦後イギリスの社会構想については、チャーチルに対する思想的な全面攻撃を加えた。「勝利についての彼の認識は動的ではなく静的[67]」であり、「チャーチルは現代における偉大な時代錯誤の実例である[68]」。しかしながら、対ナチ勝利と挙国内閣の団結を最優先する労働党執行部からすれば、このようなラスキのチャーチル批判は、時局の状況に鑑みればあまりに行きすぎたものであった。

3　アトリー

一九四〇年五月、挙国内閣に労働党議員が入閣するのに伴い、ラスキもまた労働党内での位置を高め、一九四〇年からはアトリーの政治顧問となる。ラスキは、アトリーら労働党大臣が挙国政府の内部から強力な社会主義政策を主張すれば、チャーチルは抵抗できないだろうと考えていた。

しかしながら、挙国内閣においてアトリーらは労働党の政策を前面に押しだすことに抑制的であり、次第にラスキは、アトリーの政治姿勢を微温的な社会改良主義、いわゆる「マクドナルディズム」として批判するようになる。マーティンによれば、「すでに一九四一年に彼は、アトリーが『歴史的な瞬間を逃すかもしれない』という危惧を表明[69]」しており、またアトリーらがチャーチルの老獪な政治力によって懐柔されているという不安も抱くようになる。

一九四二年四月、ラスキは党内で執行部批判を展開し、「ギブ・アンド・テイク」を原則とする連立政権において労働党が「ギブ」、保守党が「テイク」であり続けていると指摘、連立崩壊の危険を冒しても社会主義政策の実行をチャーチルに迫らなければならないと提起する。これに対してアトリーは、労働党が議会では少数派である事実を指摘しながら、現時点での政権離脱は労働党の責任放棄と見なされ、戦後の選挙での勝利を絶望的にすると述べている。結局、執行部内では政権離脱は自滅的であるとする見解が多数を占め、ラスキの提起は拒否されるにいたる[70]。

このような過程で、ラスキは、チャーチルに従属しているかのような労働党幹部、とりわけ自らその政治顧問でありながら、自分の意見をまったく採用しないアトリーに強い不満を募らせていく。そしてその不満は、ラスキをアトリー降ろしの党内策略に向かわせることとなる。最初にアトリー後継に目論まれたのは、党内の有力者ベヴィンであり、一九四一年三月、ラスキはベヴィンに手紙で訴えている。「あなたが二番目ではなく一番目の指導者にならなければ、この社会変動における民衆の確信は急速に萎んでしまうと、私は再度訴えます。……今は闘う指導者を必要とする時で、あなたがその地位に適任です。これは、あなたの個人的感情の問題ではなく、一般民衆の緊急の必要なのです[71]」。

しかし、このようなラスキの政治的画策は、流動する政局のなかで常識や判断力を欠如させていくラスキの態度を象徴する出来事となる。ラスキがアトリー後継と目したベヴィンは、アトリー以上にラスキの左派的言動を嫌っており、ベヴィンはラスキの手紙に返信すらしなかった。戦時内閣で奔走する現実政治家ベヴィンにとって、ファシズムとの戦争の渦中にあって、「ラディカルな社会主義化による戦後復興が全体戦争遂行のための必須条件」とするラスキの議論など、「言葉の遊び」以外の何ものでもなかった[72]。事実、戦後、ラスキとベヴィンは外交政策をめぐり抜きがたく対立することになる。

ベヴィン擁立が不発に終わると、ラスキは次にドールトンに目を向ける。ドールトンもベヴィンと同様、党内で長年ラスキと対立する右派であったが、ラスキはドールトンに、「あなたは惨めでちっぽけなアトリーに対する唯一の代替候補」であると説得している。ドールトンは当初ラスキの真意を測りかねたが、それが労働党のさらなる社会主義化にあることを確認し、「この小さな愚か者は彼が作りあげた彼自身の非現実的世界に生きている」と日記に書いている[73]。自身の構想を、アトリー以上に理解がなく、ラスキを軽蔑さえしてきたベヴィンとドールトンに託そうとするラスキの判断は理解しがたく、政局のなかでのラスキの焦燥を示すものであり、ラスキは党幹部のなかでも孤立していく。

他方、アトリーは、挙国内閣の副首相として行政経験と技量を磨き、また持ち前の忍耐強さからラスキに粘り強い説得を続けた。急速な社会主義政策に固執するラスキに対し、アトリーは、自身もその目的を共有するとしながら、多様な利益がぶつかる政治の場では目的実現は一直線ではないこと、むしろ猪突猛進することがかえって目的の実現を妨げることもあり、時間をかけて周到に合意を重ねていくべきことを繰り返し説いている。

アトリーは、一九四四年五月、便箋四枚にわたる長文の手紙をラスキに送っている。アトリーはここで、挙国内閣における国有化政策が不十分であることに同意しながらも、今の労働党を「マクドナリズム」であるとするラスキの批判を不本意であるとし、「私はそれでなお社会主義的信念において堅固であることを……、信じてもらいたい[74]」と述べる。また、合意に基づいたイギリスの社会主義実現のためには、下院における労働党の多数派が必要であり、そのためには次の選挙を待つべきであると説得している。

その上でアトリーは、戦後のイギリス政治の見通しについて、次のように述べている。「戦後の政府を担うのが保守党であれ労働党であれ、それは必然的に混合経済を選択するしかありません。それが労働党政府なら、それは社会主義へ展開していくような混合経済でしょう。もし保守党政府なら、それは私的企業を可能な限り多く残存させることを求める混合経済でしょう。しかし、いずれの政府にしても、この国と世界が現に今存在している状況から出発して仕事を始めなければならないのです。時計の針が先に進められるのであれ巻き戻されるのであれ、その程度には明確に限度があります[75]」。

結局、ラスキの同意革命の試みは、労働党執行部には受けいれられることはなかった。実際、労働党も含めて挙国政府はファシズムへの勝利を最重要課題としており、それさえ不確実な状況において、国内の大規模な社会主義改革を進めるという政治的判断はありえなかった。それにもかかわらず喧伝されるラスキの同意革命論に対して、労働党の議会政治家たちは冷淡であった。このような過程のなかで、なお労働党を代表してメディアに露出するラスキは、労働党にとっても痛し痒しの存在となっていた。

4 ルーズヴェルト

同意革命の最後の担い手として想定されたのは、ルーズヴェルト大統領であった。ヨーロッパ情勢が緊迫するなか、一九四〇年一一月、「川の途中で馬を乗りかえるな」という教訓の下、ルーズヴェルトの三選が実現する。翌一九四一年には、議会演説で「四つの自由」を掲げてアメリカの政治道徳を刷新するとともに、国内の孤立主義的世論を抑えこみ、「デモクラシーの兵器庫」としてイギリスを支援する方針を明確にする。ルーズヴェルトに対するラスキの期待は並々ならぬものがあり、一九三九年には次のように書き送っている。「この陰鬱で醜い世界のなかで、あなたがホワイトハウスにいるということがどれほど慰めであるか、あなたは容易には想像できないでしょう[76]」。

一九三〇年代後半を通じて、ラスキは、自身がルーズヴェルトの政治的判断に影響力を与えうる位置にいると受けとめてきた。実際、ルーズヴェルトは、中東におけるイギリスの帝国主義的行動を批判したり、ソ連援助のための第二戦線の早期実現を主張するなど、一定ラスキの主張に沿う行動をしている。またルーズヴェルトは一九四一年にJ・

ワイナントを駐英大使に任命するが、これはラスキの希望した人事であり、ラスキとワイナントは着任後すぐに緊密に連絡を取りあうようになった。

ラスキにとってルーズヴェルトは、チャーチルと異なり、ファシズムの打倒と戦後世界構想とを結合させて同時代を指導しうる人物であった。ラスキは、一九四〇年以降、直接ルーズヴェルトに宛てた手紙を通じ、同意革命の実現をルーズヴェルトに託すようになる。「チャーチルは、本当の勝利のための条件はイギリスにおけるニューディールであること、そしてそのニューディールを今始める必要があることを理解しなければなりません。……私はひどく心から、大統領にこの提言を行ってほしい。というのも、この世界においてあなたがそれをできる唯一の人物だからです。……このようなアプローチによってのみ、世界史上初の同意革命をなしとげることができます。どうか大統領の権力を、チャーチルにこれを始めさせるために使ってください(77)」。

一九四一年一二月、日本の真珠湾攻撃とともにアメリカが第二次大戦に参戦すると、ルーズヴェルトへのラスキの希望は強まった。ラスキはフランクフルター宛ての手紙で述べる。「私は一晩、ホワイトハウスであなたとFDと話しあえたらと思う。そうすれば、私は、僭越にも、今からヒトラーの降伏までの間が、偉大なリーダーシップが歴史の方向を変え、超越的な目的を日常生活の行動原則へと転化させる歴史上の稀有な瞬間であると、説得できる自信がります。私はFDはこの認識を内心では持っていると思っています。……どうかあなた自身の方法で、私の代わりに大統領にこのことを伝えてください(78)」。

しかし、ラスキとルーズヴェルトの戦後構想には無視しえない差異もあり、前者による後者への一方的期待は、それらの無視によって膨らんだものでもあった。たとえば、ラスキが国家主権の廃止と植民地主義の清算に基づく戦後秩序を構想したのに対し、ルーズヴェルトは英米ソ中など主権国家間の協調回復を目指したにすぎなかった。また、ラスキが英米の「社会主義化」を求めたのに対し、戦争末期のルーズヴェルトは公正な自由経済に基づく戦後経済秩序を模索し、一九四四年には国際通貨基金と世界銀行の設立を推進している。両者のこのような差異は、ラスキの同意革命論に対するルーズヴェルトの社交的な共感と実際上の無視として現れたといえる。

一九四三年四月、ルーズヴェルトの緩慢さに業を煮やしたラスキは突如、英米の二つの雑誌に「ルーズヴェルト大統領への公開書案（"An Open Letter to President Roosevelt"）」を発表する。この公開書簡は、スペインやフランスの親ナチス政権に対するルーズヴェルトの融和的外交に危惧を表明し、また大企業がアメリカ参戦直後から政策決定の中枢に影響力を過度に行使していることを問題視するものであった。その上で公開書簡は、チャーチル同様、もはやルーズヴェルトもこの戦争の革命的意味を理解していないと述べ、ルーズヴェルトに対して戦時下でのさらなる社会改革を忠告するものであった。ラスキはいう。「われわれが勝利することは最重要だが、いかにしてわれわれが勝利するかもまた、最重要の関心事なのです。それこそ、われわれが何のために勝利したかを決定づけ、われわれの勝利の価値を図る尺度だからです(79)」。

困惑したルーズヴェルトは、公開書簡発表の当日、フランクフルターに次のように書き送っている。「彼は自分がどこから話しているのか理解していない。これはハロルドの評判にとって良くないことだ。彼は有能な人物だが、自分の領域を守るべきだ(80)」。フランクフルターもルーズヴェルトに同意し、ラスキに対しては黙殺によって不同意を伝えた。

両者の不同意は、駐英大使ワイナントによって明確にラスキに伝えられた。その上でワイナントは、このような形でルーズヴェルト批判を公にすることは、「リベラルとしての自分自身の影響力を弱めるだけでなく、目下の課題に対して深く関与し、この戦争の最中にそのリベラリズムが太平洋の両岸にとって重要である、フランクフルターのような人々のアメリカでの立場もまた弱めてしまうのです(81)」と忠告している。

ルーズヴェルト政権の実務者にとっても、枢軸国に対する勝利を確実にするためには共和党やイギリスの政権担当者との提携は必須であり、ラスキの提言はタイミングを欠いた雑音にすぎなかったであろう。このような言動によって、ラスキとフランクフルターの関係も第二次大戦末期にはぎこちないものになってしまった。

ラスキは、これらアメリカの旧友からの批判に大きな精神的ダメージを受け、彼らとの間に生じた軋轢は深い不安の影を落とすことになった。しかし、ラスキはワイナントに対し、自分の言動がアメリカの友人たちを傷つけたならば後悔するが、「それでも私は、人々の精神に偉大な革命を引きおこす戦争が、この戦争を始めた責任を負っているその伝統や人々の特権の維持に終わるのではないかと理解している時、自分が沈黙を選ぶのは、それ以上に嫌いです[82]」と、さらに意固地な態度を示すだけであった。

同意革命の実現に焦り、執拗な「手紙による革命」を繰り返すなか、ラスキは「望みが拒絶された子どものように甲高くなり」、フランクフルターなど一定の理解者さえ激しく攻撃しては、さらに孤立を深めていった。この時期のラスキの焦燥には、同意革命への強い思い入れゆえに、その実現が一向に近づかないならば、その苦しみから解放されるためにあたかも自分でそれを破壊してしまおうとするような心理さえ読みとることができる。

一九四三年のラスキは、感情の起伏が激しく、戦後構想の見通しについても楽観から悲観へと激しい振幅を見せていた。そして、ルーズヴェルトに対する失望も隠さなかった。ラスキはM・ラーナー宛ての手紙で書いている。「FDRもまた、私が彼に期待した闘争を断念してしまいました。……それは私にとって驚きではありません。結局、彼はこの間ずっと偉大な日和見主義者でした[83]」。

しかし他方、ラスキにとって、ルーズヴェルトに対する敬愛が失われることもなく、またルーズヴェルトが同意革命に立ちもどってくれるという期待も完全に消えたわけではなかった。マーティンによれば、公開書簡をめぐり軋轢が生じたものの、「ルーズヴェルトのみが勝利のなかにスターリンと西欧との一致をもたらし、平和を恒久的なものとしえる唯一の人だと、ハロルドは信じていた[84]」。ラスキは一九四四年、ルーズヴェルト四選を祝福し、「四つの自由が偉大な演説の偉大なレトリックで終わらず、名もなき民衆の生活において実現される希望となるよう切に願います[85]」と書き送っている。しかしながら、一九四五年四月のルーズヴェルトの死は、その望みを完全に絶つものであった。

5 「コモン・ピープル」との接触

一九四三年春以降、第二次大戦の戦況は連合国側にとって比較的好転していく。同年二月のスターリングラードの戦いで、ソ連は甚大な犠牲を払いながらもナチスの東方進出を防ぎ、一九四四年六月にはノルマンディー上陸作戦が決行され、遅れに遅れた西部戦線がようやく形成される。

この間、有力政治家への働きかけにいずれも失敗したラスキが、最後に「変革主体」として想定したのは、イギリスの市井の民衆や労働者、すなわち「コモン・ピープル」であった。同意革命という着想は、小笠原欣幸によれば、「一九三〇年代に大量失業と戦争の影に怯えていた『コモン・ピープル』が、勇気を奮い起こし、大英帝国の防衛のためではなく、ましてや彼ら自身の私的利益のためではなく、『民主主義のために』立ち上がったという認識」に淵源を発するものであった。それゆえ、「ラスキは、彼らの意識の高揚を変革の思想に体系化することが、政治学者としての自分の任務であると考え、自分の学問を賭けてこの仕事に着手したのである[86]」。大戦末期のラスキは、一人の政治言論家として、労働者、兵士、学生、主婦、地域活動家など広くイギリスの民衆を対象に、独自の言論活動を展開していくことになる。

元来、知識人による社会変革への関与には、二つの方法があった。第一に、政治家や有力な官僚に着目し、それらのエリートや権力者への浸透と説得を通じて内側から政治変化を導きだそうとする方法である。しかし、近代における知識人と権力者との関係は、たいてい、知識人の側で権力者のご機嫌取りや「イエスマン」に陥るか、さもなければその「異議申し立て」のために権力者から疎んじられ追放されるかという選択を迫られる、不安定なものであった[87]。

ラスキもまた、政治学者としては異例の交友関係を有力政治家と結んだとはいえ、自身の政治的マニフェストの厳密な実現を迫るその姿勢ゆえに、チャーチルやルーズヴェルトといった大物政治家と一体化することはできず、権力の中心から徐々にはじかれていくことになった。

他方、知識人の社会参加をめぐるもう一つの方途は、政治変革の駆動因を社会運動や民衆運動に求め、その運動の圧力が政治エリートを外側から突きあげることによって政治変化をもたらそうとする方法である。そして、政治エリートへの浸透を通じた政治変革の限界に直面した後、ラスキが最後にその十字軍的な言論活動を昇華させたのは、民衆的基盤に支えられた運動を通して社会主義を引きよせようとする第二の方途であった。

一九四四年、ラスキは『信仰・理性・文明』を出版する。同書はラスキの著作のなかで最も情熱的かつ警世的な内容であり、同意革命論の総決算的文書といえる。ここにおいてラスキは、ヨーロッパ文明を継承する「理性」と社会主義に対する「信仰」との再結合を通して、イギリス左翼を導く希望の創生、新しい福音を目指すことになる。R・ニーバーは『ネイション』誌の書評で、修辞の多いラスキの筆致に注文をつけながらも、同書を「近代における人間の道徳的再定位に相応しい価値観の形態」を模索したものとして位置づけている[88]。

『信仰・理性・文明』の独自性は、同書においてラスキが知識人の「裏切り」と「義務」とを明確に識別した点に求められるだろう。ラスキの知識人批判は、世俗を超越した聖職者へのノスタルジーを憧憬したバンダの超然主義、そしてその同時代的現われであるT・S・エリオットの貴族趣味と大衆嫌悪に向けられる。かつて丸山眞男が共感的に指摘したように、ファシズムの脅威という人類史的危機において、「インテリは大衆に呼びかける事を止め、社会的革新への関心も打ち捨て、次第に支配階級の添え物（appendage）に成り下がった[89]」のであり、ラスキにとってそれは「知識人の職能に対する背任」であった。

そのような知識人の超然主義的な「裏切り」に対比されるのが、民衆の怒りとエネルギーに知性と指導性を与え、それを「創造的怒り」へと転化させる知識人の義務である。知識人は、大衆を「生まれながらの支援者」とし、民衆からの認知と共感によって存立する。ラスキにとって、「何よりもまず漠然たる大衆の熱望を結集して、一貫した一つの行動プログラムにまでまとめあげる方法を発見することが、明らかに思想家の義務」なのであった[90]。

イギリスの民衆や労働者、すなわち「コモン・ピープル」への参加と接触は、ラスキによる知識人の義務の実践であった。同意革命は、最終的に、有力政治家に対する「浸透」によってではなく、民衆的基盤に支えられた「運動」によって実現されるべきものとして位置づけられたのである。「伝統的イギリス」に代わるのが「コモン・ピープルのイギリス」である以上、それをもたらすための同意革命の「変革主体」も、ここにおいて「コモン・ピープル」に定められたのであった。

6 労働党政権の誕生

一九四五年五月、ドイツの降伏によってヨーロッパにおける連合国の勝利がもたらされると、労働党は早速チャーチルとの間で挙国内閣の解消と七月の総選挙実施に合意した。時を同じく、五月の党大会でラスキは党議長に選出され、クラミック&シェーマンによれば、労働党は「十年ぶりの総選挙を、最も『不釣りあいな（unlikely）』議長を据えて闘うことになった」[91]。ラスキは党議長としての地位を最大限に利用し、選挙戦の最中も自身の同意革命論を訴え続けた。

選挙戦が始まると、チャーチルは意外なほどイデオロギー的な労働党批判を展開する。ハイエクの『隷従への道（*The Road to Serfdom*）』（一九四四年）を読んで影響されたチャーチルは、ラジオ演説で「社会主義は全体主義に不可分に組みこまれて」おり、「労働党が社会主義綱領の実行に専念すれば、ある種のゲシュタポ形態を招くことになる」と強調し、労働党を「ファシズムの盟友」に仕立てあげようとした。

しかしながら、チャーチルの「赤攻撃」は不発に終わる。そもそも、五年間にわたる戦時内閣を通して強度の累進課税や産業への国家介入などを主導してきたのはチャーチルであった。また、戦時休戦下に保守党批判を自制し、ナチス打倒に尽力した労働党に対する有権者の信頼も厚く、当時のドイツ人ジャーナリストは次のように指摘している。「イギリスの選挙民は、アトリーのなかにも、そして労働党執行部の議長であったラスキ教授のなかにも、覆面をしたスターリンやベリヤを想像することはできなかった[92]」。

七月二六日に開票された総選挙は、保守党二一三議席、自由党一二議席、労働党は三九三議席であり、労働党の圧勝であった。事前予測では二大政党間の膠着状態が危惧されており、この結果は大方の予想をはるかに超えたものであった。ラスキはこの選挙の記念碑的な意義を強調している。「一八三二年のホイッグの勝利が中産階級の権力掌握を意味したように、一九四五年の労働党の勝利は史上初めてコモン・ピープルを権力の座につけるものとなった。一八三二年が貴族的特権の没落と衰退を意味したように、一九四五年は資本家的特権の終わりの始まりを意味している[93]」。

選挙戦を通じて、労働党にとってラスキは、不必要に論争を巻きおこし保守党からの攻撃材料となる「厄介な存在」であったが、その献身的選挙活動は疑いようもなく、また大衆人気や国際的知名度もあり、国民の間では労働党勝利の立役者として受けとめられていた。マーティンは述べている。「ラスキ自身は凱旋将軍のように帰ってきた。彼はいたるところで素晴らしい熱狂で迎えられ、多くの候補者は、選挙演説の際の彼の人気が勝利の決定的要素の一つだったと考えた[94]」。また、新議会では「三九三人の労働党下院議員うち、六七人はラスキの元教え子[95]」であったという。

しかし、危機の時代における革命の到来を警世的に主張し続けたラスキにとって、一九四五年総選挙での大勝と労働党政権の誕生は、皮肉にも、自身の存在意義の喪失という可能性を孕んだ複雑な岐路をもたらすことになった。

第五節　労働党政権への評価

一九三〇年代のラスキの著作を彩っているのは、国家の抜きがたい資本主義的性格という悲観と、深刻な対立のなかに妥協をもたらすイギリス議会への楽観という二つの糸の絡まりあいであった。そして同意革命論は、両者の相克の延長上に、同意による社会革命をたぐり寄せるものであった。結果的に、一九四五年以降、六年間にわたる労働党政権の達成が示したことは、ラスキの楽観的予測の妥当性と悲観的警鐘の誇張であったといえる。

ラスキの楽観的予測、すなわち同意に基づく戦後イギリスの社会改革は、労働党による政治闘争や支配層の自発的譲歩の結果というよりむしろ、総力戦体制が必然的にもたらした産業に対する国家の強い規制によって可能になったものといえよう。戦後の労働党政権は、戦時体制におけるこれらの産業統制をそのまま継承し、税制や社会保障の改革を通じて分配の平等化を維持、推進していく。

アトリー政権による社会改革の第一の柱は、ベヴァリッジ報告に基づく社会福祉制度の確立である。一九四二年に発表されたベヴァリッジ報告は、窮乏、疾病、無知、不潔、無為といった弊害からの解放を目指し、戦後の労働党内閣において党内左派のベヴァンの指揮の下に実現に移され、医療、保健、衛生、家族手当などに関する法律が通過し、「揺りかごから墓場まで」として知られる社会保障が制度化されていく。

第二に公共事業と完全雇用を中軸とするケインズ型の財政政策である。第二次大戦後、世界経済の中心はイギリスからアメリカに移行し、それに応じて、労働党政権の経済政策は、これまで海外投資に向けられていた資本を国内投資に向けさせ、国内での需要と雇用を創出することにあった。そのため、アトリー政権では蔵相ドールトンを中心に通貨安定、景気刺激策、需要と雇用の創出を目的とした財政政策が採用され、ケインズ経済学は「労働党のテキスト」

となっていく。

興味深いことに、一九四五年の総選挙は自由党の実質的消滅をもたらすものであったが、労働党がその政策理論として受容したベヴァリッジとケインズはともに自由党員であった。自由党は政治勢力としては消滅したものの、ニューリベラリズム以来の社会政策は、労働党政権に仮託される形で戦後イギリス政治の主流になったともいえる。ドイツ人ジャーナリストのK・H・アプスハーゲンは当時、自由党の衰退はリベラリズム思想の衰退を意味するわけではなく、「むしろこの思想がイギリスの政治生活全般に極めて根強く浸透し、もはや特別の自由党を必要としなくなったということ」[96]の証左であると指摘している。

第三に主要基幹産業の国有化政策である。アトリー政権は一九四九年までにイングランド銀行、炭鉱、鉄道、港湾、運河、電気、ガス、鉄鋼など工業部門の約二〇％を国有化している。

ベヴァリッジの社会保障とケインズの財政政策を基盤としたこのような労働党の一連の社会経済政策は、かつてラスキが危惧したのとは反対に、保守党にも大筋で受容されていく。R・T・マッケンジーによれば、「一九四五年以後に導入された社会立法に関する議会討論では、本格的な対立はほとんどなかったというのが事実であろう」[97]。これらの政策の基本線は、一九五一年に保守党が再び政権に復帰した後も継承され、戦後のイギリスは「合意の政治（consensus politics）」と呼ばれる安定期に入っていく。

第二次大戦後のイギリス社会をめぐるこのような合意の形成は、換言すれば、所得分配や社会保障、生産手段の管理といった課題に対して、議会政治を通じた合意形成が可能だということを傍証するものであった。総力戦体制下の社会変動のなかで、イギリス議会制度は再び柔軟な媒介機能を果たし、有権者の要求圧力を安定的に体制内に包摂、吸収した上で、戦後の新たな合意の枠組を提示していった。その意味で、ラスキが議会政治に対して抱いた希望は、一定程度、実証されたといえる。

事実、イギリス議会に対する愛着と悲観に引き裂かれていた一九三八年の著作『イギリスの議会政治』とは対照的に、一九五〇年の講演を基にした『イギリス国制に関する省察(*Reflections on the Constitution*)』は、政治権力の安定的交替と社会統合を果たす機関として、イギリス議会に対するラスキの楽観主義を再確認するものであった。同書で下院を論じた章の結語を、ラスキは次のように締めている。「過去五〇年間下院に様々な変化が起こってきたが、この制度の偉大さは少しも低下していない。……逆に、一九四五年以降、下院に対する大衆の尊敬の念は急速に高まり、今日では、一九二五年もしくは一九三五年に比べて、その気持ちははるかに高いといわねばならない」(98)。

他方、イギリスの戦後変革をめぐるラスキの悲観的危惧は、おしなべて外れたといえる。戦時下のラスキは、来るべきイギリスの社会主義政権は、金融資本家の根強い抵抗、官僚の離反、資本の海外逃避、貴族による反革命的不服従、さらには軍隊反乱や憲法停止など多くの障害に直面するだろうと警鐘してきた。しかし、戦後の労働党政権の政治は、これらが杞憂であったことを示した。

労働党政権の社会政策に対する経済界からの抵抗は、総力戦体制下の戦時統制を労働党が戦後も緩めずに継承したことにより、比較的効率的に抑えこまれていった。そもそも、それを「社会主義」と呼ぶかどうかは別にして、保守党主導下の挙国内閣においてすでに産業や私有財産への政府の介入が不可避の政策として実行されており、そこでは国家による産業統制、嗜好品の制限や食料の配給制度、さらには戦費負担調整のため五〇%を超える相続税さえ実現されていた。労働党政権はこれらの戦時統制を戦後もそのまま維持し、その統制力を都市計画や住宅建設などに転用していった。

また、イデオロギーや政策をめぐる戦後の労働党と保守党の溝は、ラスキの予測に反し、相互に収斂していった。かつてラスキは、労働党と保守党との対立は和解不可能な階級対立であり、二大政党の遠心化が議会政治の破綻をもたらしうると警告した。しかし、マッケンジーによれば、「〔戦後の〕労働党はラスキ教授が望んだようには戦闘的ではなく、保守党は、その動機が何であれ、ラスキが危惧したほど反動的ではなかった[99]」。一九五〇年代における二大政党の政策的近接さは、一九五四年、雑誌『エコノミスト』が、アトリー後継として労働党首となったH・ゲイツケルと保守党の財務大臣R・バトラーとを合成した「バッケリズム（Butskellism）」なる造語を作ったことからも窺えよう。

このような労働党政権の達成は、党議長としてラスキが尽力した目的であると同時に、政治理論家ラスキにとっては、ディーンがいみじくも指摘するよう、「資本家階級はデモクラシーの手段を所有制度の転換を実現するために使用するのを許さない、という彼の基本的テーゼにとって、致命的でないとしても深刻な打撃[100]」になりえるものでもあった。労働党が社会改革を実現すればするほど、それは、ラスキ自身が警世してきた、労働党政権に対する反革命的内乱という予測を裏切り、その国家認識の妥当性を掘り崩していくことになる。それゆえディーンは、労働党政権の成功に対するラスキのアンビバレントな態度を指摘している。「一方で彼は、労働党の勝利と業績に対して非常に大きな誇りを感じる。……他方で彼は、支配階級は民主的社会が社会主義へ進むことを許さないだろうという彼の信条を放棄するのが、嫌なのである[101]」。

ラスキの友人マッケンジーは、一九三〇年代のラスキの悲観的警世論と一九五〇年代イギリスにおける「社会主義」の合憲的体制化との乖離について次のように述べる。「多くの人はこの点につきラスキに問い詰めるのを遠慮した。しかし私的な会話では、彼は、第二次大戦はイギリス政治の行程を彼が予期しなかった形で大きく修正したと直ちに認めた[102]」。ラスキにとって、一九四五年の労働党政権が戦時統制の拘束力をそのまま保持継承して資本家や金融街を統御しえたことは、予想しえなかったようである。

同意革命論においてラスキが設定した課題は、資本主義がデモクラシーを制圧するか、デモクラシーが資本主義を変容させるかという二律背反であった。しかし、第二次大戦後に出現したものは、そのような二律背反では適切に位置づけられない混合国家であった。すなわちそれは、資本主義体制を大枠において維持しながら、アメリカの世界覇権によって下支えされた経済成長と安定的な国民統合を背景とし、社会保障を不可欠の一環として内包するような国家体制であり、その定義のためには福祉国家という新たな概念枠組が必要であった。そして、一九二〇年から五〇年までが「ラスキの時代」（M・ベロフ）だったとすれば、戦後の三〇年間は「黄金の時代」（ホブズボーム）であり、危機の時代の警世家を不要とする繁栄の時代であった。そして、一九五〇年に死去したラスキにとって、戦後の労働党政権の達成は歴史的判断を下す対象とはならず、ラスキは福祉国家に対してついに「ミネルヴァの梟」になることはできなかった。

仮にラスキが福祉国家を対象として認識し、それに理論的説明を与えていたとすれば、それは政治権力によってラスキのいう「階級関係の再定義」を果たしえたと評価されただろうか。それともそれは、政治が経済に取りこまれた敗北の証として、すなわちデモクラシーが経済の利潤最大化動機に屈した結果の妥協策として映っただろうか。

ラスキはその最晩年、労働党政権の社会保障や住宅政策、インド独立やビルマの英連邦離脱といった帝国主義の清算を「著しい業績」としながら、同時に、国家が所有している産業は一部分にすぎず、社会全体の生産動機としての利潤最大化は克服されていないとしている。ラスキはいう。「民主的に選ばれた社会主義政権は、常にカミソリの上を歩いているようなものである。形式的には国家の強制力を掌握しているが、実質的には特権階級を憤激させるような方法でこれを使用してはならないことをよく知っている[103]」。労働党政権に対するこのような時局的不満が、ラスキが福祉国家に対して加えた最大限の判断であった。

ちなみに、ラスキの弟子ミリバンドはその著書『イギリスにおける資本制デモクラシー（*Capitalist Democracy in Britain*）』（一九八二年）において、イギリス議会の特徴を「普通選挙権のなかに秘蔵された民衆権力の約束と、その約束の実際面での歪曲、または否認との永続的で根本的な矛盾」にあるとし、第二次大戦後のイギリス議会は、下からの要求を支配層にとって最低限のコストで包摂する「民衆圧力の封じ込め」として機能したと説明している[104]。そのような機能の上に成立した福祉国家もまた、ミリバンドにとっては、社会的緊張を緩和しながら国民の体制的同意を取りつける「資本主義の延命策」以上のものではなかった。このようなミリバンドの認識は、ラスキのそれを推測するにあたって一つの参考にはなるであろう。

しかし、ラスキの同意革命論が孕んでいた魅力は、デモクラシーへの希望とマルクス主義的国家論の説得性とを角逐させつつ、戦後国家の帰趨を決する主要因が判然としないまま、第二次大戦がもたらした流動的力学のなかで政治の力を最大限に試そうとした点にあった。マルクス主義的国家論の図式を戦後福祉国家にあてはめるミリバンドの認識がいささか硬直的な響きを持つ反面、ラスキには、行政権力がすべてを統御しうるという政治への完全な楽観もなければ、マルクス主義的国家論をアプリオリに応用して国家の性格を固定化してしまうドグマ性もなかった。相互に角逐競合する社会認識を並存させながら、流動的で一回限りの現実のなかで自らの理想を追求したラスキは、おそらく戦後の福祉国家のなかにも、現状のさらなる打開に向けた希望の可能性を最大限に汲みとったであろう。

第六節　小括

ラスキがその後半生を通じて直面した課題は、政治によって経済を統御しえるか、すなわちデモクラシーによって資本主義を変革しえるかという古典的な問いであった。そして同意革命論とは、「デモクラシーの力が経済的問題と社会的課題とを解決しえるというわれわれの確信を世界に宣言すること」[105]であり、すなわち「文明の達成をデモクラシーの裁量の下におくこと」であった。結果的に、ラスキが追求したこのような課題は、総力戦体制がもたらした巨大な社会変動と、第二次大戦後の経済成長によって可能になった福祉国家体制によって、一面において実現されるとともに、他方において「幸運にも回避された問い」として残ったものといえよう。

ラスキの同意革命論は、有力政治家への影響力という点では、低い評価が一般化している。この時期のラスキの政治判断は多くの友人たちも首をかしげるものであり、政局のなかで自分を見失うその姿は滑稽でもあった。

しかしながら、広く民衆や労働者を対象にして同意革命論を展開したラスキは「イギリス左翼の主張を展開する拡声器（the Left's megaphone）[106]」（ホブズボーム）であり、そのような言論活動は具体的な政策の成果に着目して論じられるよりも、むしろ市民社会における世論形成を企図したイデオロギー闘争として位置づけられるべきものであろう。ラスキの実践とはすなわち、グラムシの言葉を借りれば、労働者階級と結びついた有機的知識人による、社会主義のための「知的道徳的ヘゲモニー」を目指した思想闘争であったといえる。

かつてグラムシは、中世の聖職者がカトリック教義に裏づけられた社会体制を維持する上で支配的な思想的影響力、すなわちヘゲモニーを構築していたように、二〇世紀において労働者がその価値観を支配的信念体系として樹立するためには、労働者階級に結びついた有機的知識人によるヘゲモニーの確立が必要だと考えた。労働者階級と結びついた知識人は、教育、言論、出版など「陣地戦」のあらゆる機会を通じて社会主義文化を浸透させ、それを普遍的価値として承認させる必要がある。グラムシにおける知識人とは、その意味で、社会主義を伝播させる世俗的な伝道者であった。

同意革命におけるラスキは、「民衆にとって最も明確で活発な社会主義の声」であり、いわば、このような社会主義の伝道者の役割を果たしたといえる。クラミック＆シェーマンはいう。「時事評論家として、政治信条の普及者として、そして公共的知識人としてのラスキは、彼の知性とウィット、そして民衆がラスキの文章や講演がなければ物足りなく思うほどの信じられないエネルギーによって、自身の痕跡を時代に刻んだのであった[107]」。

事実、第二次大戦末期のイギリスは、共助や連帯など左派の語彙や社会主義の理想が市民社会において支配的となり、それが有権者の間に広く受容された稀有な時代であった[108]。長期にわたる総力戦体制は社会階層の流動化や生活水準の水平化をもたらし、経営者や企業家の間でも親社会主義的な見解をとることが多々見られたという。グラムシにならえば、それはいわば、階級権力をめぐるイギリスの「陣地戦」において、労働者階級と結びついた知識人が一定の成功を収めていた局面といえる。そして、一九四五年の総選挙における労働党の勝利と福祉国家の建設こそ、「コモン・ピープル」に依拠した知識人による「知的道徳的ヘゲモニー」の奏功を傍証するものであったといえよう。

ラスキの同意革命論とはすなわち、民衆に接触し、労働者の政治的知性の錬成を通してデモクラシーを駆動させ、その先に社会主義を呼びこもうとするイデオロギー闘争であった。それは同時に、ラスキにとって、教育資本を享受した知的エリートであることと、労働者と結びついた政治啓蒙家であることとの矛盾を克服するための、一つの回答であったといえよう。

（1） H. J. Laski, "Aristocracy Still the Ruling Class in England", *Current History*, July 1930, p. 672.

（2） H. J. Laski, "The Roosevelt Experiment", *The Atlantic Monthly*, Vol. 153, No. 2, February, 1934, p. 144.

（3） H. A. Deane, *The Political Ideas of Harold J. Laski*, New York, Columbia University Press, 1955, p. 224（野村博訳『ハロルド・ラスキの政治思想』法律文化社、一九七七年、二二五頁）.

（4） K. Martin, *Harold Laski: A Biographical Memoir*, London, Victor Gollancz, 1953, p. 262（山田文雄訳『ハロルド・ラスキ——一社会主義者の歩み』社会思想研究会出版部、一九五五年、三六八頁）.

（5） R. Miliband, "Harold Laski: An Exemplary Public Intellectual", *New Left Review*, 200, 1993, p. 179.

（6） K. Marx, "Chartist", *New York Daily Tribune*, 25 August, 1852, No. 3543（土屋保男訳「チャーチスト」『マルクス＝エンゲルス全集（第八巻）』大月書店、一九六二年、三三六—三三七頁）.

（7） V. Lenin, *The Proletarian Revolution and Kautsky the Renegade*, London, British Socialist Party, 1918, p. 18（平沢三郎訳『プロレタリア革命と背教者カウツキー』大月書店、一九五三年、二一一—二一二頁）.

（8） V. Lenin, *The State and Revolution: Marxist Teaching on the State and the Task of the Proletariat in the Revolution*, London, Allen and Unwin, 1917, p. 40（聴濤弘訳『国家と革命・国家について』新日本出版社、一九八五年、五六頁）.

（9） *Ibid.*, p. 40（同右、五六―五七頁）.

（10） V. Lenin, *'Left-wing' Communism: An Infantile Disorder*, London, The Communist Party of Great Britain, 1920, p. 66（朝野勉訳『共産主義における「左翼」小児病』大月書店、一九五三年、九八頁）.

（11） *Ibid.*, p. 66（同右、九八頁）.

（12） *Ibid.*, p. 66（同右、九八頁、強調原文）.

（13） レーニンは、一九二〇年、イギリス労働党代表団の一員としてソ連を訪問したラッセルに対し、同様の自説を繰り返している（B. Russel, *The Practice and Theory of Bolshevism*, London, Allen and Unwin, 1920, pp. 36–41＝河合秀和訳『ロシア共産主義』みすず書房、一九九〇年、三三―三六頁）.

（14） H. J. Laski, *The State in Theory and Practice*, London, Allen and Unwin, 1935, p. 131（石上良平訳『国家――理論と現実』岩波書店、一九五二年、一三三頁）.

（15） *Ibid.*, pp. 299–300（同右、二三三頁）.

（16） H. J. Laski, *The Rise of European Liberalism: An Essay in Interpretation*, London and New York, Routledge, 1936=2015, p. 17（石上良平訳『ヨーロッパ自由主義の發達』みすず書房、一九五一年、七―八頁）.

（17） *Ibid.*, p. 179（同右、一八一頁）.

（18） *Ibid.*, p. 192–193（同右、一九四―一九五頁）.

（19） *Clare Market Review*, Vol. 31, No. 5, June, 1936, p. 32.

（20） H. J. Laski, *The State in Theory and Practice*, p. 117（石上良平訳『国家――理論と現実』、八七頁）.

（21） *Ibid.*, p. 135（同右、一〇一頁）.

（22） H. J. Laski, *Marx and Today*, London, Victor Gollancz and Fabian Society, 1943, p. 7（岡田良夫訳「マルクスと現代」『マルクスと現代』ミネルヴァ書房、一九六九年、二一五頁）.

(23) *Ibid*., p. 16（同右、二三〇―二三一頁）.

(24) H. J. Laski, “The Crisis in the Theory of the State”, 1937, *A Grammar of Politics*, London and New York, Routledge, 1925=2015, p. xii（日高明三・横越英一訳「序章　国家論の危機」『政治学大綱（上巻）』法政大学出版局、一九五二年、一五頁）.

(25) H. J. Laski, *The Foundations of Sovereignty*, London and New York, Routledge, 1921=2015, p. 30.

(26) H. J. Laski, *Grammar of Politics*, London and New York, Routledge, 1925=2015, p. 314（横越英一訳『政治学大綱（下巻）』法政大学出版局、一九五二年、二五頁）.

(27) *Ibid*., p. 315（同右、二八頁）.

(28) H. J. Laski, *Grammar of Politics*, pp. 319–320（横越英一訳『政治学大綱（下巻）』、三一―三三頁）.

(29) *Ibid*., p. 322（同右、三七頁）.

(30) H. J. Laski, *Parliamentary Government in England*, London and New York, Routledge, 1938=2015, p. 133（前田英昭訳『イギリスの議会政治』日本評論社、一一五頁）.

(31) H. J. Laski, *Grammar of Politics*, p. 337（横越英一訳『政治学大綱（下巻）』、五六頁）.

(32) *Ibid*., p. 84（日高明三・横越英一訳『政治学大綱（上巻）』、一一八頁）.

(33) R. Miliband, “Harold J. Laski”, unpublished draft, Hull History Centre, 1958, pp. 29–30.

(34) H. J. Laski, *Parliamentary Government in England*, p. 94（前田英昭訳『イギリスの議会政治』、七七―七八頁）.

(35) *Ibid*., p. 94（同右、七七頁）.

(36) *Ibid*., p. 16（同右、六頁）.

(37) H. J. Laski, *The Decline of Liberalism*, L. T. Hobhouse Memorial Trust Lectures, No. 10, London, Oxford University Press, 1940, p. 16.

(38) H. J. Laski, *Parliamentary Government in England*, p. 178（前田英昭訳『イギリスの議会政治』、一五九頁）.

(39) *Ibid*., p. 90（同右、七四頁）.

(40) *Ibid*., p. 93（同右、七七頁）.

(41) H. J. Laski, *The Crisis and the Constitution: 1931 and After*, London, Hogarth Press and Fabian Society, 1932, p. 50（岡田良夫訳「危機と憲法」『危機のなかの議会政治』法律文化社、一九六四年、一六二頁）.
(42) H. J. Laski, *Parliamentary Government in England*, p. 70（前田英昭訳『イギリスの議会政治』、五四頁）.
(43) H. J. Laski, "The Prospects of Constitutional Government", *The Political Quarterly*, London, Macmillan, July/September, 1930, p. 315（岡田良夫訳「議会政治の危機」『危機のなかの議会政治』法律文化社、一九六四年、六七頁）.
(44) H. J. Laski, *Parliamentary Government in England*, p. 26（前田英昭訳『イギリスの議会政治』、一四—一五頁）.
(45) H. J. Laski, "London: Democracy in Action", *The Nation*, 12 October, 1940, pp. 325–326.
(46) I. Kramnick and B. Sheerman, *Harold Laski: A Life on the Left*, London, The Penguin Press, 1993, p. 433.
(47) H. J. Laski, *Where Do We Go From Here?*, New York, The Viking Press, 1940, pp. 107–128（堀真清訳『ファシズムを超えて』早稲田大学出版部、二〇〇〇年、七二—八八頁）.
(48) H. J. Laski, *Reflections on the Revolution of Our Time*, London and New York, Routledge, 1943=2015, p. 207（笠原美子訳『現代革命の考察』みすず書房、一九五三年、二九四頁）.
(49) H. J. Laski, "Revolution by Consent", *The Nation*, 22 March, 1941, p. 349.
(50) H. J. Laski, "The Need for a European Revolution", H. J. Laski, et al, *Programme for Victory: A Collection of Essays Prepared for the Fabian Society*, London and New York, Routledge, 1941=2015, p. 10.
(51) H. J. Laski, *Reflections on the Revolution of Our Time*, p. 341（笠原美子訳『現代革命の考察』、四八四頁）.
(52) H. J. Laski, *Parliamentary Government in England*, p. 172（前田英昭訳『イギリスの議会政治』、一五三頁）.
(53) H. J. Laski, "The Need for a European Revolution", p. 13.
(54) H. J. Laski, *Democracy in Crisis*, London and New York, Routledge, 1933=2015, p. 243（岡田良夫訳『危機にたつ民主主義』ミネルヴァ書房、一九五七年、三三七—三三八頁）.
(55) H. J. Laski, "The Need for a European Revolution", p. 33.
(56) *Ibid*., p. 22.

(57) *Ibid.*, p. 12.

(58) H. J. Laski, *Where Do We Go From Here?*, p. 159（堀真清訳『ファシズムを超えて』、一一二頁）.

(59) H. J. Laski, “The Need for a European Revolution”, p. 33.

(60) Letter form H. J. Laski to W. Churchill, 10 Februry, 1941（小笠原欣幸『ハロルド・ラスキ――政治に挑んだ政治学者』勁草書房、一九八七年、一四六頁）.

(61) I. Kramnick and B. Sheerman, *Harold Laski: A Life on the Left*, pp. 435–436.

(62) Letter from H. J. Laski to F. Frankfurter, 13 August, 1941（G. D. Best, *Harold Laski and American Liberalism*, New Brunswick, Transaction Publishers, 2005, p. 118）.

(63) Letter from W. Churchill to H. J. Laski, 25 March, 1942（Hull History Centre）.

(64) K. Martin, *Harold Laski: A Biographical Memoir*, p. 155（山田文雄訳『ハロルド・ラスキ――一社会主義者の歩み』、二一七頁）.

(65) I. Kramnick and B. Sheerman, *Harold Laski: A Life on the Left*, p. 436.

(66) H. J. Laski, *Faith, Reason and Civilization*, New York, The Viking Press, 1944, p. 85（中野好夫訳『信仰・理性・文明』岩波書店、一九五一年、一一一頁）.

(67) H. J. Laski, “Mr. Churchill’s Conception of Victory”, *The New Statesman and Nation*, 11 April, 1942, p. 235.

(68) H. J. Laski, “Winston Churchill in War and Peace”, *The Nation*, 18 December, 1943, p. 724.

(69) K. Martin, *Harold Laski: A Biographical Memoir*, p. 157（山田文雄訳『ハロルド・ラスキ――一社会主義者の歩み』、二二〇頁）.

(70) 小笠原欣幸『ハロルド・ラスキ――政治に挑んだ政治学者』勁草書房、一九八七年、一四八―一五〇頁。

(71) Letter from H. J. Laski to E. Bevin, 9 March, 1942（A. Bullock, *Ernest Bevin: A Biography*, London, Politico’s, 2002, p. 333）.

(72) A. Bullock, *Ernest Bevin: A Biography*, p. 334.

(73) I. Kramnick and B. Sheerman, *Harold Laski: A Life on the Left*, p. 440.

(74) Letter from C. Attlee to H. J. Laski, 1 May, 1944 (Hull History Centre).
(75) *Ibid.*
(76) Letter from H. J. Laski to F. D. Roosevelt, 11 December, 1939 (Franklin D. Roosevelt Presidential Library).
(77) Letter from H. J. Laski to F. D. Roosevelt, 20 October, 1940 (Franklin D. Roosevelt Presidential Library).
(78) Letter from H. J. Laski to F. Frankfurter, 16 August, 1942 (G. D. Best, *Harold Laski and American Liberalism*, pp. 121–122).
(79) H. J. Laski, "Open Letter to President Roosevelt", *The New Statesman and Nation*, 10 April, 1943, p. 236.
(80) M. Freedman, ed., *Roosevelt and Frankfurter: Their Correspondence 1928–1945*, An Atlantic Monthly Press Book, 1967, p. 697.
(81) Letter from J. Winant to H. J. Laski, 13 May, 1943 (G. D. Best, *Harold Laski and American Liberalism*, p. 126).
(82) Letter from H. J. Laski to J. Winant, 15 May, 1943 (*Ibid*., p. 127).
(83) Letter from H. J. Laski to M. Lerner, 2 January, 1944 (*Ibid*., p. 128).
(84) K. Martin, *Harold Laski: A Biographical Memoir*, p. 167 (山田文雄訳『ハロルド・ラスキ――一社会主義者の歩み』、一三三頁).
(85) Letter from H. J. Laski to F. D. Roosevelt, 5 July, 1944 (G. D. Best, *Harold Laski and American Liberalism*, p. 131).
(86) 小笠原欣幸『ハロルド・ラスキ――政治に挑んだ政治学者』、一六三―一六四頁。
(87) L. A. Coser, *Men of Ideas: A Sociologist's View*, New York, Free Press, 1965, p. 139 (高橋徹監訳『知識人と社会』培風館、一九七〇年、一五二頁).
(88) R. Niebuhr, "The Many and the Few", *The Nation*, 17 June, 1944, p. 710.
(89) 丸山眞男「西欧文化と共産主義の対決――ラスキ『信仰・理性及び文明』について」『増補版 現代政治の思想と行動』未來社、一九六四年、二二〇頁。
(90) H. J. Laski, *Faith, Reason and Civilization*, p. 121 (中野好夫訳『信仰・理性・文明』、一六六頁).
(91) I. Kramnick and B. Sheerman, *Harold Laski: A Life on the Left*, p. 477.
(92) K. H. Abshagen, *Revolution ohne Tränen*, Stuttgart, Union Deutsche Verlagsgesellschaft, 1951, S. 72 (中原栄一訳『暴力なき

革命――イギリス労働党の歩み』磯部書房、一九五三年、五七頁).

(93) H. J. Laski, "Why I Didn't Make a Good Red Herring", *Picture Post*, 11 August, 1945, p. 26.

(94) K. Martin, *Harold Laski: A Biographical Memoir*, p. 174 (山田文雄訳『ハロルド・ラスキ――一社会主義者の歩み』、二四四頁).

(95) C. Kord, "Review of Harold Laski: A Life on the Left", *The Antioch Review*, Summer 1994, pp. 531–532.

(96) K. H. Abshagen, *Revolution ohne Tränen*, S. 273 (中原栄一訳『暴力なき革命――イギリス労働党の歩み』、二一四頁).

(97) R. T. Mackenzie, "Laski and the Social Bases of the Constitution", *The British Journal of Sociology*, Vol. 3, No. 3, September, 1952, pp. 262–263.

(98) H. J. Laski, *Reflections on the Constitution: The House of Commons, the Cabinet, the Civil Service*, London and New York, Routledge, 1951=2015, p. 92–93 (辻清明・渡辺保男訳『議会・内閣・公務員制』岩波書店、一九五九年、九二頁).

(99) R. T. Mackenzie, "Laski and the Social Bases of the Constitution", *The British Journal of Sociology*, p. 263.

(100) H. A. Deane, *The Political Ideas of Harold J. Laski*, p. 290 (野村博訳『ハロルド・ラスキの政治思想』、二九〇頁).

(101) *Ibid*., p. 290 (同右、二九〇頁).

(102) R. T. Mackenzie, "Laski and the Social Bases of the Constitution", *The British Journal of Sociology*, pp. 261–262.

(103) H. J. Laski, *Trade Unions in the New Society*, London, Allen and Unwin, 1950, pp. 89–90 (隅谷三喜男・藤田若雄訳『現代社会における労働運動』みすず書房、一九五一年、九九―一〇〇頁).

(104) R. Miliband, *Capitalist Democracy in Britain*, Oxford, Oxford University Press, 1982, p. 1 (北西允訳『イギリスの民主政治』青木書店、一九八四年、四頁).

(105) H. J. Laski, "The Need for a European Revolution", p. 29.

(106) E. Hobsbawm, "The Left's Megaphone", *London Review of Books*, Vol. 15, No. 13, 8 July, 1993, pp. 12–13.

(107) I. Kramnick and B. Sheerman, *Harold Laski: A Life on the Left*, p. 591.

(108) 当時のイギリス世論における社会主義的文化の根強さ、およびアトリー政権下における抜本的な社会福祉制度の改革と編成については、以下のドキュメンタリー映画を参照。K. Loach, *The Spirit of '45*, The United Kingdom, 2013.

第七章　冷戦対立への悲観

はじめに

本章では、第二次大戦後のラスキの活動を、冷戦初期のイギリス、ソ連、そしてアメリカに即して簡潔に見ておきたい。この時期のラスキの言論は、それまで確立してきた公共的知識人としての名声にもかかわらず、自身がいずれにも深い愛着を寄せてきたアメリカとソ連とによる冷戦対立の深まりに一九四五年総選挙での応援演説をめぐる名誉毀損裁判という個人的不運も重なり、世界情勢に対する悲観主義を強めていくものであった。

第一節　イギリス政治における周縁化

第二次大戦から一九四五年総選挙での労働党勝利にいたる間、国内外のめまぐるしい変化の背後で、ラスキと労働党幹部はしばしば党内対立を繰り返すことになる。党首就任以来、アトリーは基本的には左派に共鳴的な中間派であったが、同時にその左派性は「現実政治の可能性に対する鋭い嗅覚」によって律せられてもいた[1]。ラスキとアトリーの関係はいわば「腐れ縁」であったが、それゆえ対立の諸相も複雑であり、ラスキはアトリーに近い立場にいながら、そのリーダーシップに対しては極度に辛い評価を向けていた。

一九四五年五月の労働党大会で、ラスキは執行委員会議長に就任する。労働党の議長は最長経歴の執行委員で議長未経験者をほぼ自動的に選出する慣例であったが、アトリーによれば、「それはいくぶん奇妙な慣例で、時折、必ずしも適任とはいえない人物が困難な時局に議長に就任するという結果に陥ってきた[2]」。アトリーは回顧録で、「ラスキの執行委員会議長就任は、党の直近の将来に若干の重要事をもたらす事柄であった」としながら、次のように述べる。「ハロルド・ラスキは、政治的表舞台の主導的役割を担いたいのか、舞台裏の黒幕として影響力を揮いたいのか、私は常に疑問であったが、議長に選出された時、今回の彼は前者の役割に意気盛んであることがわかった[3]」。

議長に就任すると早速、ラスキは、アトリーに党首辞任を迫る手紙を送りつける。「これは大変書きにくい手紙です。……党大会の開催中、あなたが党首を続けることは選挙の勝利に重大なハンディキャップになるという強い意見が存在するのに気づいていました。これは広範な意見です。……この重大事に、……党首を辞することが党への大きな貢献となるということをあなたが理解するよう要請しなければ、労働党議長としての私の義務を怠ることになります[4]」。それに対するアトリーの返答は、その「簡潔さ」で有名なほど適切なものであった。「親愛なるラスキ、手紙をありがとう。その内容は聞きおきました(Dear Laski, thank you for your letter, contents of which have been noted)」。以後、ラスキの党内での様々な画策を、アトリーは老練な政治手腕で乗りきっていく。

ラスキによるアトリー降ろしの画策は、一九四五年七月、労働党が勝利を収めたまさにその時にも再び試みられた。選挙の前から、労働党が勝てばアトリーが首相となるという共通了解があったが、七月二六日に選挙結果が公表された際、ラスキは、党内慣例に従って議会開会までに改めて党首を選び直すべきと提案し、党首をアトリーからモリソンにすげかえようとしたのである。この提案には当のモリソンもやぶさかではなかったが、しかし、アトリーは要求を無視して機敏にバッキンガム宮殿に向かい国王からの組閣命令を受諾し、翌日、アトリーは労働党議員団の満場一致の支持を得て党首の座が確認される。

この局面においても、政治家アトリーはラスキよりはるかに事態の動かし方を心得ていたといえる。実際、アトリーが組閣勅命を拝受すると、党内でもはやそれ以上の異議を挟む余地はなく、アトリー評伝の著者F・ウィリアムズによれば、「政治の前線での迅速な変化を受けて、ラスキ自身、不可避的な流れに屈服しそれに声援を送るしかなかった」という。[5] 一九四五年七月、晴れてアトリー労働党政権が誕生する。

一九三五年の党首就任以来、政界では「生まれながらの副官」、「羊の皮をかぶった羊」と揶揄されてきたアトリーであったが、戦時挙国内閣では副首相として経験を積み、その政治的才腕を熟達させていった。謙虚で控えめな物腰の奥に、アトリーは政治家としての果敢かつ適切な判断力を備えていったといえよう。

労働党政権の成立後も、ラスキとアトリーの党内不和はしばしば表面化し、保守党にとっての攻撃材料となった。最も典型的なのはポツダム会談へのアトリー出席の可否をめぐる騒動である。一九四五年七月の総選挙の開票作業が続くなか、七月一五日からポツダム会談が開かれ、チャーチルは会議の外交的重要性に鑑み、副首相のアトリーにも参加を要請し、アトリーもこれを受諾する。

しかしラスキはチャーチルの提案に対し、労働党はポツダム会談での決定に拘束されるべきではなく、アトリーの参加は党首の職務に照らして「職務逸脱的（derogatory）」であるとする考えを労働党議長名で『デイリー・ヘラルド』に発表した。この時すでに、アトリーは労働党幹部との相談の上、チャーチルの要望を受けいれることで合意しており、チャーチルもまた、労働党はポツダム会談の全責任を共有すべきであるとしてラスキを真っ向から批判した。[6] これに対しラスキは、アトリーがポツダム会議に出席しても、議長である自身の承認なしには会議の決定に労働党の責任を負わせることはできないと再反論し、ラスキとチャーチルの間で論争が生じることになった。

アトリーの会談出席の可否をめぐる混乱は、即座に、アトリーら議会内労働党とラスキが議長を務める全国執行委員会との間で党の意思決定が二元化しているという保守系メディアからの鋭い批判を受けることになる。『デイリー・エクスプレス』は、労働党内における実権はアトリーではなく「党の秘密裏の独裁者」たるラスキにあると喧伝し、チャーチルは労働党の党内運営を「尻尾が胴体を揺さぶる犬」と皮肉っている。

ポツダム会談をめぐるラスキの場外発言は、議会労働党に対する「愚かで下らない介入」(ドールトン)であり、それは有権者に、生まれたばかりの労働党政権の内部不和や統治能力欠如といった不安感を与えただけであった。ラスキはその後も労働党議長名で様々な発言を行ったが、イギリスの新聞はこれを労働党にとっての「迷惑な天才」、「情熱的な無分別」と形容した。

実際、一九四五年に政権運営を担うまで、労働党では党首と執行委員会議長との間の権限や役割分担については明確に整理されていないのが実情であった。執行委員会議長は事実上は形式的な名誉職であったが、ラスキはその知名度ゆえに、党外ではラスキの発言が労働党を代表するものとして受けとめられる傾向があった。それゆえ党幹部は、労働党がラスキの発言にいかなる責任も負わない旨を明言しなければならなかった。

時宜を考慮しないラスキの饒舌に業を煮やしたアトリーは、労働党の意思決定は議会内労働党にあり、党首である自分自身が党の公的決定の責任者であること、そしてラスキには「いかなる意味でも政府になりかわって発言する権利はない」ことを、ラスキに厳しく忠告しなければならなかった。アトリーはラスキに向けて、「党内にあなたの言動に対する憤慨が充満しており、それゆえあなたの側における一定の沈黙期間が歓迎されることを、率直に述べておかねばなりません(7)」と書き送っている。

アトリーは組閣の際にも現実政治家らしい手練手管を発揮し、かつてアトリー降ろしに連座したモリソンやクリップスを政権要職に起用することでその不満を吸収した。ここにおいて突然、ラスキもまた、一九四五年八月二日の手紙で、アトリーに駐米大使のポストを要求している。「私はしばしばあなたを批判してきましたが、これは政治的見解の相違についての私情を交えない判断であったことはあなたもご承知のことと思います。……あなたがこうした事柄を考慮する時、私をワシントンの大使館に起用する道を見いだすことを期待します」[8]。ラスキが駐米大使への自薦運動をした背景には、歴史学者でありながら駐米大使を務め、『アメリカ共和国（*The American Commonwealth*）』（一八八八年）を残したJ・ブライスの存在があったことは間違いない。

しかしながら、アトリーはラスキのこの申し出を冷たく無視している。ウィリアムズによれば、「これはラスキのアトリー降ろし画策に対する憎しみからというよりも、もはやラスキの常識に対する強い懐疑によるものであった」[9]。政権にとってラスキはすでに不安材料でしかなく、イギリスがアメリカへの経済的依存を強める時期において、アメリカの経済界を批判し続けるラスキを駐米大使に据えることなどもはや滑稽な考えであった。アトリーは結局、挙国内閣時代に任命された保守党のハリファックス卿に駐米大使の留任を求めた。小笠原欣幸は、ラスキによる突然の駐米大使要求を「理解にしくい手紙」としつつ、「そこには、政治に呑まれる政治学者の奇妙な姿が読みとれ[10]」るとしている。

ラスキと労働党幹部との最も深刻な対立は、パレスチナ問題をめぐるラスキとベヴィンとの対立であった。野党時代はシオニズム支持の傾向が強かった労働党も、政権獲得後、アラブ諸国への配慮の必要性、新設されるユダヤ人国家に対するソ連の影響力の危惧などから、外相ベヴィンはパレスチナ問題に対する党の方針を実質的に転換、保守党の親アラブ政策を継承し、ユダヤ難民のパレスチナへの入植拒否を表明するにいたる。他方、第二次大戦末期、ラスキは、ユダヤ人の苦境の政治的解決のためにパレスチナにおけるユダヤ人国家建設への支持を表明していた。このようなラスキの立場は、ベヴィンが牽引したアラブ諸国への軍事的支援と真っ向から対立することになった。

ラスキによれば、ベヴィン外交は、ヨーロッパにおける悲劇的体験を潜りぬけたユダヤ難民の犠牲にしながら、中東の石油確保のためにアラブの独裁者との「野合」を結ぶものであった。また、ラスキはベヴィンの姿勢に抜きがたい反ユダヤ主義をも感じとっており[11]、両者の関係は個人的感情を帯びて抜き差しならない確執に発展していった。

一九三〇年代を通じて、ラスキは労働党の対外的スポークスマンであり、「指導的知識人」であった。しかし、ラスキの存在感は危機の時代には輝いていたものの、戦後に労働党が政権を担うようになると、議席を持たないラスキは周縁化された。一九四五年の総選挙ではフット、クロスマンなど若手議員が当選し、「キープ・レフト・グループ」と呼ばれる党内左派を形成したが、彼らが模範とした党内左派はベテラン議員のベヴァンであり、ラスキはすでに名声の衰えた過去の人物であった。

第二節　ソ連訪問

チャーチルが「鉄のカーテン演説」を行った一九四六年、ラスキは党の親善訪問団の一員として、書記長M・フィリップス、選挙委員長A・ベーコンなどとともにソ連を訪問する。フィリップスはこの訪問を回顧している。「ラスキは一九四六年のソ連への表敬訪問に高い希望をかけていた。というのも彼は、ソ連の指導者がイギリスに抱く不信や誤解の大半は、人間的な交流によって迅速に氷解されると誠実に信じていたからである[12]」。

親善訪問団はモスクワとレニングラードを見学した後、スターリンとの二時間にわたる非公式会見を行っている。ラスキはその際の感想をエッセイ「スターリンについての私の印象（"My Impressions of Stalin"）」に記し、スターリンが社会主義への移行について多様な方法を認めていること、それゆえスターリンにはロシア革命の方式を他国に押しつける意図はないことを強調している[13]。またラスキは、ソ連で手に入れた政治風刺絵をイギリスに持ち帰り、ソ連における一定の政治的自由を示すものとして提示している[14]。

しかしながら、その後のソ連体制の硬直性を踏まえると、ラスキのこのような期待は裏切られることとなった。それでなお、フィリップスによれば、「イギリスの民主的な政権の純粋な善意を彼らに納得させることができれば、西側世界に対する彼らの態度を改めるよう説得することが可能であるとラスキは信じて」おり、「ラスキはこのアプローチが持つ希望を決して諦めなかった[15]」という。

一九四八年、『共産党宣言』の刊行百周年を記念し、イギリス労働党は『共産党宣言』を再版、ラスキはこれに長文の序文を寄せることになる。ここでラスキが意図したことは、レーニンのドグマ性や独善性との対比において、マルクスとエンゲルスとを労働者階級の統一を重視した思想家として位置づけることであった。それはまた、レーニンの危険性を浮かびあがらせることでマルクスとエンゲルスの柔軟さを掬いだし、戦後のイギリス労働党がそれでもなお、『共産党宣言』を自分たちの政治目標を示す重要な文書として採用しうることを強調したものであった。

ソ連の体制内自己改革に一定の望みをつないだラスキは、しかし、イギリス共産党に対しては厳しい態度を向けていく。一九四五年の労働党政権の誕生とその「体制化」により、一九三〇年代のファシズム危機を背景とした労働党左派と共産党との心理的連携意識は消滅し、両党の関係は労働党における反ソ反共意識と共産党の側における「労働党＝社会帝国主義」という立場に戻ってしまった。労働党政権の達成を擁護するラスキと、そのような体制の外におかれた共産党との距離は広がり、戦時下に模索されたような両者の提携によるダイナミックな社会変革の機運は不可能となっていった。

一九四六年、ラスキはパンフレット『秘密の軍団（*Secret Battalion*）』を刊行し、労働党との「提携（affiliation）」を通じてその組織を乗っ取ろうとする共産党の「乗っ取り主義（entryism）」を批判、労働党にとって共産党は「トロイの木馬」であると警告する。共産党の「権威的社会主義」と労働党の「民主的社会主義」とは明確に区別されるべきもので、この立場から、ラスキは共産党と労働党との組織的提携には反対を表明するようになった。

第三節　アメリカ講演旅行

第二次大戦後のラスキとアメリカに関する興味深い逸話として、新設大学の初代学長をめぐるアインシュタインとラスキとのやりとりを挙げることができる。一九四七年春、ユダヤ人団体がスポンサーとなり、当時まだ多くの差別や不利益を受けていたユダヤ人子弟のために、国籍や宗教によって差別されない大学をアメリカに作る計画が持ちあがる。創設者の一人であるアインシュタインは、アメリカの事情に精通しており、また国際的に名声のあったラスキにこの新設大学の初代学長に就任してほしいと手紙を送っている。これに対してラスキは、申し出に深く感謝しながらも、政治的な重要性のためにイギリスを離れられない旨を返信し、この要請を断っている。この大学は一九四八年にマサチューセッツ州に開校され、現在のブランダイス大学となっている。

一九四九年春、ラスキはヒルマン協会の招聘により再びアメリカでの講演旅行に赴く。しかしこのアメリカ訪問は、忍びよるマッカーシズムの波をまともに受けるもので、ラスキにとって辛い経験となった。

ラスキのような社会主義者に大学で講演させることは「非米活動」にあたる恐れがあるとの理由から、カリフォルニア大学とワシントン大学での講演は中止される。またラスキが出席する予定になっていた古巣のハーバード大学の集会もまた、ラスキは共産主義者でありカトリック教会の敵であるという理由から、ケンブリッジの教育委員会が教育施設の使用を認めなかった。幸い、ハーバード大学が「学問の自由」の建前の下でラスキに別途講演の場所を準備することになるが、連邦捜査局（ＦＢＩ）は依然としてラスキを要注意人物としてその言動を記録しており、これらはラスキにとって暗い影を落とすものであった。ラスキはイギリス帰国後、ミリバンドに「帰りのチケットを買っておいてよかったよ」と悲しげに述べたという[16]。

ちなみに、このハーバード大学での講演は後に『現代社会における労働組合』として出版される。同書はラスキの唯一のまとまった労働組合論であり、ラスキがその役割をどのように捉えていたのかを知る貴重な資料となっている。労働組合とは元来、ウェッブ夫妻が定義するように、「賃金労働者がその労働生活の諸条件を維持または改善するための恒常的な団体[17]」であり、その目的は賃金や労働時間に関する条件の向上といった具体的課題におかれていた。ラスキは、このようなウェッブの古典的定義から出発しつつも、労働組合の役割は二〇世紀に入って大きく変化しており、かつての機能のいくつかを失った反面、他方で第一次大戦以前よりもはるかに「広大な社会的責任」を担うことになったという。

ラスキにとって、労働組合が担う「広大な社会的責任」とはすなわち、職場における具体的課題の改善に加え、利潤最大化動機に基づく産業構造の転換に取りくみ、労働組合自らが強力な社会主義政党の基盤となりつつ、変革の主体を輩出することであった。ラスキによれば、それまで自由党左派に依存していた労働組合が二〇世紀初頭に自らの政治的代表として労働党を結成して以来、イギリスにおける労働組合の主要な役割は「社会主義政党の基礎」として認識されているという。ラスキはこのような方法での労働組合の政治参加の効能を信じており、それは一九四五年総選挙での労働党勝利によってさらに強化された。「労働組合を中心にして作られた政党は、彼らの多くを中央地方の各段階において見物人の役割から俳優の役割へと移すのである[18]」。

他方、ラスキによれば、アメリカでは長らく労働組合の任務は「職業統制（job-control）」、すなわち職場の労働環境や生産性の管理に限られており、政権への態度はそれに外側から働きかける「圧力団体（pressure group）」にすぎなかった。アメリカにおける「歴史のある政党」である共和党と民主党は、いずれも労働者の利益に依拠して党勢を確立している政党ではない。したがって、「アメリカの労働組合は、彼らの目的を直接の政治的方法で表現する能力を持たなければ、彼らの政治力を十分に動員することはできないであろう」[19]。それゆえラスキは、アメリカの労働組合もまた、単なる圧力集団の位置から脱却し、社会主義を訴える第三政党、すなわち「アメリカの労働党」の基礎へと変貌する必要を説いている[20]。

第四節 『現代のジレンマ』

アメリカ講演旅行の直後に書かれた『現代のジレンマ』は、一九四四年の『信仰・理性・文明』を補足する意図で執筆されたものであったが、未完のままラスキが死去したため、ラスキの死後の一九五二年、R・T・クラークらが編纂の上、独立した著作として刊行された同時代評論である。

『現代のジレンマ』においてラスキは、『信仰・理性・文明』で自らが主張した同意革命論が、とりわけその国際政治の側面において、冷戦の激化によって裏切られていることを認めており、その意味で悲観的な世界認識に彩られている。

同書の特徴は、第一に、冷戦に対する悲観主義である。米ソ両国は、ラスキがいずれにも深い愛着を持ち、相互の和解を希求し続けた政治社会であった。しかし、冷戦対立の出現と深刻化は、東西両陣営における政治的堕落と道徳的頽廃を招き、米ソの和解というラスキの切望を裏切るものであった。

ラスキの批判は、一方において、マッカーシズムに如実に示されるアメリカの非寛容な社会的雰囲気に向けられる。アメリカは「共産主義者」の政府侵入を防ぐため、皮肉にもソ連と同様の巨大な官僚組織を作りあげている。他方、ラスキは、芸術や学問に対する政治的弾圧など、ソ連共産党によって加えられる画一的な政治統制を同一の醜悪さを放つものとして批判する[21]。ラスキにとって、アメリカの反共主義とソ連の教条主義とは、冷戦下においてまったく相似形の政治的退廃を体現しているのであった。

第二に、このようなラスキの悲観主義は、ラスキがこれまで依拠してきた近代的価値観に対しても向けられたものであった。第二次大戦におけるナチズムと、広島、長崎への原子力爆弾の投下は、進歩、理性、寛容、文明といった近代の啓蒙的価値を揺るがすものであった。第二次大戦の惨状をへて、ラスキは「われわれはもはや進歩の必然性というものを信じえない[22]」と述べている。

そしてこのような近代的価値への信頼の喪失は、ラスキにおいて、第三次世界大戦への恐怖と相即不離なものであった。「そのような戦争では勝利でさえも敗北であり、荒廃の極致、人間性の尊厳などは無価値となるであろうから、このような世界は恐怖の世界というも愚かである[23]」。それはとりわけ、原子力兵器はもちろん、細菌兵器まで用いられる破滅戦となるだろう。「戦争に対するこの恐怖感こそ、文明を危機に陥れたものであって、それは全人類の上に禿鷹のごとくのしかかっている[24]」。

第五節　「ハロルド・ラスキの悲しき終焉」

晩年のラスキに大きな打撃を与えたのは、一九四五年総選挙の際のラスキの演説に端を発した名誉毀損訴訟であった。当初はいわばラスキにつきものの騒動にすぎなかったこの訴訟は、ダーレンドルフの言葉を借りれば、「初めは些事と思われたものが、やがて個人的な不幸へと発展し、ついには致命的な重大性を帯びることになった出来事[25]」となる。

一九四五年六月、ラスキがイングランド中部の街ニューアークにおいて労働党議員の応援演説に入った際、聴衆の一人がラスキに野次を飛ばし、公然と暴力革命を主張するのはなぜかと質問をした。この野次に対するラスキの返答は正確には不明である。しかし、その場にいあわせた保守党員が、ラスキがこの時の演説で「暴力については……、仮に労働党が総選挙によって必要な同意が得られなければ、われわれは、それが革命を意味しても、暴力を用いざるをえないだろう」という趣旨の返答をしたと地方紙に投稿する。翌日、全国紙『デイリー・エクスプレス』もこれを取りあげ、「ラスキ教授、再び論争を喚起――社会主義の実現はたとえ暴力によっても」という刺激的な小見出しをつけた。

労働党はその直後、『暴力革命』をめぐる申立てについての公式見解」を発表し、ラスキの発言の有無については関知しないとしながら、「労働党は設立以来、そのいかなる組織や支部にも、党が暴力革命を採用しているという主張を容認したことはなく、労働党はむしろそれと反対に、その目的を民主的な手段によって追及する社会民主的な政党である」と明確にしている。[26] おそらく、ラスキの「舌禍」はこれで決着をつけようと思えばできた程度のスキャンダルであったといえよう。

しかしラスキは、翌年、周囲の知人たちの制止にもかかわらず、新聞社を相手に裁判を起こす。ラスキがあえて裁判に踏み切った理由は不明だが、ダーレンドルフによれば、それは純粋に名誉の問題だったかもしれないし、また当初ラスキは裁判に勝つ自信があったようである。[27] 裁判は一九四六年一一月から始まり、ラスキは、選挙演説の際の野次に呼応する形で、「戦争の終結とともに立憲的な社会改革が行われなければ、暴力革命を誘引する危険性が高まる」と述べただけだと証言した。

しかし、訴訟の過程でラスキは、被告側の弁護士P・ヘイスティングによって二日間にわたる厳しい反対尋問を受けることになる。ヘイスティングの戦略は明瞭で、彼はニューアークでのラスキの具体的発言には関心がなく、むしろラスキの著作からラスキが暴力革命に触れている個所を執拗に抜きだし、陪審員にラスキが暴力革命の主張者であるという印象を与えることに専念した。ラスキはその度に引用の不正確さを指摘しようとしたが、ヘイスティングはラスキに対して「イエスかノーか」で端的に答えるよう糾弾した。それはいわば、ラスキに対する人格攻撃であり、裁判を傍聴したラスキの批判者でさえラスキに一抹の同情を感じずにはいられないものだったようである。

同意革命論においてラスキは、議会を通じた立憲的な社会改革の実現を目的とし、それが実現されなければ暴力革命は不可避であるという警鐘を、いわば手段として鳴らし続けた。しかし、ラスキによる警鐘は、時に脅迫的なほど悲観的であったため、本来は同意革命実現のための警告にすぎない「暴力革命の脅威」は、時として暴力革命の必然性へ、さらにはもはや暴力革命への期待として受けとめられる余地が生じるほど切迫したものであった。

事実、この不毛な審問は、「革命（revolution）」という言葉に関する瑣末な定義に終始する。いかに同意革命であっても、「革命」という言葉はイギリスの一般民衆にとっては嫌悪すべき言葉であり、ラスキは「革命」という言葉が響かせる不穏なイメージや漠然とした嫌悪感の罠にはまったといってよい。クラミック&シェーマンは述べる。「もしラスキの弁護士がラスキの言葉を『同意による根本的変革（fundamental change by consent）』といい換えたならば、メッセージはかなり違っていたであろう。……ほとんどの人々にとって、革命という言葉は、いかに修正、限定されたとはいえ、それを使った者を暴力の称揚者とするような恐るべき言葉だったのである[28]」。

訴訟はラスキの敗訴であった。裁判所は、新聞社の記事は正確であり、訴訟の費用はすべてラスキ側が担うべきとした。ラスキは報道記者を避けるように裁判所の裏口から退廷し、妻フリーダによれば、「家に帰るまでは持ち堪えたが、それから、それまで男の人がこのように泣くのは見たことがないほど泣いた[29]」。保守党にとってこの判決は、総選挙での敗北以来、初めての吉報であった。ラスキは、労働党に対する責任をとるとして執行委員会からの辞任を申し出るが、ノエルベーカーから慰留される。ラスキの名誉毀損訴訟は、イギリス全体からすれば、ラスキによる戦時中の激しい警世と熱望が思いもかけない労働党の勝利によって達成された後の、小さな後日談であった。

とりわけラスキにとっての心労の種は、「法外で明らかに懲罰的」（『ネイション』）ともされた一万五〇〇〇ポンド程度と見られる訴訟費用であった。ＬＳＥの年収でこの費用を賄うことは不可能であり、ラスキは家と蔵書の売却を検討していたが、ここにおいて、労働党書記長のフィリップスが「ラスキ基金」を設立、基金を募ることになる。アメリカからもラーナーが呼びかけ人となり、アインシュタイン、フランクフルター、Ｅ・マローなど国際的な著名人からも寄付金が寄せられ、六〇〇〇ドルを超える募金が集まった。結局、「ラスキ基金」には約一万四〇〇〇ポンドが寄せられる。裁判の過程での精神的痛手から立ち直れずにいたラスキにとって、「暗い洞窟」からようやく這いでることができたのは、このような激励のゆえであった。しかしながら、ラスキの親友の多くが、この訴訟以後、ラスキは決して再び以前と同じ明るさを取り戻すことはなかったと証言している。[30]

マーティンによれば、一九五〇年の時点でラスキは、現実政治の領域で自分が活躍しえる余地はほとんどないと感じ、労働党執行部の任務から解放され、長らく資料収集してきた一七世紀フランス思想史に沈潜したかったようである。[31]しかし、アトリーとの「恐らくは相互の尊敬と憤怒が交錯しつつ長年持ち続けてきた友誼」（マーティン）もあり、一九五〇年二月に総選挙が始まると、ラスキは気管支炎をおして応援演説に奔走することになる。

そして総選挙の最中、一九五〇年三月二四日、ラスキは選挙応援演説後、肺腫瘍破裂のため死去する。名誉毀損訴訟の痛手から癒えぬまま、精力を使い果たして再起を果たせないままの、「ハロルド・ラスキの悲しい終焉（The Sad End of Harold Laski）」[32]（ダーレンドルフ）であった。

ラスキの葬儀は、アトリーをはじめ大半の閣僚が参列するなか、ロンドンのゴールダーズ・グリーン火葬場で執り行われた。ラスキの棺には、妻フリーダによって、ハイネの言葉「人類解放のための戦士」が記されていた。[33]その三ヵ月後には朝鮮戦争が勃発し、冷戦がその最初の危機を迎えた時期であった。

ラスキの死去を受け、労働党は一九五〇年の党大会でラスキ追悼決議を採択する。ＬＳＥの学生雑誌『クレア・マーケット・レビュー』も「ラスキ追悼号」を刊行し、多くの学生と並んで、弟子のミリバンド、労働党のフィリップスやアメリカからフランクフルターなどが弔辞を寄せた。また、ニューヨークのニュースクールにおいても、学長のH・シモンズが中心となり、創立時に講師としてニュースクールに携わったラスキを偲んで「故ハロルド・ラスキ教授追悼集会」が開かれている(34)。

一九三〇年代から四〇年代後半かけて、ラスキはイギリス左翼の主張を代弁する「左翼の拡声器」(ホブズボーム)であり続けた。しかし、一九四五年のファシズムの崩壊とイギリスにおける労働党勝利と同時に、ラスキは主張すべき核心を失い、その歴史的任務を終えていった。それはまた、近代の普遍的価値と、それに依拠して同時代に参加する知識人が肯定的に語られた時代の終わり、すなわち、「ラスキの時代(age of Laski)」の終焉でもあった。

(1) S. Brooke, *Labour's War: The Labour Party during the Second World War*, Oxford and New York, Clarendon Press, 1992, p. 26.

(2) C. Attlee, *As It Happened*, London, William Heinemann, 1954, p. 138.

(3) *Ibid*., p. 138.

(4) Letter from H. J. Laski to C. Attlee, 27 May, 1945 (People's History Museum).

(5) F. Williams, *A Prime Minister Remembers: The War and Post-War Memories of The Rt Hon. Earl Attlee*, London, Heinemann, 1961, p. 6.

(6) "Conference in Berlin: Mr. Attlee Accepts Invitation", *The Times*, 16 June, 1945.

(7) Letter from C. Attlee to H. J. Laski, 20 August, 1945 (Hull History Centre).

(8) Letter from H. J. Laski to C. Attlee, 2 August, 1945 (F. Williams, *A Prime Minister Remembers: The War and Post-War Memories of The Rt Hon. Earl Attlee*, p. 7). アトリー、ベヴィンと並ぶ労働党の実力者モリソンによれば、ラスキはこの他にも、貴族院議員の地位を欲していたという。「もしラスキが長生きしていれば、彼は貴族院議員におさまっていただろう。彼はかつて、もし爵位を打診されれば喜んで受けいれると私に語った。私はラスキとしばしば意見を異にしたが、彼の能力と誠実さを人として尊敬していたので、私はアトリーにそれを促したこともあったが、彼はその考えを拒否した。彼はラスキを嫌っていた」(H. Morrison, *Herbert Morrison: An Autobiography*, London, Odhams Press Limited, 1960, p. 238)。

(9) F. Williams, *Nothing So Strange*, London, Littlehampton Book Services Ltd, 1970, pp. 213–214.

(10) 小笠原欣幸『ハロルド・ラスキ――政治に挑んだ政治学者』勁草書房、一九八七年、一九一―一九二頁。

(11) I. Kramnick and B. Sheerman, *Harold Laski: A Life on the Left*, London, The Penguin Press, 1993, p. 522.

(12) M. Phillips, "Harold Laski and the Labour Party", *Clare Market Review*, Vol. 46, No. 1, Michaelmas, 1950, p. 43.

(13) H. J. Laski, "My Impressions of Stalin", *The New Republic*, 14 October, 1946.

(14) "Labour 'Good Will' Mission to U.S.S.R.: Return After 7,000-Mile Trip", *The Times*, 16 August, 1946.

(15) M. Phillips, "Harold Laski and the Labour Party", *Clare Market Review*, p. 43.

(16) R. Miliband, "Harold Laski: An Exemplary Public Intellectual", *New Left Review*, 200, 1993, p. 179.

(17) S and B. Webb, *The History of Trade Unionism*, London, Longmans Green and Co, 1894=1950, p. 1 (荒畑寒村監訳『労働組合運動の歴史(上巻)』日本労働協会、一九七三年、四頁).

(18) H. J. Laski, *Trade Unions in the New Society*, London, Allen and Unwin, 1950, p. 96 (隅谷三喜男・藤田若雄訳『現代社会における労働運動』みすず書房、一九五一年、一〇七頁).

(19) *Ibid.*, p. 102 (同右、一一四頁).

(20) *Ibid.*, p. 102 (同右、一一四頁).

(21) H. J. Laski, *The Dilemma of Our Times: An Historical Essay*, London and New York, Routledge, 1952=2015, pp. 15–6 (大内兵衛・大内節子訳『岐路に立つ現代――歴史的論考』法政大学出版局、一九六〇年、四―五頁).

(22) *Ibid.*, p. 19 (同右、九―一〇頁).

(23) *Ibid.*, p. 51 (同右、五四頁).

(24) *Ibid.*, p. 42 (同右、四一頁).

(25) R. Dahrendorf, *LSE: A History of the London School of Economics and Political Science 1895–1995*, Oxford, Oxford University

Press, 1995, p. 365.

(26) Labour Party Press and Publicity Department, ‘Labour Party Statement on “Violence” Allegation’, 20 June, 1945.

(27) R. Dahrendorf, *LSE: A History of The London School of Economics and Political Science 1895–1995*, p. 366.

(28) I. Kramnick and B. Sheerman, *Harold Laski: A Life on the Left*, pp. 532–533.

(29) *Ibid.*, p. 540.

(30) *Ibid.*

(31) K. Martin, *Harold Laski: A Biographical Memoir*, London, Victor Gollancz, 1953, p. 204 (山田文雄訳『ハロルド・ラスキ——一社会主義者の歩み』社会思想研究会出版部、一九五五年、二八七頁).

(32) R. Dahrendorf, *LSE: A History of the London School of Economics and Political Science 1895–1995*, p. 365.

(33) M. Newman, *Harold Laski: A Political Biography*, Basingstoke, The Macmillan Press, 1993, p. 353.

(34) New School for Social Research, *New School Bulletin*, Vol. 7, No. 36, 8 May, 1950.

終章　持続するラスキ

はじめに

知識人の条件の一つが「時代との婚姻」(海老坂武)であったとすれば、そのような知識人の実践には、普遍性への志向とともに、確実に時代的特殊性が刻印されている。そのような時代的特殊性は、ロシア革命やファシズムといった人類史的変動を生き、その言論活動を通して「時代の緊迫性」を引きうけたラスキにおいて、とりわけ明瞭であろう。ラスキは時代に自らの痕跡を刻むとともに、逆にその時代性ゆえに、死後の忘却はある意味で必然であった。クラミック&シェーマンが述べるように、「同時代に深くかかわった公共的知識人が払うべき代償は、文字通り、『去る者日々に疎し(out of sight, out of mind)』なのである」[1]。

しかしながら、往々にして、忘却された思想は、それを意識する必要がないほど現代の体制の土台となり、血肉化されていることがしばしばある。ラスキ政治学の理論構造を見る時、それが二〇世紀の政治体制の構築に与えた基底的な影響力を意識せざるをえず、それらを位置づけ直す作業は思想史研究の課題であろう。またそのような作業を通じてこそ、二一世紀の政治への展望を導く糸口として、ラスキ政治学が孕む価値を見定めることも可能になるだろう。

終章では、近年におけるラスキ再評価の諸相に触れつつ、ラスキ政治学の現代性について考察したい。

第一節　ニューレフトとの思想的関連性

一九九三年を契機とした「ラスキ・リバイバル」以降の研究を概観した時、そこにはラスキ政治学のいくつかの持続的影響を見いだすことができる。

第一に、ラスキとイギリスのニューレフトとの関連性である。ラスキの死後、一九五六年のハンガリー事件とスエズ危機を契機として、社会民主主義とスターリン主義の双方を批判しつつニューレフトの思想運動が登場する。ニューレフトは、E・P・トムスンなど共産党を離党した歴史学系知識人と、C・テイラー、S・ホールらオックスフォード大学の若手院生とが合流し、一九六〇年に『ニューレフトレビュー（*New Left Review*）』を発刊させて以来、多産な理論活動を展開してきた。福祉国家の体制化と「豊かな時代」の到来を受け、そこにおける政治意識の活性化を社会主義理念の刷新に求めた彼らの問題意識は、その綱領的論文集『無関心からの脱出（*Out of Apathy*）』（一九六〇年）に示されている。

『ニューレフトレビュー』は一九六二年に編集部人事を行い、主要執筆陣はP・アンダーソン、R・ウィリアムズ、T・イーグルトンといった第二世代に徐々に移行していく。第二世代はグラムシ、サルトル、T・アドルノなど大陸ヨーロッパの思想を積極的に紹介するとともに、旧来のマルクス主義に欠落していた文化、芸術、植民地闘争といった課題を一層積極的に論じるようになる。

ニューレフトの特徴は、マルクス主義の強い磁場の内側から生じながらも決して階級闘争や経済決定論にとどまることなく、政治や社会、文化といった課題に積極的に取りくみ、それらの領域における人間の自由や自発性の契機を復権させた軌跡にある。たとえばトムスンにおいて、スターリン主義の破産はその粗野な経済決定論のゆえであり、それに対してトムスンが試みたのは社会主義的ヒューマニズムの伝統、とりわけ民衆史における「人間の自発性(human agency)」の再発掘であった。人間は時に歴史の犠牲者でもあるが、同時にその主体的な作り手でもあり、後者の側面こそ、トムスンにとって人間を獣から区別する特質であったといえる。

また、社会主義における人間の自発性や主体性の再確認は、政治学において、資本主義に対する国家の一定の利用価値や「政治の自律性」へとニューレフトの理論を展開させていった。アンダーソンが述べるように、マルクスは資本主義的生産様式に関する高度な経済理論を残したが、それに匹敵する「ブルジョア国家」の構造、あるいはその打倒を目指す労働者政党の革命戦略に関する政治理論は残さなかった[2]。ニューレフトによる国家論の展開は、マルクス主義における政治理論の間隙を埋めるものであったといえよう。

このようなニューレフトの試みは、ラスキの政治理論の軌跡と大きく重なり、その土台の上に展開されたものであった。元来、共産主義をその「科学性」ではなくあくまで「信仰」や「エトス」の産物として捉えてきたラスキの立場は、ニューレフトのマルクス主義解釈と親和的であったといえる。丸山眞男が指摘するように、ラスキにおいては、「人間の意志から独立した物質的過程の『鉄の如き必然性』というような言葉は一語も語られて」おらず、「そこに熱烈に主張されるのは、もっぱら『価値体系の再建』であり、『精神的救済への渇望』であり、『個人的自我の実現』であり、『人間の裡なる至高なるものへのアピール』」であった[3]。

もちろん、一九三〇年代の「危機の時代」を背景にしたラスキら「古き良き左翼」と、一九五〇年代後半以降の「豊かな社会」において「無関心からの脱出」を模索したニューレフトとでは時代条件は明らかに異なる。しかしながら、ラスキのマルクス主義理解はおしなべてマルクス主義を経済決定論から切り離し、それを文化や政治の領域に内在的に位置づけ直す点で、ニューレフトの思想展開の条件を形成したといえよう。社会主義における自由や「政治の自律性」など、ラスキからニューレフトにかけて共有された問題意識は、その後のマルクス主義が「必然性」や「法則性」から「意志」や「自発性」へ、さらには「ヘゲモニー」といった問題系へと展開していくための先駆けとなるものであった。

第二節　ユーロ・コミュニズムの潜在的先駆

第二に、ラスキとユーロ・コミュニズムとの共振である。一九七〇年代以降、国家権力を急襲奪取したソ連型の革命モデルが西欧諸国の実情から著しく乖離するにつれ、イタリア、フランス、スペインなどの共産党はユーロ・コミュニズムと呼ばれる柔軟な改革路線を採用し、社会主義への長期的展望を把持しつつも、プロレタリアート独裁の放棄、自由と民主的な政治制度の尊重などを明瞭にしていく。

ユーロ・コミュニズムは、主としてイタリア共産党によってその理論的骨格が形作られたものであった。イタリア共産党は、一九五六年のスターリン批判の直後から、イタリアの革命に対するソ連共産党の指導性を否定し、議会制や複数政党制の容認、部分的改良と政治権力の変革を結びつける構造改革を柱とする「社会主義へのイタリアの道」を採用するなど、ユーロ・コミュニズムを牽引していく。

このようなユーロ・コミュニズムは、グラムシ、次いでトリアッティの理論的遺産の上に構築されたものであった。しかし、先進国革命という視点から見れば、マルクスとエンゲルスの思想を西欧諸国における立憲的な社会主義革命の嚮導理論として再解釈しようしたラスキの同意革命論は、一九七〇年代の先進国革命をめぐる議論の先鞭をつけるものであった。

イギリス労働党は一九四八年に『共産党宣言』刊行百周年を記念して同書を再刊するが、ラスキは同書に寄せた「歴史的序文」において、独自の『共産党宣言』解釈を示している。それはすなわち、マルクス、エンゲルスの古典的理論とレーニンの革命理論とを区別し、前者の理論的遺産を極めて柔軟かつリベラルに解釈することによってロシア革命以降の実力主義的な伝統から差異化し、マルクスとエンゲルスを今なお先進国革命の正当化理論として掬いだそうとするものであった。ラスキはとりわけ、晩年のエンゲルスがドイツの普通選挙制度を「解放の武器」と位置づけ、労働者政党による合法的手段での権力追求の可能性に言及している点を重視している。

このようなラスキの『共産党宣言』解釈は、「共産主義者の金科玉条となってきている『共産党宣言』も、かくのごとく解釈すれば、フェイビアン主義の伝統にたつイギリス労働党がなおこれを社会主義の目標として採用しうること[4]」を示すものであり、労働党の一九四五年総選挙勝利をエンゲルスの主張の延長上に位置づけようとした点において、極めて「イギリス的解釈」であった。それはまた、その後の西欧諸国における共産党の路線変更を『共産党宣言』に基づいて正当化することで、「不十分ながらも、先進国革命路線に通じる道を切り開いた[5]」(小笠原欣幸)ものであった。

一九七六年に東ベルリンで開かれたヨーロッパ共産党会議を契機に、西欧諸国の共産党はほぼ一様にプロレタリア独裁の概念を放棄し、議会主義、複数政党制、平和移行路線などを採用する。ここに、スターリン主義とは明確に区別されたユーロ・コミュニズムが確立されることになる。このような変化を受け、田口富久治は「少なくとも事態を現象的に見る限りでは、発達した資本主義諸国の有力な諸共産党の政治路線の方が、政治変革と西欧的諸価値の統一を志向した、死せるはずのラスキの『合意による革命』構想に歩みよりつつあるかに見える[6]」と指摘しているが、妥当な認識といえよう。

第三節　中間団体論への理論的遺産

第三に、ラスキの多元的国家論が一九六〇年代以降の中間団体論や結社デモクラシーに与えた影響である。元来、日本ではすでに一九五〇年代後半、「市民自治」の文脈で松下圭一がラスキの団体論に着目していた。二〇世紀における大衆社会の出現とともに、原子的個人に依拠して国家を構成していた近代の「市民政治理論」が行きづまり、それまでは封建的共同体の時代に固有の遺制として排除された中間団体が再評価される。ここにおいて松下は、教会や労働組合に着目した初期ラスキを、個人と国家の二項図式を「集団」という媒介によって克服し「市民政治理論の構造転換」をもたらした論者として位置づけつつ、中間団体の活性化による多元的デモクラシーの構想を追求した[7]。

一九八〇年代以降のイギリスでも、サッチャー政権による集権国家化と労働組合に対する弾圧や、冷戦崩壊に伴う市民社会論の勃興を受けて、NPOやNGOなどの中間団体の存在が再び脚光を集める。ここにおいて、トクヴィルの結社論、ギールケの団体論などと並んで、ラスキの多元的国家論に対する知的関心も一定の再興を見せることになる。

このような中間団体論の興隆を代表するのが、ハーストによる『結社デモクラシー（*Associative Democracy*）』（一九九四年）であろう。ハーストによれば、二〇世紀後半の福祉国家は社会給付の点で重要な役割を担ってきたものの、それは同時に行政組織の肥大化や非効率性を伴ってきた。これに対し、ハーストが掲げる「結社主義（associationalism）」とは、公共的事柄は自発的で民主的な結社によって調整された時にこそ最もよく達成されるという主張であり、結社デモクラシーとは、社会福祉を含む諸機能を多様な結社からなる分権的システムによって代替、強化しようとする試みであった[8]。ここにおいて結社は、第一に集権的統治機関に対する抑制均衡機能、第二にナショナリズム、ジェンダー、環境問題など多様化する政治課題への迅速な政治的対応、そして第三に公的資金の供与に裏づけられた公共活動という三つの役割を担うことになる(9)。

このようなハーストの結社デモクラシーは、ラスキの多元的国家論を「思想史的資源」(早川誠)の一つとして、それを現代に再活用するものであった(10)。多元的国家論の中心的論点は社会生活における自発的結社の重視であり、その機能と正統性への信頼においてハーストはラスキの観点を踏襲している。

第四節　自由と平等との循環に基づく政治理論

1　ラスキ政治学とリベラリズムの「左展開」

最後に、本書が最も重要だと考えるラスキ政治学の特徴として、ラスキの政治理論における自由と平等との再帰的循環構造を取りあげ、それを二〇世紀におけるリベラリズムの「左展開」を用意したものと位置づけつつ、その現代的価値を見定めたい。

思想としてのリベラリズムは、少なくとも一七世紀以降のヨーロッパにおける長い歴史のなかで形成されてきたが、それは二〇世紀において、思想と体制の双方において大きな変容を遂げ、比較的明瞭に左右に分岐していくことになったといえる。そしてラスキの政治理論は、二〇世紀におけるリベラリズムの「左展開」と軌を一にしている点で極めて二〇世紀的であり、同時に、一九八〇年代以降の新自由主義とそれを支えた思想を問い返し、そのオルタナティヴ構想を模索する上で、二一世紀を展望する視点をも含んでいるからである。

そのようなラスキの現代性を浮き彫りにするため、以下、やや大きな視点から二〇世紀におけるリベラリズムの変遷を整理し、そこにラスキを位置づけてみたい。

リベラリズムとは「自由（liberty）」を中核的価値としながら積みあげられてきた一連の思想群といえるが、それは具体的な政治課題の実現を図るなかで歴史的に構築されてきたものであり、またリベラリズムが「自由の敵」と捉えた対抗的なイデオロギーも国家、社会、市場、共同体など様々に変遷を遂げてきた。したがってリベラリズム自体が時代とともにしたたかに変容しており、その本質や実体を抽出確定しようとする理論的作業はしばしば「隘路」に迷い込む結果となってきた[11]。

そのような困難を自覚の上、あえてリベラリズムと括られる政治思想のエッセンスを挙げるとすれば、以下の四つを挙げることができよう。第一に、一六世紀の宗教戦争への反省から生じた寛容の伝統であり、エラスムスなどによって展開されたユマニズムは多様な価値観の共存を訴え、このような思想は制度としては国家と宗教の分離（政教分離）に帰着していく。

第二に自由の伝統であり、個人の自律と尊厳をあくまで擁護するカント哲学に見られるように、権利と責任の主体としての個人を尊重する思想がリベラリズムの中核をなしてきたといえる。

第三に社会契約説であり、ホッブズやJ・ロックなどに示されたように、個人を出発点として近代国家の成立を弁証しつつ、同時に抵抗権や革命権によってその権限を厳しく牽制するという立憲的国家像もまた、リベラリズムの政治社会像を提示してきた。

第四に自由市場の擁護であり、たとえば個人の所有権と産業の自生的な展開を擁護し、国際間では自由貿易を唱えたスミスの主張は、リベラリズムの経済観の基底となっていった。総じて最広義のリベラリズムは、一七世紀から一九世紀にかけて、このような四つの政治思潮を包括的に組みあわせた形で構築されてきたといえよう。

しかしながら二〇世紀に入ると、ロシア革命や世界大恐慌、二つの世界大戦と冷戦などを通じて、このような最広義のリベラリズムは、英米圏を中心に体制と思想の双方においていわば左右に分岐していく。

N・ボッビオに従えば、左右の区別とは「平等についての異なった見解」に求められ、そこにおいて「左」はより平等主義的であり、教育、労働、健康をめぐる社会的権利を追求、実現させてきた[12]。「左翼」として認識されてきた思想と運動を特徴づける要素は、平等主義であるといえる。そして二〇世紀のリベラリズムは、このような平等主義に接近することによって、自己の体系を変容させ、いわば「左展開」をなしとげてきた。

二〇世紀のリベラリズムの「左展開」を示す最初の契機として、さしあたり、世紀転換期イギリスにおけるニューリベラリズムを挙げることができよう。一九世紀末、失業、貧困、疾病など産業化に伴う社会問題が顕在化するにつれ、それまで個人の責任に帰せられていた課題を社会的に解決するための思想が求められるようになる。このような変化を受け、グリーンの思想は、共通善を実現する場所として国家に積極的な役割を見いだすことで、後にリベラリズムが国家を正当化するための足がかりを提供した。一九一一年に出版されたホブハウスの『リベラリズム（*Liberalism*）』は、個人の自己支配力を出発点としながら、産業社会におけるその十全な開花のために「契約の自由」への国家の部分的介入を正当化するものであり、それはリベラリズムという言葉の内実を二〇世紀の現実にあわせて自覚的に組みかえようとする試みであったといえよう。

しかし、ニューリベラリズムはあくまで古典的リベラリズムの「内部」からの自己刷新能力に依存していたのに対し、一九一七年のロシア革命のインパクトを受け、リベラリズムはその「外部」からの激しい変容圧力をこうむることになる。一九一〇年代の自由党による「社会立法」が依然として社会治安を維持するための処方箋であったのに比べ、ロシア革命が否応なく突きつけた革命の現実は、共産主義との抜き差しならない競合角逐という条件下において、もはやその根本的自壊すら辞さない形でリベラリズムの自己革新を迫る圧力となって機能したといえる。

直接的には世界大恐慌への対処を起因とする一九三〇年代のニューディールは、政府による適度な経済介入による購買力の維持、労働者の保護、社会保障の整備を通じて、結果的にアメリカにおける新しいリベラリズムの体制像を構築したといえる。一九五〇年代以降の共和党政権も、政府による福祉政策が共産主義に対する最大の防護壁であるという理由から、むしろニューディールによって敷かれた統治性を継承し、それは「リベラル・コンセンサス」として二〇世紀中葉のアメリカの政治体制を枠づけることになった[13]。

アメリカにおける「リベラル」がヨーロッパの「社会民主主義(social democracy)」とほぼ同義に変化したのも、ルーズヴェルト時代であった。一九四一年、ルーズヴェルトは「四つの自由」演説において、「表現の自由」、「信仰の自由」、「恐怖からの自由」と並んで「欠乏からの自由」を掲げるが、これは英米の政治体制において社会権が謳われた画期といえよう。

二〇世紀の英米圏におけるリベラリズムの「左展開」は、一九四五年以降のイギリス労働党政権によっても示されている。アトリー政権は、総選挙の勝利という民主的な正統性に依拠しながら、五年間におよぶ総力戦体制下での国家統制を戦後も継続させ、ケインズ政策に基づく需要創出とベヴァリッジ報告に依拠した社会保障整備を進めていく。

興味深いのは、ケインズもベヴァリッジも「自由党員(Liberals)」であったことであろう。ニューリベラリズム以来の自由党の政策は、いわば労働党によって代替的に実現され、自由党の衰退はむしろその政策がイギリス政治の「前提」となったことを示している。アトリー政権が築いた福祉国家体制の根幹はその後の保守党政権にも踏襲され、一九五〇年代には保守党のバトラーと労働党のゲイツケルの経済政策の親近性を表す「バッケリズム」なる造語が流行し、いわゆる「合意の政治」が形成される。

一九三〇年代のニューディールからおよそ一九八〇年頃まで、先進工業国の政権は、基本的には完全雇用、経済成長、国民の福祉を重視し、国家権力はその目的のために使用された。二〇世紀中旬の欧米を画したこのような安定的統治性について、それを示す言葉は「社会民主主義的合意」(ダーレンドルフ)、「埋め込まれた自由主義」(K・ポランニー)、「相対的に安定した国家独占資本主義」(マルクス主義)など多様だが、基本的には政府による社会保障と雇用創出を中心とした「リベラル・コンセンサス」を意味するものといえよう。

このような二〇世紀の英米圏における「リベラル・コンセンサス」の形成をもたらした背景には、労働運動などに示された階級闘争的な突きあげ、政治権力を担当する側での柔軟な圧力包摂能力、総力戦体制における社会制度再編成、議会制デモクラシーの安定的機能といった要因を挙げることができよう。しかしながら、それらに加え、リベラリズムの政治体制に自己変容を迫り、いわば政治権力と大衆的要求との媒介項となった、左派的な公共的知識人による「知的道徳的ヘゲモニー」が存在したことも無視しえない。

ニューディールとイギリス福祉国家の形成に当事者として参画し、政治学者の立場からその安定的発展を論じたラスキは、そのような体制変容を体現した人物といえよう。一九三〇年代のラスキにとって、ニューディールの壮大な試みは、同時代のソ連共産主義と比肩する二〇世紀の社会実験、すなわち「新しい信仰」であった。同意革命論も同様に、民衆的基盤に支えられた政治と文化の醸成によって、政治権力をめぐるイデオロギーそれ自体を変革していく知識人のヘゲモニー闘争であり、それは結果として、二〇世紀リベラリズムの体制における「左展開」に帰結したといえる。

しかしながら、周知のように、一九七〇年代になると財政赤字、失業率の上昇、世界的なスタグフレーションなどの常態化により、このような「リベラル・コンセンサス」は衰退していく。とはいえ、むしろ興味深いのは、体制において「リベラル・コンセンサス」が斜陽を迎えていく反面、それまでの体制をいわば既成事実的に支えていた政治理念を思想において自覚的に理論化する作業が、いわばミネルヴァの梟として生じてきた光景であろう。

ロールズの『正義論（*A Theory of Justice*）』（一九七一年）に代表される政治理論の再興は、そのようなものとして位置づけることができよう。『正義論』は、原初状態や無知のベールといった独自の仮想的概念を駆使しながら、正義の二原理によって自由権の優位の下に社会権を哲学的に導出するものであった。そして、その後の論争を通じて形成された「リベラルな平等」と呼ばれる規範的立場は、リベラリズムを公正や社会正義といった価値に意識的に結びつけ、結果的に、ニューディール以来のアメリカの「リベラル・コンセンサス」を、遅ればせながら理論化する機能を果たしたといえる。

そして、体制におけるリベラリズムの「左展開」に参画したラスキは、同時に、思想におけるその正当化機能の萌芽も内在させていたといえよう。一九九三年の「ラスキ・リバイバル」以降の研究動向は、ロールズ以降の「リベラルな平等」とラスキの政治学との理論的親和性を指摘するものが顕著である。

たとえばラスキは、『近代国家における自由』において平等の観念に触れ、第一にそれを「ある個人に影響を与える決定がなされる場合、その決定を作りだすにあたってその個人の意見が考慮されるべきとする考え」、第二に「市民として固有の法的権利にはいかなる区別や差異も存在しないとする考え」と定義し、その上で「異なった人々に対する社会による差別的処遇が実施されるならば、そのような差別的処遇は共同の福祉の観点から説明可能でなければならない」と指摘している[14]。ラスキによれば、「もしそれが社会的機能の適切な遂行のために必要であると証明されない限り、またそれが……社会全体にとって明らかな利益になると証明されない限り、いかなる男女の集団も特権的に望ましいあつかいを受けるアプリオリな権利はない[15]」。このような平等の捉え方は、ロールズでいえばそれぞれ機会均等、自由の平等な保障、そして格差原理に重なるものであり、イデオロギー研究で著名なM・フリーデンは、ラスキの政治理論にロールズとの「驚くべき相似性」を看取している[16]。クラミック&シェーマンもまた、「不平等は、その恩恵を受ける人だけでなく、万人の善を向上させる限りにおいて道徳的に受けいれ可能」としたラスキの経済的平等論に、「ロールズの分配的正義の議論の先駆け[17]」を指摘している。

もちろん、あくまで経験的な観察から教訓を引きだすラスキと、緻密でアプリオリな方法論を通して正義の原理を導出したロールズとでは、その政治学方法論は大きく異なる。しかし総じて、自由権の絶対的優位の下で社会権を導出する理論構成において、ロールズの政治理論とラスキの政治学との理論的親和性を見いだすことは容易であり、その意味でラスキの思想変遷はリベラリズムの「左展開」をめぐる思想的な正当化をも含むものであったといえる。

2　リベラリズムの「社会的性格」を再定義するために

一九八〇年代以降、英米を震源地としつつ、思想と体制の双方においていわゆる新自由主義が席巻し、それまでの福祉国家体制に代わる新たなコンセンサスを構築するにいたった。いささか図式的であるのを承知でいえば、一九三〇年代以降の「リベラル・コンセンサス」を二〇世紀リベラリズムの「左展開」とすれば、一九八〇年代以降の新自由主義はその「右旋回」といえるものであろう。

共産主義や福祉国家の興隆に抵抗し、自由市場における自生的秩序を擁護する思想潮流は、一九五〇年代からハイエクやＭ・フリードマンによって営まれてきた。しかし、当初は「周辺的」とされたこれらの思想は、一九八〇年代以降、サッチャー政権やレーガン政権に「採用」され、国内では規制緩和と労働市場の流動化を進めるとともに、世界的には英米型の統治を国際通貨基金（ＩＭＦ）や世界銀行を通じて各国に輸出し、現在にいたる新自由主義的統治を作りだしてきた。

二〇世紀におけるリベラリズムの「左展開」は、ニューディールや福祉国家などの「体制」が既成事実的に先行し、それらが衰退しはじめた一九七〇年代になってようやくロールズなどの「思想」が後を追ったのに対し、リベラリズムの「右旋回」は、第二次大戦後に先行的かつ周縁的に営まれてきたハイエクらの「思想」を一九八〇年代以降に「体制」が自らの理論的下支えとして選択してきた、といえるかもしれない。

しかしながら、二〇〇八年金融危機は市場の優越性や自己調整能力を前提とした新自由主義的統治に対する深刻な疑義を突きつけるものであった。金融危機は、資産の過大評価に基づき無責任な融資を繰り返した銀行の暴走によって金融資本主義の破裂をもたらし、その余波は経済政策の混迷をもたらすことになった。このような新自由主義の挫折をへて、それに代わる新たな統治のオルタナティヴを構想する必要性が広く共有されつつある。

以下、統治性をめぐる二一世紀に向けたオルタナティヴを捉えるために、二〇世紀におけるリベラリズムの「左展開」と「社会的なもの」をめぐる議論を取りあげ、双方の交錯点にラスキの政治思想を位置づけることによって、その理論的可能性を考察したい。

ポスト新自由主義の政治理念を模索する上で一つの出発点となりうるのが、市野川容孝などによって展開されている「社会的なもの」をめぐる議論である。ここでの「社会的なもの」とは、市野川によれば、たとえばドイツ基本法が自らを「社会的な(sozial)連邦国家」と定める意味における用法である。すなわち「社会的な国家」とは、経済的困窮や身体的障害などにより支援を必要とする人々への公的扶助、生活の転変に備えた社会保険、雇用や教育を通じた機会均等、所得再分配による社会的格差の是正などを課題とする国家であり、日本語の「福祉国家」に相当するものである[18]。

元来、このような「社会的な国家」という概念は、一八七六年にドイツの法学者のシュタインが提唱した概念であり、一八七〇年代にはG・v・シュモラーを中心とした「社会政策(Sozialpolitik)」として興隆する。これらの社会政策は、労働者階級の社会的保護を目的としながら、一八八〇年代のビスマルクによる一連の社会保険立法として取りいれられていく。市野川によれば、「シュタインの言う『社会的な国家』にしても、シュモラーらの『社会政策』にしても、それらは剝き出しの経済的自由主義(資本制)を批判的にとらえ、その欠陥を是正していくものとして考えられていた[19]」。

しかし、「社会的」という言葉のこのような意味あいは、二〇世紀に入ると喪失されていく。社会科学の客観性を掲げるウェーバーは、「社会的」という言葉を端的に「二人以上の人間が相互に意識的に関わる関係性」という抽象的意味に転化し、以降、「福祉」や「公的扶助」という意味を帯びた「社会的」という言葉の規範的側面は、学術用語と日常の生活語の双方において忘却されていく。

市野川による一連の試みは、そのような歴史的忘却に抗い、「社会的という言葉のいわば歴史的復元」を行うものであった。それはすなわち、変革に向けた政治理念として「社会的なもの」を復権させ、それによって再び政治の対立軸を創出し、「社会的なもの」の理念に立脚しながら新自由主義への対抗的なヴィジョンを追求する試みであるといえる。

他方、既述したように、個人の自由を根幹理念とするリベラリズムも、二〇世紀に入ると雇用や福祉、教育や社会保障などの充足、すなわち「社会的なもの」の必要性を受けいれてきた。個人の自由という「目的」のために、それをより確実に充足させる「手段」として「社会的なもの」の必要性が自覚され、それが体制構築と思想形成の双方において二〇世紀におけるリベラリズムの「左展開」をもたらしてきたといえよう。

このようなリベラリズムの「左展開」、ないしはアメリカでいう「リベラル」は、一見すると、「社会的なもの」と親和的である。リベラリズムの内部には、「社会的なもの」からの突きあげに対して感受性の強い部分が存在し、それが「社会的なもの」の要求を取りこむことによって、リベラリズムは「外部」から一定程度変容されてきた。その結果、二〇世紀のリベラリズムは体制において福祉国家へと帰結し、思想においては「社会的なもの」に近似するようになったといえよう。

しかしながら、二〇世紀におけるリベラリズムの「左展開」と「社会的なもの」は、いかに政策的な表現において近似しようとも、それらを導出した思想的経路においては、明らかな差異がある。この二つの原理には、表面的な政策的類似性が見られるとともに、そのよってきたる思想的淵源を遡れば明確な理論的差異性が識別されるのであり、ここでは後者を強調しておきたい。

「社会的なもの」は、新自由主義を超える対抗的理念を探る上で重要な遺産として現前するものの、元来は一九世紀のドイツにおいて、国家統治の観点からの労働者保護と密接に絡みながら出現してきたものであった。換言すれば、それは必ずしも個人の自由や自律といった理念から派生したものではない。個人の自由や個性、すなわち「個人の可能性を豊かにする」という価値は、「社会的なもの」がリベラリズムから「引き継いだ」ものであり[20]、逆にいえば、「社会的なもの」の内部に元来存在していたものではない。

他方、リベラリズムにおいては、個人の自由と自律が第一義的な価値であり、この前提は不動の出発点となっている。個人の自由をどのように定義するかによってリベラリズムは多様に分岐していくが、しかしいずれの立場であれ、建前上は、デモスの権力を認めないデモクラシーがデモクラシーではありえないように、個人の自由を否定するリベラリズムはリベラリズムではありえないだろう。

したがって、二〇世紀のリベラリズムの「左展開」において、生存権や社会権はそれ自体に内在的価値が認められたから包摂されたのではなく、それが個人の自由と自律に資するがために必然化されたのである。いかなる場合でも個人の自由と自律を「目的」としながら、その「手段」として社会権が導出されるという明確な優先順位は、二〇世紀におけるリベラルな政治思想一般において、それがリベラリズムである限り、譲ることのできない一線であろう。リベラリズムにおいては、個人の自由と自律のために「社会的なもの」があるのであり、その順序関係は揺らぐことはない。この意味において、リベラリズムは二〇世紀においていくら「左展開」しようとも、それは依然として「社会的なもの」とは別の原理なのである。

しかしながら、リベラリズムにおける自由権と社会権との明確な順序関係を想起すること、それによってリベラリズムの「左展開」と「社会的なもの」との理論的差異性を確認することは、リベラリズムの「左展開」と「社会的なもの」との相反性や敵対性を意味するわけではもちろんない。

個人の自由と自律を中核理念とするリベラリズムは、その思想に内在的な形では「社会的なもの」を持たない。「社会的なもの」はリベラリズムの外部に存在する。そのことは、リベラリズムの内部では「社会的なもの」それ自体を生みだすことはできず、リベラリズムがどれだけ「社会的」であるかを判断する基準も存在しないことを意味する。換言すれば、リベラリズムの「社会的性格」を判断する基準として、リベラリズムの「外部」にあって、「外部」にあるがゆえにそれを評価しえる、独立した「社会的なもの」は必要不可欠であろう[21]。

他方、リベラリズムの「社会的性格」を吟味する基準としての「社会的なもの」は、それ自体の内部に、個人の自由や自律という価値を持たない。個人の自由や自律は、「社会的なもの」がリベラリズムから輸入してきた価値であり、それらは本来、「社会的なもの」の外部に存在する。それゆえ、「社会的なもの」の展開は時に個人の自律や尊厳という目的から逸脱し、統計的な厚生学や官僚的な生権力へ、さらには優生学へと逸脱する危険性を孕んできたといえよう。したがって、「社会的なもの」の達成を常に個人の自律と尊厳という価値に引き戻し、その立脚点の上に社会権や生存権を充足させる基準として、「社会的なもの」もまたリベラリズムを必要とするだろう。

これまで本書は、公共的知識人という視点に基づき、学術的著作と同時代評論とを、学者と政治家とを包括するラスキ政治学の理論変遷を叙述してきた。その結果として浮かびあがるのは、自由が平等を引きよせ、平等が自由を可能ならしめるというプロセス、すなわちラスキ政治学における自由と平等との再帰的循環であった。最後に本書は、そのようなラスキ政治学独自の理論構造を、二〇世紀におけるリベラリズムの「左展開」と「社会的なもの」とをつなげる結節点として提示したい。

個人の自由と道徳的自律の徹底した擁護は、「一元的国家論」との理論的対決を果たした初期三部作や『近代国家における自由』において示されているように、ラスキの初期の学問的著作の明確な前提であった。そしてこの前提は、スターリン体制下での画一的な社会統制を排撃して個性の回復を唱えた第二次大戦後の著作にいたるまで、ラスキ政治学の不動の基礎となっている。政治秩序の存在意義を個人の自由におくという意味で、ラスキは終生、「リバタリアン」であった。

しかしラスキは、自由のために他の価値を犠牲にする立場はとらず、むしろ、個人の自律と個性への着目を梃子にしながら、万人がそのような自由を獲得しえる社会的条件に関心を向けるにつれ、その強調点を平等へと移行させていった。そのような思想プロセスは、いわば、あくまで個人の自由や自律へ固執し、それらの擁護を徹底化させ、それらの価値を突きぬけることによって招きよせられた「社会的なもの」であった。ラスキにとって「社会的なもの」は、絶対的価値である個人の自由と個性に対して、手段的な価値に留めおかれてはいる。しかし、自由の価値が絶対的であればあるほど、「社会的なもの」は自由にとって絶対的に必要な手段として不可避化され、その実現が求められることになったのである。

社会的文脈における個人の自由の徹底は、ラスキ政治学に平等への傾斜をもたらした。そのような平等への力点変化は、一九三〇年代以降、社会主義を伝播させる世俗的な伝道者へとラスキを変貌させていく。最終的にラスキは、自由という不動の前提に立脚しながらも、リベラリズムの目的を実現するための人類史的実験として、ソ連を「新しい文明」と位置づけるにいたった。したがって、一見極端に見えるラスキの振幅も、本書のラスキ理解に従えば、個人の自由をその社会的条件において模索した結果としての、思想の連続的展開というべきものであった。

しかしながら、ラスキによる共産主義への接近は、あらためて強調すれば、自由の絶対的優位性という欠かすことのできない「途上の一段階」を通過して到達されたものであった。それゆえまたラスキは、個人よりも国家や共同体の維持繁栄を目的としたパターナルな社会政策や、生存権の保障を理由に個人の精神的自由を犠牲にしたソ連の体制論理に対しても厳しく対峙することになった。ラスキにとって、平等がどこまでも自由という基底的価値を梃子にして導出されている以上、生存権は自由のためにあるのであり、生存権のために自由があるのではないからである。

自由と平等とを循環的に往復したラスキの思想過程は、二〇世紀リベラリズムの「左展開」を象徴的に体現するのみならず、リベラリズムを「社会的なもの」と結びつけるための結節点を提供するものであろう。ラスキ政治学は、リベラリズムが担いうる「社会的性格」を今再び定義するための、あるいは「社会的なもの」をリベラリズムの価値に基づいて導き出すための参照点を示している。

その理論的遺産を鍛えあげていく先に、オルタナティヴな政治体制への展望を開くための、たしかな可能性が眠っている。

（1） I. Kramnick and B. Sheerman, *Harold Laski: A Life on the Left*, London, The Penguin Press, 1993, p. 591.
（2） P. Anderson, *Considerations on Western Marxism*, London, New Left Books, 1976, p. 4（中野実訳『西欧マルクス主義』新評論、一九七九年、一七―一八頁）.
（3） 丸山眞男「西欧文化と共産主義の対決――ラスキ『信仰・理性及び文明』について」『増補版 現代政治の思想と行動』未來社、一九六四年、二二〇頁。
（4） 山村喬「訳者序」、H・J・ラスキ『共産党宣言小史』法政大学出版局、一九六七年、viii頁。
（5） 小笠原欣幸『ハロルド・ラスキ――政治に挑んだ政治学者』勁草書房、一九八七年、二一一頁。
（6） 田口富久治「最近のラスキ研究について――ラスキ研究ノート①」『名古屋大学法政論集』第九三号、一九八二年、二〇七頁。
（7） 松下圭一「『巨大社会』における集団理論」（一九五七年）、『現代政治の条件（増補版）』中央公論社、一九六九年、一五五頁。
（8） P. Hirst, *Associative Democracy: New Forms of Economic and Social Governance*, Cambridge, Polity Press, 1994, p. 19.
（9） 早川誠「代表制を補完する――P・ハーストの結社民主主義論」『社会科学研究』第五二巻第三号、二〇〇一年、七八―八〇頁。

（10）日本では早川誠に加え、下村勝巳の以下の論考がハーストの結社デモクラシーとラスキとの親近性に着目している。下村勝巳「今なぜラスキなのか――日本におけるラスキ研究の動向と今後の課題」『大東法政論集』第一三号、二〇〇五年。

（11）川出良枝「自由であることと多元的であること」鬼塚雄丞・丸山真人・森政稔編『自由な社会の条件（ライブラリ相関社会科学3）』、新世社、一九九六年、二六頁。

（12）N. Bobbio, translated by A. Cameron, *Left and Right: The Significance of a Political Distinction*, Oxford, Polity Press, 1996, pp. 69–71（片桐薫・片桐圭子訳『右と左――政治的区別の理由と意味』、御茶の水書房、一九九八年、一〇〇―一〇三頁）.

（13）J. A. Delton, *Rethinking the 1950s: how anticommunism and the Cold War made American liberal*, Cambridge, Cambridge University Press, 2013.

（14）H. J. Laski, *Liberty in the Modern State*, London and New York, Routledge, 1930=2015, p. 53（飯坂良明訳『近代国家における自由』、岩波現代叢書、一九五一年、四三―四四頁）.

（15）H. J. Laski, *The Webbs and Soviet Communism*, Webb Memorial Lecture, London, Fabian Publications Ltd., 1947, p. 10.

（16）M. Freeden, *Liberalism Divided: A Study in British Political Thought 1914–1939*, Oxford, Clarendon Press, 1986, p. 307.

（17）I. Kramnick and B. Sheerman, *Harold Laski: A Life on the Left*, p. 229.

（18）市野川容孝『社会』岩波書店、二〇〇六年、二〇頁。

（19）市野川容孝「はじめに」『社会的なもののために』ナカニシヤ書店、二〇一三年、iv―v頁。

（20）宇城輝人「労働はまだ社会的なものの基礎たりうるか」『社会的なもののために』ナカニシヤ書店、二〇一三年、一〇三頁。

（21）この視点は市野川容孝氏との対話のなかで教示された点である。

あとがき——ラスキとの旅を終えて

本書は、筆者が二〇一六年一二月に東京大学大学院総合文化研究科に提出した博士論文「ハロルド・ラスキの思想世界——二〇世紀における政治学と公共的知識人」に加筆修正を加えたものである。

博士論文の作成過程は、筆者にとって研究者としての修練期間にあたるものであり、それは同時に、ラスキとの旅でもあった。ラスキの著作に取り組むことによって、私は二〇世紀を旅した。ロシア革命、ファシズムの勃興、二つの世界大戦、そして冷戦の出現まで、ラスキが直面した課題を自らもなぞるなかで、二〇世紀の政治を画したいくつもの変動を通り抜けることとなった。

また、活発に世界を行脚するラスキに随伴し、私の思索もヨーロッパ、アメリカ、ソ連を旅した。ラスキの行動力に引っ張られる形で、私の想像力もまた、ＬＳＥの位置するロンドン、アルドウィッチの窓からヨーロッパを眺め、大西洋を頻繁に往復し、アメリカ東海岸を歩きまわった。そして、未知の場所ながら人間としての絆のみを信じて、ともに「鉄のカーテン」を超えてソ連の地を踏んだ。

私にとってラスキは、博士論文を作成するための学問的対象であったと同時に、二〇世紀への、そしてヨーロッパ、アメリカ、ソ連への旅に私をいざない、時代と政治に対する視座を構築する糸口であった。

その旅のさなかで出会った収穫と思索とを本書にまとめて、ラスキとの旅路は、ひとまずその終りを迎えようとしている。

ラスキとの旅は、その途中で、多くの人の指南と助言に支えられた行程でもあった。大学院以来の指導教員である森政稔先生は、研究者への道を諦めかけていた私に駒場での居場所を与えられ、文字通り、私を「拾ってくれた」といって過言ではない。大学院生活の折にふれて、「門前の小僧習わぬ経を読む」を地でいく形で、森先生から受けた影響は有形無形に数知れない。時に優しく、そして最も厳しく指導された学生の一人という自負を込めて、本書がこれまでの学恩に対するささやかな応答となればと望むとともに、今後も時代と政治に対する森先生の洞察に触れていきたいと願っている。

成蹊大学名誉教授の加藤節先生は、大学四年時に押しかけ弟子として私淑して以来、心身ともに疲弊した私を励まし、研究者としてのあり方について一つの「像」を示してくれた。その謦咳に接するなかで加藤先生から発せられた言葉は、私にとって、挫けた心を今一度奮い立たせ、新たな着想とともに再び旅路を歩みださせる「再生」の契機であった。これまでの計り知れない学恩の大きさに慄きながら、なお本書の完成がわずかばかりの報いとなればと祈るばかりである。

森先生とともに博士論文の審査を引き受けてくださった、市野川容孝先生、山本芳久先生、杉田敦先生、木畑洋一先生にも深く感謝したい。その知力と研究能力に圧倒される先生方に審査員を務めていただいたことは、筆者にとって得難い僥倖であったと同時に、自らの博士論文を少しでもそれに見あうものへと近づけなければならないという危機感と発奮を促すものであった。

筆者の修士課程時代に常に温かく思考喚起的なコメントをいただいた山脇直司先生、筆者の無軌道な問題関心を寛容され日本学術振興会特別研究員（ＰＤ）の受入研究者を務めていただいた早川誠先生、そして読書会を機縁として知的刺激を受けてきた三宅芳夫先生にも、あわせて感謝を申しあげたい。

また、二〇〇八年の大学院進学以来、駒場を結節点として一つの時代をともに駆け抜けていった友人たち、とりわけ毛利智、崔佳英、伊藤めぐみ、馬路智仁、網谷壮介の諸氏にも謝意を伝えたい。丸山眞男研究会を通じて何にも代えがたい信頼関係を築いてきた大園誠、神子島健、和田悠、成蹊大学での研究会を中心に学問の方向性を定めてくれた愛甲雄一、木花章智、佐藤高尚、平石耕、星川竜之介の諸氏にも深くお礼を申し上げたい。そして、ラスキのユダヤ性についての草稿を見ていただいた鶴見太郎、学問と現実との双方で刺激を与えてくれる森原康仁の両氏にも感謝したい。

かつて丸山眞男は、思想史研究に本質的に負わされている課題として、「超学問的な動機」による「厳密な学問的操作」の遂行、および「現代に対する切実な問題意識」と「純粋な歴史研究」との契合を挙げている。その課題にどこまで肉薄できたかはおぼつかないが、本書のラスキ研究が、個々の専門領域を超えて、また学術機関への所属の有無を超えて、多くの人々から受けた刺激と知見の上になりたっていることだけは確かである。

ラスキとの旅は、比喩としてのみならず、資料収集という意味では文字通りの旅であった。本書の完成にあたって、世界各地の図書館や研究所に負うところは大きい。とりわけ、東京大学総合図書館、駒場図書館、社会科学研究所図書室、経済学部図書館、ＬＳＥ図書館（ロンドン）、ビショップゲート研究所（ロンドン）、オックスフォード大学ボードリアン図書館（オックスフォード）、ピープルズ・ヒストリー博物館（マンチェスター）、ハル歴史センター（ハル）、社会史国際研究所（アムステルダム）、アメリカ議会図書館（ワシントン）、Ｆ・ルーズヴェルト図書館（ポーケプシー）における資料収集は、本書の完成にあたっての必須条件をなすものであった。筆者のせわしない資料申請や出納要求に快く応じてくれた、すべてのライブラリアンの方々に深く感謝したい。

また、本書の基となった五つの投稿論文、および出版助成の審査にあたっての査読を引きうけていただいた、無数の匿名の査読者の方々にも大変にお世話になった。本書の各章の内容について報告の機会を得た、日本政治学会、社会思想史学会、政治思想学会および知性史に関するロンドン大学ＵＣＬのサマースクールともあわせて、この場を借りて謝意を示しておきたい。

本書は二〇一八年度東京大学学術成果刊行助成を得て出版される。編集にあたってご尽力いただいた東京大学出版会編集部の斉藤美潮氏に深くお礼を述べたい。

最後に、私の学問を物心両面において惜しみなく支えてくれた父親の大井健地と、常に私の学問を肯定しながら本書の刊行を見ることなく逝去した母親、伊左次章子に、この本を捧げたい。

二〇一九年一月

大井 赤亥

人名索引

ハロルド・J・ラスキを除く．また，～的，～主義，～政権といった用法，註でのみ言及された人名，書名中の人名，節や項における人名は含まない．

ア　行

カ　行

サ 行

タ 行

トマス（Thomas, Norman） 175
トムスン（Thompson, Edward Palmer） 270, 271
トライチケ（Treitschke, Heinrich） 105, 107
トリアッティ（Togliatti, Palmiro） 148
トレーズ（Thorez, Maurice） 151
ド・メーストル（de Maistre, Joseph） 79–85

ナ 行

中野好夫 8
中村哲 8
ニーバー（Niebuhr, Reinhold） 233
ニューマン, J.H.（Newman, John Henry） 81, 88–92
ニューマン, M.（Newman, Michael） 10, 11, 33, 74
ネルー（Nehru, Jawaharlal） 63
ノイマン（Neumann, Franz） 18, 146
ノエルベーカー（Noel-Baker, Philip） 17, 263
ノージック（Nozick, Robert） 123

ハ 行

バーカー（Barker, Ernest） 16, 25, 71, 109
パーキンス（Perkins, Frances） 181, 190
バーク（Burke, Edmund） 141, 157, 213, 214
ハースト（Hirst, Paul） 5, 11–13, 112, 274, 275
ハーディング（Harding, Warren） 186
バーリン（Berlin, Isaiah） 16
ハイエク（Hayek, Friedrich） 17–20, 133, 234, 281
バジョット（Bagehot, Walter） 139, 147, 193, 213–216
長谷川如是閑 8
パドヴァのマルシリオ（Marsilius of Padua） 75, 76
バトラー（Butler, Richard） 239, 278
バブーフ（Babeuf, François） 135, 136
早川誠 275
ハリファックス卿（1st Earl of Halifax） 255
バルフォア（Balfour, Bill） 62
バレス（Barrès, Maurice） 61, 62
パンクハースト（Pankhurst, Sylvia） 207
バンダ（Benda, Julien） 53, 60–62, 233
ピール（Peel, Robert） 193
ビールズ（Beales, Hugh Lancelot） 20, 25
ピウス9世（Pius IX） 79
ビスマルク（Bismarck, Otto von） 79–81, 282
ヒトラー（Hitler, Adolf） 144, 146, 149, 154–156, 158, 187, 219, 220, 222, 229
ヒューム（Hume, David） 27
ヒル（Hill, Christopher） 150
フィッギス（Figgis, John Neville） 72–78, 109
フィヒテ（Fichte, Johann Gottlieb） 61
フィリップス（Phillips, Morgan） 256, 257, 264, 265
フーヴァー（Hoover, Herbert） 175, 186
フーコー（Foucault, Michel） 63
ブーバー（Buber, Martin） 40
フット（Foot, Michael） 21, 22, 256
ブライス（Bryce, James） 255
フランクフルター（Frankfurter, Felix） 16, 21, 35–37, 65, 72, 143, 171, 183, 184, 188, 224, 229–231, 264, 265
フランケ（Francke, Kuno） 105
ブランダイス（Brandeis, Louis） 35, 94, 100, 171, 184
フリーダ・ケリー（Frida Kerry） 32, 33, 263, 264
フリーデン（Freeden, Michael） 280
フリードマン（Friedman, Milton） 281
ヘイスティング（Hastings, Patrick） 262
ベヴァリッジ（Beveridge, William） 17, 18, 237, 278
ベヴァン（Bevan, Aneurin） 22, 152, 236, 256
ベヴィン（Bevin, Ernest） 39, 219, 226, 227, 255, 256
ヘーゲル（Hegel, Georg Wilhelm） 102
ベーコン（Bacon, Alice） 256
ペギー（Péguy, Charles） 62
ベスト（Best, Gary Dean） 12, 100, 172
ベリヤ（Beria, Lavrentiy） 235
ベロフ（Beloff, Max） 240
ベングリオン（Ben-Gurion, David） 40
ベンサム（Bentham, Jeremy） 17, 52, 211, 213
ヘンダーソン（Henderson, Arthur） 100, 111,

142, 207
ヘンリー8世（Henry VIII） 89, 90
ホーキンス（Hawkins, Carroll） 4, 14
ポーコック（Pocock, John Greville Agard） 173
ホームズ（Holmes, Oliver Wendell） 20, 35, 37, 65, 100, 171
ホール（Hall, Stuart Hall） 270
ホールデン（Haldane, Richard） 100
ボサンケ（Bosanquet, Bernard） 52, 71, 105–107
ボッビオ（Bobbio, Norberto） 277
ホッブズ（Hobbes, Thomas） 60, 77, 276
ボナール（Bonald, Louis） 83–85
ボニファティウス8世（Bonifatius VIII） 75
ポパー（Popper, Karl） 17, 133
ホフスタッター（Hofstadter, Richard） 190, 191
ホブズボーム（Hobsbawm, Eric） 11, 25, 240, 242, 265
ホブハウス（Hobhouse, Leonard Trelawny） 17, 102, 105, 106, 195, 277
ポランニー（Polanyi, Karl） 278
堀豊彦 8
ポリット（Pollitt, Harry） 150, 151

マ 行

マーシャル（Marshall, Thomas Humphrey） 17
マーティン（Martin, Kingsley） 5, 21, 23, 30, 40, 174, 204, 225, 231, 235, 264
マガリッジ（Muggeridge, Malcolm） 153
マクドナルド（MacDonald, Ramsay） 35, 100, 111, 140, 142, 143, 207
マコーレイ（Macaulay, Thomas） 141
マッケンジー（McKenzie, Robert Trelford） 237–239
松下圭一 274
マリノフスキー（Malinowski, Bronisław） 17
マルクーゼ（Marcuse, Herbert） 6
マルクス（Marx, Karl） 24, 40, 102, 136, 143, 205, 206, 257, 271–273
丸山眞男 8–10, 13, 59, 93, 132, 233, 271
マロー（Murrow, Edward） 264
マンハイム（Mannheim, Karl） 18
水谷三公 13, 134
ミリバンド（Miliband, Ralph） 15, 17, 22, 52, 100, 112, 120, 204, 216, 240, 241, 258, 264
ミル, J.S.（Mill, John Stuart） 17, 24, 52, 74, 118–121, 139, 214
ムッソリーニ（Mussolini、Benito） 137, 138, 144, 146, 187, 222
メイトランド（Maitland, Frederic William） 72, 74, 76
メノン（Menon, Krishna） 63
メフタ（Mehta, Gaganvihari Lallubhai） 17
モーレイ（Moley, Raymond） 191, 195
モズレー（Mosley, Oswald） 134, 146
モリス（Morris, Yaakov） 34
モリソン（Morrison, Herbert） 60, 150, 252–254
森政稔 173
モレス（Morès, Marquis de） 62

ヤ 行

横越英一 8
吉野源三郎 8

ラ 行

ラーナー（Lerner, Max） 231, 264
ラカー（Laqueur, Walter） 38
ラサール（Lassalle, Ferdinand） 102
ラスキ, サラ（Laski, Sarah） 38
ラスキ, ダイアナ（Laski, Diana） 32
ラスキ, ネイサン（Laski, Nathan） 31–33
ラスキ, ネヴィル（Laski, Neville） 31
ラスキ, フリーダ（Laski, Frida）→フリーダ・ケリーを見よ
ラズレット（Laslett, Peter） 7, 25
ラッセル（Russell, Bertrand） 17, 133
ラム（Lamb, Peter） 7, 12, 13
ラムネー（Lamennais, Félicité-Robert de） 81–85, 91
ランドン（Landon, Alfred） 182
リオタール（Lyotard, Jean-François） 67

リップマン（Lippmann, Walter）　65, 66, 99, 182, 191, 192
リンカン（Lincoln, Abraham）　187
ルーズヴェルト, F.D.（Roosevelt, Franklin Delano）　2, 20, 21, 24, 171, 175–185, 187–195, 204, 219, 222–224, 228–233
ルーズヴェルト, T.（Roosevelt, Theodore） 181
ルソー（Rousseau, Jean-Jacques）　108, 135
レーニン（Lenin, Vladimir）　135–138, 143, 156, 205–208, 257, 273
ロイド・ジョージ（Lloyd George）　207, 217
蠟山政道　8, 9
ローウェル（Lowel, Abbott Lawrence）　99
ロールズ（Rawls, John）　114, 279–281
ロック（Locke, John）　276
ロビンズ（Robbins, Lionel）　16–20
ロング（Long, Huey）　178, 179, 181–183

ワ　行

ワイツマン（Weizmann, Chaim）　35
ワイナント（Winant, John）　228–231
ワシントン（Washington, George）　187

事項索引

ア 行

カ 行

サ 行

タ 行

ナ 行

ハ　行

マ　行

ヤ　行

ラ　行

著者略歴
1980 年　東京都生まれ，広島市育ち.
2008 年　東京大学法学部卒業.
2014 年　東京大学大学院総合文化研究科博士課程単位取得退学.
現　在　東京大学，法政大学，昭和女子大学非常勤講師，博士（学術）.

ハロルド・ラスキの政治学
公共的知識人の政治参加とリベラリズムの再定義

2019 年 3 月 20 日　初　版

［検印廃止］

著　者　大井赤亥《おおいあかい》

発行所　一般財団法人　東京大学出版会
代表者　吉見俊哉
153-0041 東京都目黒区駒場 4-5-29
http://www.utp.or.jp/
電話 03-6407-1069　Fax 03-6407-1991
振替 00160-6-59964

印刷所　研究社印刷株式会社
製本所　誠製本株式会社

ISBN 978-4-13-036273-3　Printed in Japan